Colaboradores da vossa alegria

Dados Internacionais de Catalogação na Publicação (CIP)
(Câmara Brasileira do Livro, SP, Brasil)

Augustin, George
Colaboradores da vossa alegria : o ministério sacerdotal hoje / George Augustin ; tradução de António Maia da Rocha ; prefácio de Card. Walter Kasper. – Petrópolis, RJ : Vozes, 2018.

Título original : Zur Freude berufen : Ermutigung zum Priestersein
Bibliografia.
ISBN 978-85-326-5950-7

1. Igreja Católica 2. Missão da Igreja 3. Sacerdotes
I. Kasper, Walter. II. Título.

18-19725 CDD-262.1

Índices para catálogo sistemático:
1. Igreja : Ministério sacerdotal : Cristianismo 262.1

Cibele Maria Dias – Bibliotecária – CRB-8/9427

George Augustin

Colaboradores da vossa alegria

O ministério sacerdotal hoje

Tradução de Maria do Rosário de Castro Pernas

Petrópolis

Título do original em alemão: *Zur Freude berufen. Ermutigung zum Priestersein*, publicado pela primeira vez em 2010 por Verlag Herder GmbH, Friburgo (Alemanha).
Rua Frei Luís, 100
25689-900 Petrópolis, RJ
www.vozes.com.br
Brasil

Editoração: Maria da Conceição B. de Sousa
Diagramação: Mania de criar
Revisão gráfica: Fernando S.O. da Rocha / Nivaldo S. Menezes
Capa: Ygor Moretti
Ilustração de capa: ©Elena Larina | Shutterstock

ISBN 978-85-326-5950-7 (Brasil)
ISBN 978-88-399-3154-2 (Alemanha)

Editado conforme o novo acordo ortográfico.

Este livro foi composto e impresso pela Editora Vozes Ltda.

Dedico este livro ao Bispo Gebhard Fürst,
no décimo ano da sua consagração,
e aos sacerdotes da diocese de Rotemburgo-Estugarda,
a quem estou profundamente ligado.

Sumário

Prefácio, 9

Introdução – É preciso mudar de perspectiva, 13

1 Desafios do nosso tempo, horizonte de nossa resposta, 23

2 A nossa participação na vida de Deus, 75

3 A nossa participação no sacerdócio de Cristo, 87

4 Vocação ao sacerdócio no seguimento de Cristo, 126

5 Viver da força do Sacramento da Ordem, 143

6 A Eucaristia, centro do ministério sacerdotal, 184

7 Ministério e pastoral sacerdotal, 230

8 Desafios e auxílios da forma sacerdotal de vida, 250

9 Solicitude com o presbitério: sermos sacerdotes juntos, 272

10 Chamados à alegria – Um convite a abraçar o sacerdócio, 290

Oração pelos sacerdotes, 313

Textos citados do magistério eclesiástico, 315

Índice, 317

Prefácio

Um livro sobre o sacerdócio intitulado *Colaboradores da vossa alegria,* como o proposto por George Augustin, vai decididamente contra a corrente. Em muitos outros livros sobre o tema do sacerdócio predomina sobretudo a lamentação. De fato, se olharmos para o número dos aspirantes ao sacerdócio, para o *stress* sentido por muitos sacerdotes no exercício do seu ministério e para as notícias relativas ao número dos escândalos, que têm aumentado, há muito pouco para nos alegrarmos. Além disso, as discussões travadas nos últimos tempos têm minado a ideia que muitos sacerdotes tinham de si mesmos, deixando-os pessoalmente inseguros, e induzindo muitos indivíduos a não abraçar esse gênero de vida.

George Augustin conhece o assunto de que se ocupa. Quando era jovem sacerdote, trabalhou durante três anos como missionário entre os autóctones da Índia Setentrional e hoje continua a desenvolver uma atividade pastoral paroquial em Estugarda; há quinze anos é diretor espiritual dos sacerdotes da Diocese de Rotemburgo-Estugarda (Alemanha). Ensina Teologia Fundamental e Dogmática na Philosophisch-Theologische Hochshule de Vallendar (Alemanha), dedicando-se, portanto, à formação de sacerdotes, e, além disso, orienta jornadas de retiro espiritual e faz conferências para sacerdotes em muitos lugares. Por isso, o seu livro reúne uma grande experiência pessoal e uma reflexão teológica amadurecida.

Com o título *Colaboradores da vossa alegria*, ele retoma uma expressão do Apóstolo Paulo, que encontramos na Segunda Carta aos Coríntios (1,24). Quem ler essa carta rapidamente notará que a sua vida foi precisamente o contrário de uma existência marcada apenas pela alegria. Nela descreve não só as suas fadigas apostólicas e as suas desilusões, mas também as hostilidades, as calúnias, os sofrimentos e as perseguições de que foi alvo. Ora, ainda hoje tudo isto continua a fazer parte do serviço apostólico.

Será naturalmente impossível admitir a alegria no sacerdócio e na vida concreta do sacerdote se entendermos alegria como divertimento. É claro que não teremos nada a objetar contra a diversão, quando for oportuna e adequada, até porque nem sequer poderá estar ausente da vida quotidiana do sacerdote. É que da beleza do ministério sacerdotal faz justamente parte o fato de – mais que em nenhuma outra profissão – envolver tanto a vida humana em todos os seus aspectos, que, mesmo quando o divertimento cessa, ele pode continuar a ser ministro da alegria. Ou, como diz George Augustin, com uma imagem eloquente, o sacerdote pode continuar a manter o céu aberto, mesmo numa situação como a nossa, em que o horizonte da vida e de tudo quanto se considera como alegria da vida são frequentemente velados, minimizados e esmagados. Não dizemos isto para oferecer uma consolação genérica e fácil, mas para ampliar, como é necessário fazer, os horizontes da vida e, consequentemente, do irrenunciável e insubstituível ministério do sacerdote em proveito do mundo e dos homens.

George Augustin não se limita às coisas superficiais nem oferece nenhuma receita barata, como o são muitas das que se tornaram correntes. Ocupa-se do essencial e capta não só a dimensão mais profunda da alegria que caracteriza o serviço sacerdotal, mas também a mensagem da alegria, que o sacerdote pode transportar e irradiar; traz à luz tesouros enterrados e amplamente esquecidos, e faz com que brilhem novamente; indica o centro do ministério sacerdotal que é constituído pela amizade com Jesus Cristo e pela participação no seu sacerdócio; fala da participação na vida de Deus e, até, de um novo entusiasmo por Deus; contrastando com muitas deformações, mal-entendidos e abusos ocasionais, afirma o que a Igreja é na sua essência, ou seja, uma *communio* que tem o seu centro na celebração da Eucaristia; Eucaristia que também é o centro e a fonte energética da vida e do ministério sacerdotal. Para George Augustin, estas teses não são abstratas nem arrancadas pelos cabelos nem uma superestrutura ideológica; ao contrário, são testemunhos de uma experiência pessoal e um convite e um encorajamento concreto para que haja cada vez mais homens que se tornem sacerdotes e o sejam de verdade.

O livro irradia entusiasmo e quer entusiasmar novamente, no seguimento do recente Ano Sacerdotal. Muitos se admiraram e se interrogaram por que precisamente o centésimo quinquagésimo aniversário da morte de Cura d'Ars (França) tinha fornecido a ocasião para se celebrar esse ano. É verdade que Cura d'Ars é um sacerdote diocesano que foi canonizado e é justamente venerado como patrono dos párocos; mas as condições do tempo em que ele viveu e a forma da sua atividade pastoral no seio de uma comunidade camponesa e corrompida de duzentas e cinquenta almas não se podem propor novamente nem já são imitáveis. Apesar disso, a fecundidade espantosa da sua atividade, que vai muito além de Ars, mostra que ainda hoje Deus pode realizar, apesar da fraqueza e da miséria humana, coisas grandiosas e extraordinárias, transformar a vida e enchê-la novamente de alegria, desde que os sacerdotes vivam e ajam haurindo das nascentes profundas da sua existência sacerdotal. É precisamente esta coragem que o livro quer infundir e motivar com argumentos existenciais e objetivos.

Cardeal Walter Kasper

Introdução

É preciso mudar de perspectiva

Gostaria de nos encorajar para sermos sacerdotes alegres; por isso, proponho que mudemos de perspectiva. Gostaria de apresentar o mistério sacerdotal como um dom para a glorificação de Deus, embora me exponha ao risco de repetir coisas há muito já conhecidas. Ao fazê-lo, não tenho nenhuma intenção de propor uma imagem "nova e atualizada" do sacerdote, nenhuma "nova espiritualidade sacerdotal" nem qualquer "nova concepção" da pastoral. Gostaria de chamar a atenção de todos para um ponto de vista diferente sobre coisas que temos por mais do que sabidas, sobre coisas que vou sempre mais convencendo quanto mais me ocupo da questão da vida e do serviço sacerdotal, tanto no campo da teologia como no da pastoral.

Vias para uma mudança de perspectiva

O que cada vez mais me impressiona e comove é a vida empenhada e o ministério benéfico e benfazejo dos sacerdotes ao longo da história e no presente; sacerdotes que, muitíssimas vezes, seguem a sua vocação com uma decisão e uma fidelidade admiráveis, que pregam a fé com a palavra e com as obras, e que constroem a Igreja de Jesus Cristo em condições muito difíceis em todas as partes do mundo. Graças ao ministério sacerdotal, acontecem no mundo muito mais coisas positivas e boas do que se pensa. É encorajador verificar que não só a imensa maioria dos fiéis, mas também muitos homens de boa vontade, que vivem fora da comunidade de fiéis, veem no sacerdote da Igreja Católica um homem espiritual, um homem de Deus, considerando-o um sinal de esperança, e que o apreciam muito pelo que faz. De fato, a comunidade de fiéis da Igreja pode estar agradecida pelos seus sacerdotes e andar orgulhosa com o seu ministério.

O meu objetivo é dar testemunho do meu amor ao dom e ao mistério do sacerdócio, um testemunho que nasce do centro e da plenitude da fé católica. Por isso convido e, ao mesmo tempo, motivo os meus confrades a refletirem, a aprofundarem e, sobretudo, a continuarem a orar para que a nossa vida como sacerdotes a serviço de Deus, na sua Igreja, seja repleta de alegria, e o nosso ministério a favor dos homens possa ter bom êxito e dar os frutos esperados.

Somos chamados a ser *colaboradores da alegria* (2Cor 1,24)[1]. Mas somente aqueles que, por si mesmos, descobriram a verdadeira alegria podem efetivamente ajudar outros homens a encontrar a verdadeira alegria na sua vida. A verdadeira alegria é Deus; por isso, se através do nosso ministério tornamos Deus visível e experimentável, também os homens descobrirão conosco que Ele é a alegria da sua vida.

---

1. Cf. KASPER, W. Diener der Freude [(O sacerdote) Servidor da alegria]. In: *WKGS*, 12*: Die Kirche und ihre Ämter* [Obra completa de W. Kasper, tomo 12: A Igreja e os seus serviços]. Friburgo: Herder, 2009, p. 325-423. • RATZINGER, J. *Diener eurer Freude* – Meditationen über die priesterliche Spiritualität [Servidor da vossa alegria – Meditações sobre a espiritualidade sacerdotal]. Friburgo: Herder, 1988.

Ao longo da história e também no presente, os sacerdotes se esforçam com grande dedicação por desenvolver o ministério salvífico da Igreja e carregam com todo o empenho da sua vida a responsabilidade principal da construção interior e exterior da Igreja de Jesus Cristo. Para isso, eles tomam no seu respectivo tempo, com grande entusiasmo, muitas iniciativas missionárias e diaconais, entre as quais, naturalmente, iniciativas que resultam mais ou menos bem e que serão mais ou menos eficazes. Todos conheceram tempos de sucesso, e muitos, tempos de insucesso. Será, por isso, inevitável que a necessidade de enfrentar perturbações e de fazer mudanças no campo da pastoral, de se sujeitar a cansaços e satisfazer as exigências dos diversos tempos deixe marcas na ideia que o sacerdote tem de si e do seu ministério sacerdotal. Contudo, e apesar de todas estas mudanças, uma coisa é certa: todos precisamos descer às profundezas da fé e beber em toda a tradição viva da Igreja a força capaz de plasmar essa ideia.

Sermos sacerdotes no seguimento de Cristo, numa Igreja e num mundo em mudança, é uma exigência permanente. Cada geração de sacerdotes deve satisfazer as exigências que caracterizam o seu tempo. No passado, houve continuamente mudanças de acento na concepção e no exercício do ministério sacerdotal. Por isso, devemos nos interrogar sobre quais são as deslocações de acento e quais as unilateralidades que caracterizam hoje, mais ou menos conscientemente, a concepção e o exercício do ministério. Mas a questão central interroga: Existirá de fato um núcleo imutável do ministério sacerdotal? Estou consciente de que a característica do nosso tempo e da sua multiplicidade de opiniões é pôr em dúvida e em discussão sólidas convicções e certezas; mas, de imediato, essas certezas e convicções parecem se tornar suspeitas. A propósito, a Sagrada Escritura nos oferece um bom critério: "Examinai tudo, guardai o que é bom" (1Ts 5,21). Ela nos ensina a apoiar e a defender as certezas da fé, em tempo oportuno e inoportuno, e a não ter medo de parecermos "acríticos".

Para chegarmos a encontrar uma resposta, partamos da grandeza, da beleza e da sublimidade deste ministério. De fato, é tempo de refletir profundamente no ser e na missão do sacerdote e da Igreja Católica. A hodierna situação geral da fé e as exigências pastorais requerem uma reflexão urgente sobre o que é o essencial. A situação missionária atual da fé obriga cada sacerdote a refletir tão profunda e intensamente sobre si e sobre a ideia que tem de si próprio como sacerdote, como só raramente se registrou depois do fim do Concílio Vaticano II e do ambiente por ele instaurado.

Só conseguiremos delinear uma imagem atualizada do sacerdote se dirigirmos o olhar para Jesus Cristo, se tivermos diante dos olhos o núcleo permanente do sacerdócio católico e o enchermos de vida nova. Na verdade, para nos apercebermos do que são a vida e o ministério sacerdotais, teremos de partir da concepção católica da natureza da Igreja. Só quando a comunidade eclesial de fé, isto é, cada um dos crentes e cada um dos sacerdotes, descobrir à luz da fé o verdadeiro significado do serviço sacerdotal, se tornará possível organizar bem a vida do sacerdote. Se aceitarmos com fé o que a Igreja Católica quer dizer quando fala do ministério sacerdotal, em que crê e o que ensina sobre ele, nos serão abertas muitas possibilidades para desenvolvermos o nosso ministério de modo adequado aos diversos tempos e aos variados lugares. Na verdade, podem ser usadas tonalidades diferentes na visão do sacerdócio ministerial, de acordo com a capacidade e a necessidade de cada situação.

De tempo em tempo devemos nos perguntar criticamente: Por que as respostas dos últimos decênios não deram os frutos esperados? Somente porque alguém simplesmente "bloqueou tudo"?

Ou porque as variadas propostas de solução a longo prazo não se demonstraram válidas? A pergunta decisiva é: O que podemos fazer pessoalmente para que a nossa vida e o nosso ministério tenham bom êxito?

Todos nós conhecemos bem as discussões sobre a política eclesial dos últimos decênios e os "temas estimulantes" com ela relacionados. Também conhecemos as discussões teológicas e todos os esforços bem intencionados para se chegar a compreender com justeza o ministério sacerdotal da Igreja. Todavia, só o discernimento dos espíritos pode nos oferecer em todas essas questões a possibilidade de refletir sobre a pergunta: "Por que e para que somos sacerdotes?"

No meio das atividades quotidianas nos esquecemos frequentemente do seu objetivo: Para que servem? As objeções avançadas no plano do pensamento e os obstáculos interpostos à nossa ação ministerial podem nos paralisar. Quando reina um espiritual "consenso de fundo", a propósito da natureza autêntica da Igreja, o serviço sacerdotal pode ser fecundo e benéfico não só à Igreja, mas também – e não pouco – para nós próprios. Em suma, não vivemos só do que fazemos e do nosso trabalho, mas igualmente do sentido daquilo que fazemos.

Jesus Cristo, verdadeiro Deus e verdadeiro homem, é a única salvação de todos os homens. Ele quis a sua Igreja não apenas para tornar presente a sua missão salvífica no mundo, para benefício de todos os homens e de todos os tempos, mas igualmente para mediar essa salvação através do seu serviço. Ele está presente na sua Igreja com o seu Espírito até ao fim do mundo, e o seu Espírito guiará a Igreja no seu conjunto à verdade plena. Para isso, chama homens para agir em seu nome e capacita-os para participarem no seu ministério salvífico.

Esta fé da Igreja continua a ser o sólido fundamento, apesar de todas as discussões teológicas e críticas sobre a pessoa de Jesus Cristo, sobre a origem e a posição da Igreja no plano salvífico de Deus, sobre a concepção da Eucaristia, sobre a vocação de todos os cristãos ao sacerdócio comum, sobre o lugar e sobre a posição do ministério sacerdotal e, também, sobre as condições para a admissão a ele. Só poderemos compreender o significado e a importância permanentes da vida e do ministério sacerdotal se estivermos dispostos a aceitar existencialmente as convicções fundamentais da nossa fé e a interpretá-las à luz de toda a tradição viva da Igreja.

O ministério salvífico sacramental da Igreja é o centro, o núcleo permanente e o fundamento da vida e do ministério sacerdotal. Este ministério salvífico, que é a obra do sumo sacerdote Jesus Cristo, compreende o dever da pregação e da mediação da solicitude salvífica do bom pastor. As raízes do serviço sacerdotal mergulham profundamente neste centro, que tudo determina. O ser determina a consciência; por isso, considero muito importante que eu aprenda a compreender e a aceitar com fé o meu sacerdócio no sentido da Igreja. Para adquirir essa compreensão, e aprofundá-la continuamente, devemos nos adentrar cada vez mais na fé da Igreja e integrar numa unidade, à luz do centro e da plenitude da fé católica, as muitas e variadas dimensões do ministério sacerdotal.

Se quisermos compreender o verdadeiro núcleo do sacerdócio católico não podemos partir do ministério do sacerdote como pároco; mas, sim, e em primeiro lugar, devemos compreender o que significa ser sacerdote. De fato, o ministério do pároco é tão somente uma forma do exercício e da realização do ministério sacerdotal, embora muitos sacerdotes desempenhem o seu ministério na função de pároco. Não nos esqueçamos de que, numa perspectiva eclesial mundial, há numerosos sacerdotes que, sendo membros de ordens e de congregações religiosas, operam como missionários ou como agentes de um ou outro tipo de pastoral.

O bom êxito da vida do sacerdote depende de maneira decisiva da ideia teológica e espiritual que ele tem acerca de si e do seu ministério. Junte-se a isso o elemento indispensável e conveniente da humanidade, que ele adquire graças à sua relação com o Santo, com Deus, e que lhe confere uma benéfica abertura de espírito e uma atraente capacidade de irradiar.

Estes dotes são obviamente um dom da natureza e da graça. Portanto, é obrigação espiritual de toda a vida criar as condições necessárias para fazer com que elas ganhem cada vez mais terreno em nossa vida, amadureçam e possam se expandir. Só nos estenderemos para além de nós mesmos se refletirmos sobre as possibilidades que Deus nos vai dando. Então, sentiremos crescer em nós a capacidade de cumprir fielmente a tarefa que nos foi confiada. Não vivemos nem pregamos as nossas possibilidades humanas, mas as possibilidades de Deus, que se tornam eficazes através de nós. De fato, para Deus e com Deus, tudo é possível.

Uma nova reflexão espiritual sobre o sacerdócio de Cristo e sobre a continuação da sua missão, no ministério sacerdotal da Igreja, pode nos ajudar a reconhecer o significado e a importância mais profundos do ministério salvífico sacerdotal. Só uma compreensão o mais possível completa e aprofundada do mistério do sacerdócio de Jesus Cristo, e uma profunda reflexão sobre aquilo em que a Igreja Católica realmente crê, que professa e celebra com a Eucaristia, poderá fazer com que descubramos o sentido autêntico e mais profundo do serviço sacerdotal.

Articulação do livro

Uma definição da vida e do ministério do sacerdote na Igreja e para a Igreja depende substancialmente do modo como a Igreja Católica concebe o sacerdócio de Jesus Cristo, do modo como Jesus faz participar os crentes no seu sacerdócio, do modo como o sacerdócio de Cristo continua a viver na Igreja e mediante ela, e também do modo como o sacerdócio de Cristo é visivelmente traduzido em ato. O sacerdócio de Cristo torna-se reconhecível e experimentável da maneira mais clara na liturgia, sobretudo na Eucaristia, fonte e cume da vida cristã, como afirmou claramente o Concílio Vaticano II (cf. LG, 11). Tencionamos retomar esta definição no horizonte da questão das questões: a questão de Deus, a questão de Cristo, no horizonte da possibilidade que nos foi realmente dada de participar na vida de Deus através da mediação salvífica da Igreja. Este *horizonte da fé, visto no seio dos desafios e das exigências do nosso tempo*, constitui a perspectiva do livro (capítulo 1).

Depois começaremos a meditar no núcleo da vida e do ministério sacerdotal, partindo de vários quadrantes: partindo do Deus do amor, que se tornou visível e experienciável num modo único em Cristo, nos ocuparemos do *dom da participação na vida de Deus* (capítulo 2). A seguir, meditaremos sobre *o sacerdócio de Cristo,* origem de todo o sacerdócio existente na Igreja (capítulo 3).

O sacerdócio funda-se unicamente em Cristo. É unicamente de Cristo que o sacerdote recebe a sua verdadeira identidade e a força de exercer com alegria o seu ministério sacerdotal para a salvação dos homens. A vida do sacerdote pode ser frutuosa se for concebida e vivida como *vocação ao seguimento de Cristo* (capítulo 4).

Uma renovada reflexão sobre *a graça do Sacramento da Ordem na nossa vida* (capítulo 5) pode nos ajudar a descobrir a fonte energética do nosso compromisso existencial sob a promessa de Deus para a salvação dos homens, a fim de que esta força da graça possa novamente correr e se desenvolver em nós e em nosso ministério. O nosso ministério sacerdotal terá êxito e dará os frutos esperados e desejados na medida em que cada um de nós souber colaborar livre e responsavelmente com a graça de Deus.

Ancoraremos a realização do sacerdócio de Cristo na *Eucaristia como fonte, centro e cume* da vida cristã, em que o sacerdócio comum e o ministerial, dependentes um do outro, forem exercidos e vividos para a glória de Deus (capítulo 6).

A graça do Sacramento da Ordem está permanentemente viva na vida e na ação sacerdotal. Com a sua ajuda, o sacerdote organizará, no seguimento de Cristo e no serviço diante de Deus e dos homens, o seu *trabalho pastoral* e a *sua vida* (capítulos 7 e 8). Cada sacerdote deve providenciar no seu âmbito de ação, para fazer com que, por amor da sacramentalidade da Igreja, a sua pessoa e o seu ministério sacerdotal, exercido com a palavra e com as obras, não sejam "neutralizados" nem pareçam supérfluos.

Este ministério é um chamamento à alegria. Pela alegria e pelo amor que lhe têm, todos se empenharão comunitariamente, *colaborando e apoiando no presbitério, para o seu bom êxito* (capítulo 9). Por isso, encorajaremos todos os chamados e enviados por Cristo a suscitar pessoas que entrem futuramente no serviço sacerdotal.

Na nossa meditação não nos deteremos à superfície nem falaremos unicamente dos sintomas; mas, através de um aprofundamento espiritual, procuraremos reconhecer o centro e, depois, dedicar-nos, partindo desse centro, a todas as outras questões. A questão dos elementos permanentes e essenciais do ministério sacerdotal e a questão do perfil não podem ser inteiramente resolvidas de maneira puramente prática e pragmática. Aqui, pode facilmente haver desenvolvimentos errados que ofuscam a realidade e que trazem consequências que podem perturbar notavelmente o equilíbrio da fé também noutros pontos. A questão da definição teológica do serviço sacerdotal não pode ser silenciada, se não quisermos ser vítimas de um mero oportunismo ou do simples estado de necessidade. Mais cedo ou mais tarde, surgirá o problema da ideia que temos do nosso ministério e da sua legitimação. A definição teológica do ministério serve para o ministro se aperceber da sua posição e para delimitá-la e distingui-la de modo legítimo e necessário por outros ministérios.

Só uma árvore com raízes profundas pode crescer em altura e amplitude. De contrário, só cultivaremos bonsais.

1

Desafios do nosso tempo, horizonte de nossa resposta

A ideia que o cristão e sobretudo o sacerdote têm de si mesmos, no seio da comunidade crente e testemunhal da Igreja, depende substancialmente do fato de eles saberem quem é Deus, de conhecerem a importância que a pessoa de Jesus Cristo tem para a humanidade e de conhecerem o papel que a Igreja desempenha no plano salvífico de Deus em favor dos homens. A resposta clara a essas questões e convicções religiosas assim adquiridas é o pressuposto fundamental para uma nova evangelização. A tais questões – ou seja, à questão do sacerdócio e do problema de Deus, à questão de Cristo e à da concepção da Igreja – nos dedicaremos a partir de agora, tomando-as sob vários pontos de vista.

O sacerdote e a questão de Deus

A questão atual da compreensão que o sacerdote tem de si

Na situação em que se encontra a Igreja é um desafio ser sacerdote; hoje se discute muito sobre estruturas que garantam o serviço salvífico da Igreja, mas, para fazê-lo, não nos esqueçamos de que os sacerdotes também contam, porque são os principais atores da "cura de almas". Ao contrário, em tempo de crescente insegurança teológica e de, simultaneamente, uma carga de trabalho cada vez maior, é necessário fazer, por amor à mensagem de Jesus, tudo o que for humanamente possível para favorecer e revigorar, não só humana e teologicamente, mas também espiritual e estruturalmente, os sacerdotes como "forças-guia". Porque da credibilidade de um testemunho seu depende o sucesso da sua vida e do seu ministério[2].

De pouco vale e serve lamentar o passado, caracterizado pela existência de uma Igreja de povo, tal como de pouco vale e serve esperar o incerto advento de um tempo exuberante ou de uma nova forma da Igreja. É preciso modelar o presente, no seio da Igreja hodierna, e modelá-lo juntamente com todos os homens com quem somos Igreja de Jesus Cristo. Hoje não faltam análises a propósito da atual crise do sacerdócio. Mas também são conhecidas as dificuldades que obstaculizam a realização do ministério sacerdotal, assim como são conhecidas as propostas correntes de soluções para efetuar mudanças na Igreja.

Contudo, mesmo que fizéssemos essas mudanças, continuaria a existir a questão decisiva da vida pessoal como sacerdote e do seu ministério sacerdotal. Qual é o conteúdo permanente desse ministério? Com base em que posso orientar-me? De que possibilidades dispomos para realizar o sacerdócio de Cristo, no qual participam todos os batizados, cada um em sua situação?[3] Como e onde os sacerdotes podem voltar a descobrir, num tempo de crescente insegu-

---

2. Cf. AUGUSTIN, G. "Priesterseelsorge – Was ist das, ist es notwendig?" In: AUGUSTIN, G. & KREIDLER, J. (eds.). *Den Himmel offen halten* – Priester sein heute. Friburgo: Herder, 2003, p. 177-188.

3. Cf. FABER, E.-M. & HÖNIG, E. "Identität, Profil und Auftrag der pastoralen Dienste". In: AUGUSTIN, G. & RISSE, G. (eds.). *Die eine Sendung* – In vielen Diensten. Gelingende Seelsorge als gemeinsame Aufgabe in der Kirche. Paderborn: Bonifatius, 2003, p. 107-130.

rança, o centro permanente do seu ministério? Cada um deve colocar a si mesmo a questão de sua identidade como sacerdote, na Igreja, para poder desempenhar com alegria o seu ministério.

Na verdade, por trás destas perguntas está, na realidade, uma profunda discussão em torno do ministério sacerdotal na Igreja que não visa a concepção do serviço sacerdotal, mas as questões fundamentais sobre a forma da Igreja, sobre Jesus Cristo e, até mesmo, sobre a concepção trinitária de Deus. Daqui resultou uma situação que é muito mais do que paradoxal e contraditória da concepção do ministério: as tentativas feitas, na teologia e na pastoral, para corrigir a restrita concepção cultual e ritual pré-conciliar do ministério sacerdotal, fazem com que hoje sintamos os seus efeitos como uma oscilação do pêndulo na direção oposta. A "moderna imagem do sacerdote" vai mais no sentido de reduzi-lo a guia da comunidade, entendido sociologicamente.

O fato de ver a especificidade do ministério ordenado, unicamente no "ofício de presidência" e a serviço do "governo da comunidade", pode se tornar uma perspectiva virtual, sobretudo porque na Igreja Católica nem todos os sacerdotes são guias de comunidades. Também é muito importante o fato de qualificar teológica e espiritualmente uma concepção da função de guia e de governo. Além disso, no caso de uma concepção unilateralmente sociológica e funcional do ministério do sacerdote como guia da comunidade, há o grande perigo de alargar o fosso entre o guia da comunidade e a própria comunidade, de obscurecer a convivência e a solidariedade de todos os crentes e de acentuar a sua oposição. No caso de esta concepção dominante do ministério, o problema teológico consiste numa "horizontalização" e funcionalização unilateral. Nela perde-se frequentemente de vista o elemento específico do ministério sacerdotal, isto é, a orientação vertical para Deus. Este obscurecimento provoca novas crises de identidade entre os ministros. Além disso, os fiéis já não conseguem perceber os elementos essenciais, específicos e distintivos do serviço sacerdotal.

A crise da autocompreensão sacerdotal, fundada na insegurança teológica, agrava-se ulteriormente, quando é acompanhada pelas normais dificuldades humanas presentes na vida quotidiana da comunidade. A consequente perturbação deriva, em última análise, de uma ideia não esclarecida que se tem de si mesmo. Por isso, continua a ser preciso buscar uma imagem adequada e atualizada do sacerdote, o que provoca uma perturbação psíquica nada insignificante no ministro.

Não há motivo para se pôr em discussão e em dúvida a definição teológica do sacerdócio ministerial que a Igreja confirmou e expressamente afirmou no Concílio Vaticano II. Obviamente, nas formulações teológicas de vários séculos, e sobretudo na realização do ministério sacerdotal por alguns ministros, houve repetidamente diferentes acentuações ou lacunas na visão teológica global. Nenhuma opinião nem nenhum contributo para a discussão deveriam provocar uma insegurança de fundo, embora apareçam apetrechados com os melhores conhecimentos sociológicos e psicológicos.

Não devemos perder de vista a verdade da vida humana. Ela nos impõe não somente o dever de evidenciar as unilateralidades historicamente condicionadas, mas também que tenhamos a coragem de, a partir de uma perspectiva teológica global, chegar a uma mudança de perspectivas que liberta e eleva. Na situação atual da fé é necessário refletir sobre os elementos permanentes e essenciais do ministério sacerdotal.

A validade e o alcance de qualquer definição teológica dependem do fato de ela nascer ou não do centro da fé, de conferir ou não aos sacerdotes uma identidade própria e de libertar ou não neles energias motivadoras. As exigências, as acusações e as inculpações unilaterais não ajudam a progredir. Tem mais efeito libertador e estimulador perguntarmos ao Senhor da Igreja aonde nos quer levar, e confiarmos em que Ele cumprirá a sua palavra de que estará sempre com a sua Igreja, apoiando-a.

Neste momento, é preciso considerar o sacerdócio de um novo ponto de vista, partindo justamente da glorificação de Deus. A missão de Jesus Cristo não consiste unicamente em levar Deus aos homens, mas também levar os homens a Deus. O sacerdócio exercido na Igreja para honra e glória de Deus deveria se tornar o ponto principal da missão sacerdotal, tanto da missão sacerdotal característica do povo régio de Deus como da missão dos seus ministros ordenados.

A necessidade de uma viragem teocêntrica

Se olharmos para o panorama da Igreja atual, poderemos ter a impressão de que a unidade entre o amor de Deus e o amor ao próximo está se desfazendo. Hoje, os mandamentos cristãos fundamentais seguem, muito frequentemente, linhas paralelas que praticamente não se encontram. Muitas vezes observamos este fato: abunda o que é humano, mas escasseia o divino; tomam-se muitas iniciativas sociais e políticas, mas há pouca espiritualidade; critica-se muito a Igreja, mas se pensa e focaliza demasiado pouco em doutrina; concentramo-nos muito nos aspectos negativos e nas carências da Igreja, mas refletimos pouquíssimo em sua riqueza e multiformidade; há demasiado ativismo e pouca confiança na força de Deus; demasiado individualismo e demasiado "espírito do nosso tempo", e muito pouco do Espírito Santo; bastante reivindicações de direitos e, ao contrário, um grande esquecimento do nosso dever de viver e de agir cristãmente.

De modo algum precisaremos ser culturalmente pessimistas para reconhecer que o cristianismo atual não passa de um cristianismo sociocultural desligado da liturgia da Igreja. Por isso, tudo se volatilizou, sem nenhuma referência ao transcendental, desligado da autêntica fonte de energia. Devemos olhar de frente, confiando em Deus e com a coragem da fé, para estas unilateralidades e deslocações, e eventualmente corrigi-las para se voltar novamente ao equilíbrio entre a presença do divino e a do humano. Precisamos urgentemente de conceber de uma maneira diferente o ministério sacerdotal, como precisamos também de olhar de modo diferente para a Igreja, as comunidades cristãs e a pastoral.

Utilizando uma imagem o sacerdote apenas pode mover-se entre o céu e a terra, ou apenas pode pôr em relação o céu com a terra e a terra com o céu, se conhecer muito bem um e outro. É imprescindível ao ministério sacerdotal o conhecimento do humano e do divino. O olhar voltado para o céu nos ajuda a ver a terra na perspectiva certa.

Sem uma mudança radical de perspectiva não conseguiremos superar a "depressão coletiva" que grassa em algumas Igrejas particulares (*ecclesia particularis*). O primeiro passo que devemos dar para realizar esta viragem consiste numa orientação sem reservas e cheia de confiança em Deus. De fato, podemos fazer todas as análises e diagnósticos possíveis, identificar setores, fazer acusações, difundir propostas de reforma, lamentar-nos da carga do trabalho e do *stress*, e também da falta de tempo, mas nunca encontraremos uma resposta válida enquanto não voltarmos novamente a refletir sobre Deus e sobre a sua presença salutar na Igreja.

A longo prazo, a verdadeira visão antropológica só é válida quando enquadrada numa perspectiva teocêntrica. Já é tempo de requalificar a viragem antropológica da Idade Moderna, através de uma focalização teocêntrica. O homem só poderá encontrar a via de acesso à verdadeira humanidade se tomar consciência da sua origem e do seu fim. De fato, só quem conhece Deus pode compreender com justeza quem é o homem e qual o seu verdadeiro destino. Sem Deus não há liberdade; por isso, temos o dever – por amor da verdadeira liberdade – de aprofundar a ideia de Deus e de conciliá-la dialogicamente com a história moderna da liberdade.

A necessária mudança de perspectiva consiste numa viragem teocêntrica da Igreja. Só assim podemos criar a base de qualquer renovação, pois só uma viragem deste gênero é capaz de encher novamente a Igreja de entusiasmo e de infundir a força missionária necessária e eficaz. Só aqueles que se voltam para Deus podem encontrar também a força de dedicar-se aos homens. Quem está próximo de Deus também pode estar próximo do homem. Quem está a serviço de Deus pode servir o homem. Só aqueles que estão cheios de entusiasmo por Deus podem, a longo prazo, também entusiasmar os outros homens por Deus; e com o entusiasmo por Deus também chega o entusiasmo pela sua Igreja. Mas, para algo deste gênero, é fundamentalmente necessário que os homens encontrem Deus na Igreja. Além disso, sem um entusiasmo pela Igreja, ninguém é capaz de realizar sensatamente um serviço no seio dela e em seu nome.

A nossa concepção, segundo a qual estamos a serviço de Deus e podemos participar na sua obra salvífica, pode se tornar em nós uma força motivadora. Também um médico, um assistente social, um psicólogo ou um presidente da câmara pode existir para os homens. Eles estão igualmente próximos deles nas situações de crise da sua vida e podem fazer um trabalho excelente a seu favor, no plano humanitário. Então, o que distingue a nossa existência como sacerdotes a favor dos homens da dos muitos outros indivíduos que se dedicam igualmente a eles?

O que nos distingue é o seguinte: existimos para os homens, em nome e por mandato de Deus. Através desta nossa existência manifesta a seu favor, queremos tornar visível e experimentável, com a palavra e com a ação, a existência de Deus. O elemento característico do ministério sacerdotal é a ação explícita e declarada em nome de Deus. Porque Deus está aqui, também nós queremos e podemos estar próximos dos homens em seu nome.

O sacerdote: testemunha e servo de Deus

O termo "Deus" é universal. A pergunta por Deus é permanentemente atual para qualquer pessoa que se interrogue sobre o sentido da (sua) vida. A ideia de Deus não apenas vincula entre si as pessoas com inquietações religiosas de todas as épocas, mas também vincula incrédulos e ateus, dado que estes se definem precisamente como opositores à fé em Deus, fazendo depender deste modo a sua identidade da atitude que assumem – por oposição – relativamente a Deus. Se a questão de Deus une todos os homens e desempenha um papel tão decisivo na sua vida, temos bons motivos para colocar a ideia de Deus no centro da vida cristã e da reflexão teológica. A questão de Deus não é apenas a pergunta fundamental da teologia, é a pergunta fundamental de toda a existência humana.

Ora, isto é justamente a alma da fé e da procura de sentido que persegue o homem. Todas as religiões têm o seu fundamento nesta questão central. Contudo, se ela desempenha o papel decisivo na vida e na ação do homem crente e religioso, então também a sua influência na vida não será superficial, mas profunda; não parcial, mas total; não ocasional, mas permanente; não acrescentada, mas normal e determinante. Portanto, nunca chegaremos a uma resposta definitiva, tendo por isso a necessidade constante de procurar Deus. Temos de nos esforçar por conceber uma imagem sua, verdadeira, que corresponda ao Deus que se tornou manifesto na vida e na mensagem de Jesus. É importante que se olhe, conjunta e simultaneamente, para a origem da fé, para o Deus de Jesus Cristo e para a autorrevelação divina que nele aconteceu.

Atualmente, o discurso de Deus é hostilizado de muitos modos e, simultaneamente, torna-se cada vez mais atual. Vivemos numa situação paradoxal e ambivalente. Porque, em muitos homens, Deus desaparece da sua consciência, outros abusam dele e do seu nome pelos seus interesses. O grande desafio do nosso tempo consiste em procurar uma resposta válida para essa ambivalência: de um lado, observamos um interesse reflorescente em Deus e na religião, acompanhado pela discussão da sua imagem diante da pluralidade das religiões; do outro, vemos um ateísmo agressivamente missionário e um extenso esquecimento de Deus, uma crescente laicização da comunidade, acompanhada até por uma autossecularização e autolaicização da Igreja.

No mundo pós-secular não podemos simplesmente fazer de conta que Deus não existe. Hoje não faltam sinais de uma crescente busca da transcendência. A saudade que os homens sentem, a sua fome e sede de transcendência é um grande desafio, a que é necessário prestar a maior atenção. O que se tem a fazer é abrir aos homens uma nova via de acesso à dimensão do divino e indicar-lhes caminhos para compreenderem a fé. Há um ponto muito concreto que tem de tornar-se claro: o homem é para si próprio um problema, cuja solução plena e última é o Deus uno e trino.

A resposta válida ao desafio hodierno não consiste num fundamentalismo cego, num fundamentalismo arrogante, num tradicionalismo exangue nem, muito menos, num relativismo indiferente, morno e superficial. É preciso saber distinguir as muitas imagens de Deus, que continuamente se sobrepõem, ofuscando e deformando a verdadeira. É preciso não só descobrir continuamente o centro e a base identitária da fé cristã, mas também aprender a conceber a profissão de fé em Deus como amor que parte da sua raiz, e ainda torná-la dialogicamente compreensível. Por isso, hoje precisamos não só de profundidade científica, mas também de uma orientação pastoral missionária de fundo, aberta ao espírito do tempo, e de uma eclesialidade convicta e capaz de convencer. Desse modo, a Igreja pode se tornar aquele espaço em que todos os homens, que se interessam pela questão de Deus, possam encontrar o Deus vivo do amor e da vida.

O sacerdote é chamado e designado para enfrentar continuamente a questão de Deus e para refletir sobre ela, mantendo viva a questão do Deus de Jesus Cristo no nosso pensamento e na nossa ação, e também para pôr constantemente no centro da pregação eclesial o testemunho do Deus uno e trino. Deveremos juntos procurar as vias de acesso à fé e os percursos dela para nos sentirmos encorajados e percebermos em nós uma força viva que nos torne capazes de testemunhar com alegria e confiança o Deus de Jesus Cristo no nosso tempo.

O diálogo salvífico entre Deus e os homens é a origem e o fundamento de toda a ação da Igreja, especialmente da sacerdotal. Também a pregação é diálogo, porque é discurso sobre Deus que nasce do discurso com Deus. Por isso, é tarefa urgente iniciar uma pregação dialógica da fé, aberta às questões do tempo, que brote do centro da fé cristã, e da vida da Igreja, e sirva a fé da Igreja e encoraje a crer vivamente na Igreja e com a Igreja. Consequentemente, precisamos da disponibilidade de todos para olharmos juntos para o Deus de Jesus Cristo e para aprofundarmos e revitalizarmos a fé nele. É disso que, antes de tudo e em primeiro lugar, se deve ocupar o diálogo intereclesial.

Esse diálogo intereclesial não deverá excluir ninguém, mas procurar com grande coragem e disponibilidade a reconciliação, e ainda, com o olhar posto em Deus, esforçar-se por integrar todos. Por amor dos homens, é hoje mais do que nunca importante falar de um modo absolutamente novo e convincente sobre o Deus vivo e libertador, que é o amor e a vida na sua plenitude. Esse discurso sobre Deus é um serviço prestado à vida e à liberdade dos homens. Assim, abrimos-lhes uma perspectiva cheia de esperança.

A paixão por Deus é a força que arrasta consigo todo o ministério eclesial, porque Deus é a verdade última e definitiva do homem e do mundo. O homem encontra o seu sentido último no conhecimento de Deus: "Esta é a vida eterna: que te conheçam a ti, único Deus verdadeiro, e a Jesus Cristo, a quem Tu enviaste" (Jo 17,3).

É claro que o problema de Deus está no centro da Igreja missionária. Hoje nos interrogamos novamente e cada vez mais sobre Deus; mas frequentemente as respostas dadas são confusas e a busca de Deus não conduz incondicionalmente os homens à Igreja; por isso, chegou a hora de nos interrogarmos sobre o "porquê" desse fenômeno, para podermos falar de maneira muito mais consciente e franca da nossa concepção de Deus.

Num tempo de mudança, em que um iluminismo que se esqueceu de Deus começa a orientar-se para caminhos novos, e em que uma modernidade abalada nas suas convicções fundamentais se abre novamente e se aproxima às apalpadelas da realidade de Deus, é necessário reconhecer os sinais do tempo e, com todas as forças, recolocar Deus no centro do discurso e da ação eclesial, e reintroduzi-lo de maneira convincente no discurso eclesial.

Como poderemos conseguir, uma vez mais, fazer da Igreja um lugar em que se perceba a presença viva de Deus? Aqui, vem mesmo a talho de foice a pergunta: "Está o Senhor no meio de nós ou não?" (Ex 17,7). Somente quando respondermos afirmativamente a essa pergunta é que poderemos dar vida a uma Igreja missionária.

Não conseguiremos resolver realmente nenhum problema se Deus não regressar ao centro da Igreja. Precisamos de uma nova confiança fundamental. Só um entusiasmo por Deus constitui o fundamento de uma nova capacidade da Igreja para transformar o mundo.

Uma Igreja que quer ser missionária deve pôr a questão de Deus no centro de todas as suas atividades, independentemente de todas as correntes ateístas e niilistas. O seu primeiro e fundamental dever não é o de pôr na berlinda o muito difundido esquecimento de Deus, nem o ateísmo crescente e agressivo; mas, sim, o de superar o quotidiano esquecimento de Deus no seu interior. Falemos de Deus começando pelas perguntas decisivas: Para nós, Deus é uma realidade viva ou é tão só uma palavra oca que não nos diz nada? No nosso ministério contamos efetivamente com o poder de Deus? Deus é reconhecível no meio de nós? Como podemos, apesar de todos os ofuscamentos humanos, chegar a tornar experienciável e visível a presença de Deus na Igreja, mesmo para aqueles que não fazem parte dela?

Só poderemos nos apresentar confiantes e seguros aos outros quando também nós tivermos encontrado e experimentado Deus na Igreja. Ele é o verdadeiro tema da vida eclesial, algo mais do que um simples conceito; é uma realidade existencial e experienciável, a força que nela determina tudo. Por isso devemos estabelecer o que podemos fazer para superar o esquecimento eclesial e teológico específico de Deus e para realizar todas as atividades à luz de Deus e em ordem a Ele. O fim unificador de todos e de tudo na Igreja é Deus.

Mas, sem termos feito a experiência de Deus, não poderemos falar dele. Quem faz uma experiência existencial de Deus pode torná-la acessível aos outros homens, porque sente uma necessidade íntima de falar dele. Desse modo, para ser missionária, a Igreja deve ser reconhecida como lugar da experiência de Deus. A questão de uma Igreja reconhecida como missionária só se resolverá na medida em que nela for visível a saudade de Deus.

Tal como a Igreja, também os cristãos são chamados a dar testemunho da presença de Deus. Corresponderemos à nossa vocação se, como Igreja, nos esforçarmos por suscitar uma saudade contínua de Deus. Deveremos sempre tornar visível a esperança cristã fundamental: o Deus em quem esperamos superará todos os sonhos humanos, saciará os famintos e acalmará a nossa sede de vida. A fé cristã apresenta uma solução única para a questão de Deus: Deus é amor, é o Vivente que cuida de nós, e a sua relação com os homens se caracteriza e distingue pela benevolência e pela solicitude. Ele ama os seus com um amor apaixonado (cf. Is 26,11).

A obrigação de procurarmos Deus sempre e em toda a parte, e de encontrarmos o caminho que nos conduz a Ele e de indicá-lo aos outros, é o que caracteriza e distingue o ministério sacerdotal. De fato, Deus se torna conhecido através de homens que o conhecem, que se põem à sua disposição e que têm sempre um espaço para Ele. O caminho que leva a Deus passa sempre através de homens que já moram junto dele; passa através de encontros que induzem a refletir e nos vão encaminhando ao longo da via que nos conduz a Ele. Embora Deus não esteja ligado às nossas tentativas, sucessos e fracassos, a verdade é que, de acordo com o cristianismo, até a fragilidade da vida pode nos levar a descobri-lo.

Deus é conhecido através de si próprio. Dá-se a conhecer em Jesus Cristo, que lhe pertence substancialmente e que é a sua manifestação ativa: "Quem me vê, vê o Pai" (Jo 14,9).

Do ministério sacerdotal como testemunho de Deus faz parte o dever de encorajar os homens a superarem o esquecimento de Deus e a orientação para o aquém e para humanizar a humanidade, mediante um teocentrismo radical. Os sacerdotes devem infundir nos homens uma maior esperança, apesar de todas as dificuldades e fadigas desse empreendimento. O testemunho de Moisés no deserto constitui um exemplo sempre válido para o dever de os sacerdotes serem guias. O ministério profético do sacerdote tem por objetivo guiar os homens a uma esperança cada vez maior, revelar-lhes um horizonte sempre mais amplo e uma perspectiva à luz da fé.

O critério decisivo do testemunho sacerdotal é o seguinte: Os homens que encontramos percebem ou não a presença de Deus através de nós? O sacerdote deve ser, com toda a sua vida e com todo o seu empenhamento pessoal, um homem de Deus. Sê-lo-á quando o seu sacerdócio for não apenas um ministério, mas também impregnar toda a sua pessoa. Ele será convincente, se, como homem espiritual, tiver efetivamente alguma coisa de interior e de divino a comunicar. É cada vez mais importante falar primeiro com Deus, antes de falar dele. A excessiva atenção prestada aos métodos e aos sistemas auxiliares da cura de almas pode ofuscar o conteúdo autêntico.

Só o entusiasmo interior por Deus pode constituir a motivação última e infundir a força necessária para o testemunho. Sem este entusiasmo as estruturas e as organizações permanecerão ineficazes. A força de atração só chega quando se pode reconhecer e experimentar o que a atividade sacerdotal tem realmente a dizer sobre Deus. Um simples humanismo, sem qualquer relação interior com Deus, mais cedo ou mais tarde, se tornará pusilânime e ineficaz. Um testemunho que já não é um ministério voltado para a presença de Deus, e que não procura ligar o homem ao Deus vivo, não é convincente nem eficaz. Contudo, o testemunho prestado a favor da transcendência só poderá ser compreendido quando passar através de um verdadeiro sentido de humanidade.

Ser sacerdote é ser testemunha da presença de Deus e da ação salvífica que Ele realiza no mundo. A fé cristã vive da convicção de que a presença de Deus é real. Deus já está presente no mundo, embora de maneira escondida. Com a ação salvífica de Jesus Cristo começa objetivamente a obra definitiva de salvação de Deus, mas ainda não é subjetivamente experienciável em toda a sua plenitude. O plano salvífico de Deus prevê que a salvação objetiva, a sua presença no mundo, se torne definitivamente experienciável através da atividade da Igreja e do ministério do sacerdote.

Para se compreender o ministério e a vida do sacerdote em toda a sua verdade devemos partir da questão determinante da vida e da fé religiosa; em suma, da questão de Deus. Resumindo: a crise do sacerdócio tem a ver com a atual crise de Deus e, por isso, com a consequente crise da Igreja. Se olharmos em primeiro lugar para Deus se tornará claríssimo que o sentido último da vida consiste no fato de, como criaturas de Deus, sermos seres dependentes dele que, por isso mesmo, devem honrá-lo e adorá-lo, como, no seu tempo, já o tinha afirmado São Bento na sua *Regra*: "*Operi Dei nihil praeponatur*"[4]– "Que nada se anteponha à obra de Deus", isto é, ao culto de Deus.

---

4. *Regra de São Bento*, XLIII.

A Igreja encontra a legitimação da sua existência na adoração de Deus, e isto se deduz do seu dever de glorificar a Deus. Como povo de Deus, ela tem essencialmente a ver com a glorificação e a adoração de Deus, pelo que o serviço sacerdotal se fundamenta, antes de tudo, nessa glorificação. O primeiro mandamento é o amor a Deus, de que deriva necessariamente o segundo.

A glorificação de Deus tem obviamente a ver com a vida e com a sua organização. Tudo o que acontece na glorificação de Deus deve se tornar visível na vida. Nós levamos a vida e o mundo à presença de Deus para o glorificarmos e recebemos dele a força de oferecer a nossa vida a favor dos outros, fazendo com que, desse modo, a glorificação de Deus atinja plenamente o seu objetivo. Por isso, o amor de Deus toma forma no amor do próximo. Assim como Jesus Cristo considerou toda a sua vida como uma única glorificação do Pai, assim também nós, como sacerdotes, devemos pôr a nossa vida a serviço da glorificação de Deus (cf. Jo 17).

Por isso, torna-se muitíssimo mais difícil dar um testemunho verdadeiro num mundo secularizado e laicizado, em que parece que Deus desapareceu, e numa Igreja que, em virtude da volatilização da fé, se seculariza cada vez mais e que, a muitos dos que não lhe pertencem, mais parece uma quinta religiosa esquecida por Deus; numa Igreja, na qual e por causa da qual, o divino não é claramente perceptível ou, pelo menos, está muito ofuscado. Nesta situação de mudança, cada sacerdote, na sua qualidade de dirigente no seio da Igreja, deve fazer a si mesmo esta pergunta decisiva: Através do meu ministério, consigo levar Deus aos homens e os homens a Deus?

O sacerdote é o homem de Deus, o homem da fé, o homem da Igreja, que não existe, em primeiro lugar, para ensinar aos homens como devem organizar o mundo; ele é o "especialista" da dimensão transcendente da vida. Por isso, ele é, antes de tudo, o homem da

Palavra de Deus. A verdadeira e específica tarefa do serviço sacerdotal consiste em ser testemunha de um outro mundo, em ser testemunha de Deus; em ser o homem que confirma a existência de uma realidade sobrenatural e mostra como podemos alcançar a salvação. A Palavra de Deus, de que o sacerdote é testemunha, chegará aos homens e lhes tocará o coração se brotar de maneira viva do seu íntimo e também se o sacerdote, na sua qualidade de homem religioso e espiritual, der testemunho da esperança. Devemos revelar aos homens com quem nos encontramos um horizonte de Deus e indicar-lhes as suas novas perspectivas culturais e espirituais. O testemunho sacerdotal é um sinal da salvação, um sinal visível da presença permanente, benéfica e salvífica de Deus, um sinal visível da sua solicitude salvífica.

O sacerdote e a questão de Cristo

A questão atual do perfil do sacerdote

Segundo o inquérito *Priester 2000*, a imagem unitária do sacerdote ou "o sacerdote no singular" só existe nos livros[5]. Por isso, cada sacerdote deve perguntar a si próprio: Como concebo a minha existência e o meu serviço sacerdotal? Parto das várias alterações de ênfase no passado, e das caricaturas sobre o ministério sacerdotal, ou sou arrastado para um lado e para o outro no interior da babel das opiniões teológicas? A questão da especificidade do ministério sacerdotal é inevitável e independente do fato de o sacerdote se compreender como um clérigo atemporal, como um homem de Deus aberto ao seu tempo, um homem de Igreja próximo do seu

5. Cf. ZULEHNER, P.M. "Sie gehen und werden nicht matt". In: *Priester in heutiger Kultur* – Ergebnisse der Studie Priester 2000. Ostfildern: Schwabenverlag, 2001.

tempo e um guia atualizado da comunidade, como o inquérito há pouco citado define as imagens do sacerdote do nosso tempo[6]. Não obstante os numerosos documentos do magistério da Igreja[7] e a abundante bibliografia teológica[8] sobre o sacerdócio, não há dúvida de que permanece na Igreja uma grande incerteza não só a propósito do sacerdócio régio de todos os fiéis, mas também a propósito do sacerdócio ministerial.

Esta insegurança se manifesta, entre outras coisas, na procura de "uma imagem atualizada do sacerdote" que é necessário delinear novamente. Mas essa busca é polivalente: O desenho da imagem do sacerdote está confiado unicamente às iniciativas e à produtividade pessoal da fantasia humana ou existe de fato uma definição teológica do ministério sacerdotal presente desde os inícios da Igreja? Às vezes, a busca de uma "nova imagem do sacerdote" pode se apoiar num pressuposto ambíguo, porque se trata unicamente da questão da forma atualizada da vida e do ministério do sacerdote na Igreja, da forma que ele assume aqui e agora, ou se tratará de elementos principais da forma essencial permanente do ministério sacerdotal? No primeiro caso, a necessidade de uma nova configuração é de natureza diferente da que se tem no segundo. Os traços fundamentais do serviço sacerdotal já estão presentes no sacerdócio de Jesus Cristo. Naturalmente, se olharmos para a história, ela nos ensinará que na Igreja nem todos os elementos essenciais do ministério sacerdotal se realizaram sempre com a mesma clareza. Por isso, torna-se cada vez mais importante que se conheça a fundo

6. Ibid., p. 82.

7. Cf. CONGREGAÇÃO PARA O CLERO. *Diretório para o ministério e a vida dos presbíteros*. Cidade do Vaticano: LEV, 1994.

8. Pode-se encontrar uma lista na tese de licenciatura de J. Müller: *In der Kirche Priester sein* – Das Priesterbild der deutschsprachigen katholischen Dogmatik des 20. Jahrhunderts: Vurzburgo, 2001.

o ministério sacerdotal de Jesus Cristo e se tome novamente consciência dos elementos essenciais do serviço sacerdotal.

A sua força de atração não pode ser aumentada obscurecendo ou adulterando os seus traços. Agora, que o número de sacerdotes baixou de modo inquietante, devemos falar seriamente da sua necessidade e da sua beleza. Um discurso que descreva com precisão os traços do sacerdócio ministerial é também um convite a que se dê o devido lugar ao sacerdócio comum de todos os fiéis.

É necessário suscitar novamente a coragem de falar sobre a verdadeira grandeza do serviço sacerdotal. Neste trabalho é preciso distinguir a definição teológica da sua realização pelos ministros ordenados nas situações históricas concretas da Igreja. O serviço sacerdotal não se tornará mais importante se estivermos continuamente a desmantelar a imagem do sacerdote, criticando alguma "caricatura" do sacerdócio do passado.

Também é preciso distinguir as funções genuínas do ministério, enquanto tal, das funções que foram exercidas efetivamente ao longo da história. É importante que se descubra a especificidade do ministério ordenado porque, de fato, as funções essenciais do serviço sacerdotal constituem uma unidade perene e não podem ser separadas uma das outras. Na discussão sobre o ministério também é necessário chegar a uma reconciliação da sua essência com a sua função, para que seja possível se ter uma ideia de todo o seu conteúdo teológico. Só um interesse radical pelo centro ou núcleo, pela substância e pelo objetivo do serviço sacerdotal, pode pôr em movimento a força de renovação hoje urgentemente necessária para a evangelização.

O nosso olhar comum cheio de fé para Jesus Cristo, o sumo e eterno sacerdote, pode nos ajudar a ver na perspectiva certa e a superar as perturbações do ambiente que existem na Igreja. Um olhar sem preconceitos e desenvolto para o conjunto da fé e da sua situação hodierna, a fim de percebermos os sinais do tempo, exige uma reflexão aprofundada não somente do ministério ordenado na Igreja, mas também do sentido teológico do sacerdócio comum dos fiéis. Isto é da máxima importância não só pela vontade de Jesus Cristo e pela forma fundamental que Ele deu à sua Igreja, mas igualmente porque todos os "colaboradores de Deus" empenhados na Igreja precisam muito e urgentemente de ter uma ideia de si mesmos e de encontrar a sua identidade. Mas esta caracterização teológica só será possível se mergulharmos até às raízes do sacerdócio na Igreja, quer dizer, até ao sacerdócio de Cristo. Mas a definição teológica do ministério, válida em todos os tempos, já foi dada à partida no ministério salvífico de Cristo; por isso, agora, é preciso descobrir como é que, num tempo concreto, o ministério de Cristo ganha forma no *ministerium ecclesiasticum* (LG, 28).

Jesus Cristo, centro do serviço sacerdotal

Jesus Cristo é o núcleo da mensagem cristã[9]. Ele mostra quem é Deus e como é Deus: aquele que, por amor, se dá para a salvação dos homens. Assim como outrora o Enviado do Pai enviou os seus discípulos, assim também hoje Ele envia todos aqueles que devem representá-lo, tornando-os capazes de fazê-lo e confiando-lhes a tarefa de pregar e de testemunhar quem e como é Deus. Quem ouve e vê Jesus Cristo ouve e vê o Pai (cf. Jo 3,34; 14,9). Quem hoje ouve e vê um seu representante deve poder ouvir e ver o próprio Jesus e, nele, o Pai.

---

9. Cf. AUGUSTIN, G. *Gott eint; trennt Christus?* – Die Einmaligkeit und Universalität Jesu Christi als Grundlage einer christlichen Theologie der Religionen. Paderborn: Bonifatius, 1993, p. 203-379.

Ao olhar para Jesus Cristo descobriremos não só o verdadeiro rosto de Deus, mas também o verdadeiro rosto do homem e o verdadeiro rosto da Igreja. Mas os homens religiosos só poderão descobrir a *mais-valia* da fé cristã e se tornarem cristãos crentes se conseguirmos lhes comunicar um conhecimento mais profundo de Jesus Cristo.

Frequentemente, são insuficientes e inadequadas muitas percepções dos traços exteriores da pessoa de Jesus Cristo. Para poderem entrar numa união profunda e duradoura com Ele e segui-lo, os homens devem se entusiasmar por Ele. Isto pressupõe o conhecimento claro de quem Ele é e do que efetivamente significa para nós e para o mundo. Jesus Cristo quer ser o dispensador universal da salvação, porque é Deus e porque é o Filho. É neste fato que a mensagem cristã fundamenta e radica a sua importância universal para todos os homens de todos os tempos. O conhecimento profundo da pessoa de Jesus Cristo é um dom de Deus; mas a comunidade narrativa e testemunhal da Igreja deve criar o pressuposto necessário para que Ele seja reconhecido e proclamado como Filho do Deus vivo.

De algum modo, flutua no ar uma reserva ou pudor, confusos e indefiníveis, relativamente a uma profissão de fé clara. Não conseguimos eliminar totalmente a impressão de que a heresia do arianismo – que se difundiu nos primeiros séculos, segundo a qual Jesus Cristo foi simplesmente uma criatura, e não pode ser simultaneamente Deus – se tornou novamente atual.

Mas só se Jesus Cristo for realmente o Filho de Deus vivo é que teremos o motivo e forças para segui-lo e para colocar a nossa vida ao seu serviço. De fato, só nele é que conhecemos o mistério de Deus e o mistério da nossa vida. Dado que Jesus Cristo é o Filho do Deus vivo e, por isso, nele há luz e vida, temos um bom motivo para anunciá-lo com uma alegria sem reservas, e precisamente com a alegria a que o anjo nos convida no Evangelho de Natal: "Não temais, pois vos anuncio uma grande alegria, que o será para todo o povo: hoje, na cidade de Davi, nasceu-vos um Salvador, que é o Messias Senhor" (Lc 2,10-11).

Segundo a concepção cristã, este "hoje" não é um passado, mas um presente permanente. De fato, quando celebramos a Eucaristia, Jesus Cristo "nasce de novo" no meio de nós, fazendo-se pequeno na forma de hóstia e nos brindando com a sua presença. Assim como a história humana de Jesus Cristo é a relevância da glória de Deus, assim também o ministério sacerdotal pode se tornar para os homens a revelação da glória e da beleza de Deus no espaço e no tempo. Podemos seguir Jesus Cristo, agir em seu nome e em sua representação, porque Ele não é apenas um homem que viveu há dois mil anos, mas também alguém que hoje vive e age salvificamente como Filho de Deus. Nós somos o instrumento de um indivíduo presente.

Não há dúvida de que o racionalismo, que vai penetrando numa larga parte da cultura moderna, provoca grandes dificuldades aos crentes, quando se trata de crer na divindade de Cristo. A aceitação da realidade histórica e terrena do homem de Nazaré não é difícil ao cristão hodierno que até se comove quando considera as dimensões humanas de Jesus; mas tem problemas na profissão de fé, segundo a qual, no homem Jesus de Nazaré, foi o próprio Deus que apareceu real e definitivamente aos homens e ao mundo como uma luz no meio das trevas.

Porque Jesus Cristo é Deus, posso viver numa relação viva com Ele e Ele pode intervir beneficamente na minha vida em qualquer momento. Porque Jesus Cristo é Deus, a mensagem cristã é uma mensagem poderosa e fascinante. Na unicidade irrepetível de Jesus Cristo está o fundamento sobre o qual se apoia toda a atividade cristã. Não nos pregamos a nós mesmos, mas a Jesus Cristo. Os homens vêm à Igreja não para conhecer uma sabedoria humana, mas para escutar a mensagem salvadora e redentora de Jesus Cristo. Se conseguirmos mostrar Jesus Cristo, torná-lo audível e experimentável, também os homens poderão perceber a presença viva de Deus e percebê-la exatamente por meio da Igreja. Quando os homens entram em união com Jesus Cristo e progridem na amizade com Ele, também se estabelece uma nova união entre eles e com a Igreja. A união com Jesus Cristo cria vínculos com a Igreja.

Com efeito, no centro da fé há um princípio abstrato, uma doutrina informe e também um nome e um rosto: Jesus de Nazaré crucificado e ressuscitado. Em Cristo reconhecemos a misericórdia de Deus e esse conhecimento habilita cada cristão a ser testemunha desta misericórdia. A sua pessoa tem um valor absoluto que aprofunda as suas raízes na sua relação com Deus. A filiação que nele aparece e a paternidade em relação a Ele são únicas e radicais. A pregação cristã é uma oferta universal do amor e da promessa da salvação. É um serviço escatológico e provisório prestado a Jesus Cristo ressuscitado, em quem foi prometido a toda a humanidade o cumprimento de toda a "plenitude fragmentária" dos elementos de verdade, de santificação e de vida. Pregamos Jesus Cristo como sinal de salvação para todos os homens, como luz que ilumina os pagãos, como paz para todos os homens objeto da sua benevolência (cf. Lc 2,30s.).

O ministério sacerdotal é a mediação do mediador. Porque Ele é, de fato, o único mediador da salvação para todos os homens; também a Igreja oferece aquilo que o Senhor lhe dá: "Com efeito, eu recebi do Senhor o que também vos transmiti" (1Cor 11,23a). Oportuna ou inoportunamente, a Igreja deve colocar no centro de toda a sua ação o mediador de toda a salvação: Jesus Cristo. A pregação, o culto e a diaconia eclesial só podem ser compreendidos à luz de Cristo e vividos nele. É no amor a Cristo que está o fundamento de cada renovação, reforma e revitalização.

Como a falta de entusiasmo frequentemente perceptível provém de uma profunda crise da fé em Cristo, é decisivamente importante que se reaprenda a olhar para o Cristo total; pois trata-se nada menos do que perceber no homem Jesus de Nazaré o rosto do próprio Filho de Deus e de não ver nele simplesmente um homem, embora de grandeza excepcional e particularmente bom. No entanto, é simultaneamente um sinal de grande esperança o fato de muitos homens, mesmo de homens que estão fora do cristianismo, se sentirem atraídos precisamente pela dimensão humana de Jesus. Aqui podemos encontrar excelentes pontos de contato para evidenciar e professar a importância única de Jesus Cristo para a humanidade.

Mas também é igualmente verdade que, com a profissão de fé em Jesus Cristo como verdadeiro Deus e verdadeiro homem, a fé cristã fica de pé ou cai. Porque, se Jesus Cristo tivesse sido apenas um homem, pertenceria irrevogavelmente ao passado e só a nossa recordação longínqua poderia trazê-lo de maneira mais ou menos clara ao presente. Ele só poderá estar hoje salvificamente presente entre nós, se for verdadeiro Deus. Na situação atual devemos fazer tudo para conduzir os homens ao conhecimento pleno da verdade em Jesus Cristo. É esta viva profissão de fé em Jesus Cristo, jubilosamente partilhada entre nós, que se tornará a força motriz da atividade cristã.

O sacerdote, "ícone de Jesus Cristo

Em Jesus Cristo, o humano e o divino estão unidos de modo único, porque nele Deus e o homem entraram de uma vez para sempre num diálogo salvífico. O sacerdote está a serviço deste diálogo entre o céu e a terra. O seu dever e tarefa não delegáveis são juntar o terreno e o celeste, apesar de todas as dificuldades internas ou externas que os acompanham. Na sua qualidade de invisivelmente presente, Ele, Jesus Cristo, serve-se do sacerdote como do mediador visível da sua mediação única. Através de nós, homens crentes que também têm dúvidas, deve acontecer a ligação destas duas dimensões, entre o divino e o humano, entre o celeste e o terreno.

Este encontro dá-se na vida e no ministério sacerdotal, e é neste que se apoiam a grandeza e a beleza do sacerdócio. Por isso, o sacerdote deve andar entre os homens com esta consciência de que é um sinal e um instrumento únicos para cumprir a missão e a tarefa de tornar o divino visível e experienciável na atividade humana. Isso constitui a essência da missão sacerdotal. Por conseguinte, só seremos realmente testemunhas de Jesus Cristo quando correspondermos a essa missão. O centro unificador de todo o ministério sacerdotal consiste em testemunhar que Jesus Cristo está presente na Igreja para dar e realizar a salvação.

O elemento específico do serviço sacerdotal consiste no fato de, com a palavra e com a ação, tornar hoje presente o dom que Cristo faz de si ao Pai para a salvação do mundo. O importante é que assumamos como próprios a humildade e o despojamento do Senhor, para que isso nos permita falar do Cristo vivo e dar-lhe uma forma. A questão decisiva está em saber se tornamos audível e experienciável a mensagem de Jesus, de modo a que os homens com quem nos cruzamos experienciem a sua solicitude salvífica. O sacerdote é, em todas as suas funções, um "ícone de Jesus Cristo", recordando assim aos homens que a Igreja brota da graça e vive da graça como sinal da presença de Deus no mundo.

Como testemunha e instrumento de Jesus Cristo atualmente operante, o sacerdote deve pessoalmente recuar sempre para segundo plano, para que Ele possa se manifestar. De fato, o ministério sacerdotal só ganhará capacidade de testemunho, quando tudo nele se referir a Cristo e não exigir a atenção ao modo como o sacerdote prega e opera, mas como torna Cristo cada vez mais manifesto. O testemunho prestado por João Batista (cf. Jo 3,30) é o testemunho prestado pelo sacerdote a Cristo.

Ser testemunha de Cristo no ministério sacerdotal significa dar uma forma concreta ao amor do pastor, próprio de Jesus Cristo, e torná-lo experienciável de muitas maneiras. Os diversos ministérios desempenhados em nome de Jesus Cristo, a pregação da boa-nova, a santificação mediante a celebração dos sacramentos e a guia pastoral dos fiéis estão intimamente ligados uns aos outros. Existe uma interligação recíproca íntima entre eles que os explica, que os condiciona e os ilumina uns aos outros. De fato, quando o sacerdote prega a Palavra de Deus, também santifica e guia simultaneamente os fiéis; enquanto os santifica, também prega e guia; e, enquanto os guia, também ensina e santifica. O amor do pastor Jesus Cristo é o centro que unifica tudo no ministério sacerdotal, porque é o fundamento e a força motivadora da disponibilidade para o dom de si e do amor pastoral.

Esta concepção do centro unificador e da dependência mútua das diversas atividades e dos vários ministérios da Igreja tem uma importância determinante para se poder fazer uma ideia completa do ministério sacerdotal. Efetivamente, quando o sacerdote está principalmente empenhado na pastoral dos sacramentos, continua ao mesmo tempo a ser testemunha anunciadora da Palavra de Deus e pastor dos fiéis. Mas também continua a ser pastor e testemunha quando exerce o ministério de governo e realiza as respectivas tarefas administrativas que servem de apoio ao cumprimento dos atos fundamentais da Igreja.

Ter uma imagem coerente do sacerdócio é o pressuposto para conseguir êxito na sua vida pessoal e no seu testemunho pastoral como sacerdote. Segundo a concepção católica, para se compreender o ministério sacerdotal, é necessário partir do sacerdócio de Cristo[10]. A força testemunhal do sacerdote não pode ser reduzida a qualquer uma das suas funções porque, de *per si*, o sacerdote já é o testemunho vivo da presença do Senhor salvador, operante em sua Igreja. Todos e cada um dos elementos da cura de almas devem ser vistos à luz do sacerdócio de Cristo para se tornarem um todo orgânico.

Na sua função de representar visivelmente Jesus Cristo como lugar da mediação entre o divino e o humano, de único mediador entre Deus e os homens, o sacerdote deve ser um homem de Deus e um homem para os homens. A credibilidade e a força de convicção do sacerdote brotam da união destes dois campos: estar completamente orientado na fé e na confiança em Deus, e se dedicar, completa e totalmente, aos homens concretos.

O sacerdote está simultaneamente próximo de Deus e próximo dos homens. O pressuposto para uma cooperação efetiva na missão de Jesus Cristo é uma comunhão de inteligência e de vontade com Ele. Sem uma identificação íntima com Jesus Cristo e com a sua mensagem, o testemunho sacerdotal não tem credibilidade. O mistério de Jesus, em quem habita e encontramos Deus, deve se tornar visível nos representantes de Cristo. A mensagem de Jesus deve ser o conteúdo da vida das suas testemunhas, de modo que elas possam agir segundo Ele e em seu nome.

Jesus fala com a máxima competência porque provém da vida de Deus. O seu poder é um poder divino. Por isso, também a com-

---

10. Cf. AUGUSTIN, G. "Priestertum Christi und Priestertum in der Kirche – Überlegungen zum Proprium des priesterlichen Dienstes". In: AUGUSTIN, G. & KREIDLER, J. (eds.). *Den Himmel offen halten*. Op. cit., p. 205-245.

petência sacerdotal autêntica e essencial consiste em agir em nome de Jesus Cristo com o seu poder divino. Mas esta ação só se torna possível e convincente quando o sacerdote também está unido a Deus e "vem de Deus".

Consequentemente, só poderemos reconhecer e afirmar o indispensável ministério salvífico da Igreja se reconhecermos o verdadeiro significado da encarnação de Deus segundo a compreensão católica e o professarmos convictamente. Portanto, desta afirmação ditada pela fé depende também o significado da concepção católica do sacerdote e do ministério sacerdotal.

Jesus Cristo não pode ser teologicamente dividido no Jesus histórico de Nazaré e no Cristo da fé. Na unidade da sua pessoa, de nascido de Maria, crucificado, ressuscitado e presente todos os dias até ao fim do mundo, Ele é a origem normativamente permanente da Igreja. Só à luz de Jesus Cristo e da sua unidade divino-humana é possível compreender o que distingue o cristianismo; só à sua luz é possível apresentar a Igreja como a sua Igreja. A existência da Igreja depende do fato de ela permanecer como o lugar da presença e da ação de Jesus Cristo, de ser o seu instrumento e testemunho, apesar dos fracassos de seus membros na palavra e na ação. Por conseguinte, só partindo disso é que será possível compreender aquela essência permanente do sacerdócio, porque o sacerdócio está profundamente radicado na estrutura sacramental íntima da Igreja e existe para a construção da Igreja.

O sacerdote e a concepção da Igreja

A crise atual da compreensão católica

A crise do sacerdócio, que aflige algumas Igrejas particulares, também significa, pela sua profundidade e gravidade, uma possibilidade especial. Por isso devemos estar prontos a verificar autocriticamente se o ministério sacerdotal não estará indevidamente inquinado por elementos estranhos, de que deveríamos precisamente livrá-lo. Para isso devemos delinear de modo mais claro os elementos essenciais e distintivos desse ministério, em sintonia com o que Jesus Cristo quis e prestando toda a atenção ao modo como a tradição viva da Igreja o recebeu na fé guiada pelo Espírito Santo. Por isso, precisamos mudar de perspectiva para novamente nos certificarmos da verdadeira identidade do sacerdote. Se partirmos da escassez de sacerdotes ou de cada uma das funções do sacerdote, não conseguiremos captar o sentido autêntico do sacerdócio sacramental da Igreja.

Devemos dar, através de um aprofundamento teológico e espiritual muito radical, uma resposta a perguntas que, desde a Reforma Protestante, têm sido feitas continuamente. Trata-se da decisão fundamental da fé de aceitar interiormente, sem "se" nem "mas", a concepção católica da Igreja e do seu ministério salvífico.

Não se trata mais de uma crise de fé do que de uma crise da Igreja, ou, mais precisamente ainda, de uma crise do mundo católico em ser Igreja. Pense-se, entre outras coisas, na crítica ao papel da Igreja e dos seus ministérios, na contínua discussão do caráter sacrificial da Eucaristia e na sobreavaliação unilateral do seu caráter de banquete, a que temos assistido nos últimos decênios. Parece que a causa principal da atual discussão sobre o sacerdócio, da crise de identidade que lhe está associada e também da insegurança a propósito dos papéis do sacerdote, reside no fato de as dimensões da concepção católica da Eucaristia e da Igreja, encerradas nessa compreensão e criticadas pela Reforma Protestante, terem sido abandonadas de maneira indiferenciada. É óbvio que a unidade da Igreja é um grandíssimo bem, sendo até uma das suas propriedades. Por isso devemos ver as questões e as interpelações hodiernas numa grande perspectiva ecumênica. Mas não prestaremos um bom serviço ao ecumenismo se não propusermos claramente a concepção católica da Eucaristia e da Igreja. Sem uma concepção católica completa da Igreja, não poderemos compreender a concepção católica do ministério sacerdotal.

Do ponto de vista ecumênico é muito importante ter em consideração a concepção de Eucaristia e de Igreja da Ortodoxia e das tradições das Igrejas do Oriente, em parte muito vivas, porque a Igreja respira com "os dois pulmões", como disse João Paulo II e eu sublinho com toda a força. O seu sentido do sagrado, a beleza da sua liturgia e a concepção do ministério eclesial como "ícone de Cristo" abrem novas perspectivas à nossa consideração[11].

No contexto do ecumenismo, as questões da Eucaristia, da Igreja e do ministério são pontos nevrálgicos. Por isso, é com muita sensibilidade e cautela que devemos enfrentá-los. Apesar disso, para superar uma crise, em parte já presente no catolicismo, não podemos deixar de considerá-las à luz da riqueza e da vastidão da tradição viva de toda a Igreja. Só graças a um revigoramento da nossa identidade mediante a vivificação e o aprofundamento da fé poderemos fazer progressos em direção a um urgente e necessário ecumenismo espiritual, bom e promissor, para que a unidade reconciliada na multiplicidade se torne uma realidade.

Uma reflexão honesta mostra que a falta de sacerdotes é principalmente um sintoma e uma consequência da situação da fé da respectiva Igreja particular. Só de comunidades vivas e praticantes

---

11. Cf. KUNZLER, M. "Darsteller des wahren Hirten". In: HAUNERLAND, W. et al. (eds.). *Manifestatio Ecclesiae*. Ratisbona: Regensburg, 2004, p. 15-36. • KELLER, E. "Der Priester als Ikone Christi". In: AUGUSTIN, G. et al. (eds.). *Christus:* Gottes schöpferisches Wort. Friburgo: Herder, 2010, p. 431-452.

podem vir sacerdotes. Criticar exageradamente a Igreja, sobretudo a partir do seu interior, não a torna mais atraente. Do ponto de vista eclesial mundial da Igreja Católica, podemos afirmar que a falta de sacerdotes se sente mais do que nunca onde a fé cristã está desligada da vida litúrgica e onde o cristianismo aparece mais como um cristianismo cultural e social. Para ser um bom assistente social ou dirigente de uma unidade administrativa eclesial não é preciso ser sacerdote.

As crises também são sempre tempos de decisões e de viragem. A crise atual da fé é algo de muito sério. Mas de nada servirá se também nós, que deveríamos ser portadores de esperança, cairmos no desencorajamento e na resignação. Devemos considerar a crise como uma ocasião para reconhecermos o que é importante e nos concentrarmos no essencial. Perguntemos a nós próprios: Nesta situação da minha vida e da minha fé, o que posso fazer no meu ministério para superar as dificuldades atuais, sem estar sempre à espera de que haja condições ótimas? Afinal, as dificuldades existem para ser superadas.

Se nos limitarmos a lamentações resignadas e a lançar acusações, trairemos o fundamento da fé cristã, porque foi na esperança que fomos salvos (Rm 8,24a). O sacerdote tem todos os motivos para irradiar a confiança em Deus e, consequentemente, um otimismo cristão e uma esperança inabalável.

Ninguém pode descrever melhor do que Santo Agostinho, um doutor da Igreja, que, no pequeno ambiente do decanato episcopal, e como pastor de uma cidade portuária de segundo plano, Hippo Regius (Hipona), viveu uma experiência oprimente que muitos sacerdotes que vivem na pastoral já sentiram. Ele, que era um homem acessível a todos e a quaisquer instâncias, descreve a sua experiência como pastor de almas em termos que a tornam muito semelhante à nossa situação atual: "Por que devo ser um peso para os homens? [...] O Evangelho mete-me medo. De fato, não deixarei que ninguém me supere nesta segurança da quietude absoluta: nada melhor, nada mais doce do que elevar o olhar e dirigi-lo para o interior do depósito divino, cessando o ruído à volta: isto é doce, isto é bom; mas, ao contrário, pregar, convencer de erro, retomar, favorecer um mais alto nível de fé, preocupar-se com cada um individualmente, [é] um enorme encargo, um grande peso, uma imensa fadiga. Quem não quereria fugir de tamanho afã? Mas o Evangelho mete medo"[12]. É evidente: a vida e o ministério do sacerdote têm as suas dificuldades específicas não só no nosso tempo, mas em todos os tempos e no decurso de cada geração.

Ao contrário, frequentemente, muitas discussões suscitam a impressão de que hoje a pastoral apenas lida com homens e coisas extremamente difíceis, e que a vida eclesial representa um grande "peso insuportável" e um único confronto com questões desagradáveis e difíceis. Perante os desafios hodiernos e algumas contradições, em nível teórico e prático não precisamos de resignação, mas de ação confiante, e guiados pelo Espírito Santo. Os homens esperam que lhes tornemos possível uma via de acesso ao mistério de Deus e que lhes abramos novos caminhos para compreenderem e experimentarem Deus, e para crerem.

Um olhar para a história pode mostrar a qualquer um que hoje, em muitas Igrejas particulares, vivemos num dos melhores tempos da Igreja Católica. A Igreja como sinal do Reino de Deus se tornou uma Igreja mundial, onde os homens de todas as nações, reconciliados e unidos, plasmam o seu rosto visível e, juntos, formam a Igreja de Jesus Cristo[13]. Ao longo da história nunca houve

---

12. AGOSTINHO. *Sermo* 339, 4. • PL, 38, c. 1.481.

13. Cf. AUGUSTIN, G. (ed.). *Die Kirche Jesu Christi leben*. Friburgo, 2010.

um tempo em que se tivesse alcançado tão grande profundidade na compreensão teológica da Igreja. Os fiéis e os sacerdotes podem viver tranquilamente juntos a sua fé e plasmar juntos a Igreja. Nunca a Igreja teve à sua disposição tantas possibilidades como hoje para realizar a sua missão salvífica sem influências e obstáculos políticos. Ao longo da sua história, ela nunca gozou de tanta liberdade e de tantas possibilidades de ação como hoje.

Um grande realce da identidade do sacerdote não significa uma diminuição da dignidade do sacerdócio comum de todos os fiéis, porque a vocação a ser sacerdote é uma vocação dentro da vocação a ser cristão. No ministério sacerdotal só acontece uma concentração intensa, que ulteriormente se diferenciará, da vocação da Igreja a ser Sacramento da salvação para o mundo. Com o envio do sacerdote, surgem através do seu ministério as condições para que os homens encontrem o próprio Jesus Cristo na fé da Igreja, na liturgia e, sobretudo, na Eucaristia.

É óbvio que o sacerdote existe para os fiéis e que, com eles, também é um cristão crente. Aliás, ele não existe somente para os fiéis que frequentam a Igreja, mas também para aqueles que estão longe dela e para todos os homens de boa vontade que procuram Deus.

Redescobrir a verdadeira figura da Igreja

O caminho para a identificação do ministério sacerdotal não deve ser procurado na separação dos fiéis, mas na convivência e na solidariedade de todos aqueles que querem viver – seguindo Cristo e como comunidade de testemunhas – a Igreja de Jesus Cristo. Essa Igreja mantém, como seu sinal e instrumento, a obra salvífica de Cristo eficazmente presente na história. Por isso, a sacramentalidade caracteriza a essência e a existência da Igreja. Segundo o Concílio

Vaticano II, "a Igreja, em Cristo, é como que o sacramento, ou sinal, e o instrumento da íntima união com Deus e da unidade de todo o gênero humano" (LG, 1). Portanto, ela é em primeiro lugar o sinal mais completo e eficaz da união de Deus, em Jesus Cristo, com a humanidade, e, depois, também da unidade dos homens entre si. De fato, da união com Deus segue-se a união dos homens entre si, assim como do amor a Deus brota o amor ao próximo.

Quando a Igreja une verdadeiramente o amor de Deus ao amor ao próximo; se deles extrai força e os prega visivelmente, então a atividade missionária toma forma. Isto se repercute na pregação e no culto, e também na atividade geral a favor do próximo. Daqui brota a exigência: "Continuemos a ser a Igreja de Jesus Cristo, a Igreja que crê em Deus que se fez homem e que nos promete a vida além da morte" (Joseph Ratzinger)[14].

A Igreja só poderá encontrar a sua essência e a força que lhe dá asas, na fé no Deus uno e trino, na fé em Jesus Cristo e na assistência do Espírito. Por isso, ela deve reaprender não só a conhecer que o seu verdadeiro centro está na fé e na oração, mas também a experimentar os sacramentos como culto de Deus. A Igreja realiza a sua essência glorificando a Deus e honrando-o. A compreensão íntima e a representação externa formam um todo. A autenticidade e a credibilidade são pressupostos essenciais para a vitalidade da Igreja. Mas quem trata de tudo isto são os sacerdotes.

A obra salvífica de Cristo continua presente mediante a Igreja no mundo e na história, para que todos os homens possam participar de sua salvação. Para isso, a imagem da Igreja deve adquirir um contorno ainda mais nítido, tornando-se experienciável e dando-se a conhecer como comunidade que procura Deus, antes de tudo e

---

14. RATZINGER, J. *Glaube und Zukunft*. Munique, 1970, p. 122.

acima de tudo, e que se esforça em amá-lo cada vez mais. O amor a Cristo, já que Ele é Deus para nós, é o ponto fulcral. A Igreja vive do amor, com o amor e por força do amor com que também Cristo nos ama. A Igreja aproxima-se cada vez mais da sua forma essencial na medida em que ela representar visivelmente e testemunhar eficazmente o amor de Jesus Cristo, um amor que vai até ao extremo.

Sobretudo aqueles que agem em nome da Igreja devem necessariamente viver e operar em virtude da sua eclesialidade existencial. A Igreja como corpo de Cristo e Cristo como cabeça forma um único corpo, uma unidade. Nessa unidade, cada crente está organicamente unido a Cristo e a todos os outros crentes. Cristo não só alimenta e cuida do seu próprio corpo, mas também o ama, ama a Igreja. (cf. Ef 5,25-30). Esta afirmação bíblica ainda interroga cada cristão crente: Tu amas a tua Igreja? Só quem vive com a Igreja e na Igreja pode alimentar um amor assim. Só reconheceremos o coração da Igreja quando vivermos nela e pensarmos com ela. Então, descobriremos quanto ela é amável; de fato, se amarmos nela e com ela, reconheceremos tudo o que nela e com ela nos é dado: o próprio Deus. Sem um entusiasmo pela Igreja hodierna não poderá surgir uma Igreja de amanhã.

Hoje nos encontramos diante de um grande desafio. A nova sensibilidade face a Deus e a busca do sentido da vida raramente levam os homens a entrar em contato com a Igreja. Diante desta situação devemos nos perguntar: Por que frequentemente a pastoral da Igreja não consegue dar uma resposta plausível a essa busca religiosa dos homens?

Isto não dependerá, talvez, do fato de nós, "cristãos praticantes", não darmos nenhum testemunho cativante a favor de uma Igreja viva? Não deveríamos voltar a corrigir novamente algumas mudanças de acento da teologia e da pastoral, para que a Igreja aparecesse como um lugar da presença de Deus e da sua salvação, e, desse modo, exercesse uma nova força de atração e de fascínio? Não deveríamos explorar novos caminhos para que a saudade de Deus, que confere à vida humana o seu último sentido, pudesse receber uma resposta e ser saciada na Igreja?

Se a Igreja quiser permanecer fiel à sua missão e tarefa, não poderá renunciar permanentemente a conduzir os homens ou a estabelecer um vínculo íntimo e profundo consigo própria. A dificuldade está em superar a discrepância entre a religião e a Igreja como lugar experienciável da religião. A alternativa "religião sim – Igreja não" ou "Deus sim – Igreja não" deve se tornar um convincente "Deus sim – Igreja sim".

O pressuposto fundamental de um vínculo duradouro com a Igreja é a descoberta do seu verdadeiro rosto. É preciso reconhecer e afirmar, à luz da fé, o verdadeiro significado da Igreja de Jesus Cristo; o que, aliás, exige como tarefa permanente a renovação espiritual da Igreja. A Igreja só poderá crescer em todos os sentidos, se, antes de tudo, mergulhar em profundidade; porque, só quando lança raízes no coração dos homens é que se torna missionária. Aqui surge uma pergunta decisiva: Quem está fora da Igreja consegue ver brilhar a luz de Jesus Cristo no rosto dela?

O pressuposto irrenunciável para se alcançar este objetivo consiste em que os seus próprios fiéis compreendam mais a fundo a sua essência e a sua missão salvífica universal e a aceitem com fé. Então, conseguirão explicar ainda mais eficazmente a sua verdadeira realidade e o seu verdadeiro significado (cf. LG, 1). Esta insistência do Concílio Vaticano II em ajudar a conhecer mais profundamente o mistério e a forma da Igreja de Jesus Cristo, e expô-los incessantemente de modo claro e convincente, é a tarefa permanente da pregação do sacerdote.

Na nossa situação histórica é, hoje mais do que nunca, importante realçar a forma interior da Igreja. Cada época tem as suas exigências próprias e as suas respectivas obrigações e tarefas. Para nós, essa missão consiste em tornar visível a forma espiritual da Igreja. Só poderá surgir um novo impulso missionário quando a forma interior e espiritual da Igreja conseguir se manifestar. Atualmente, a missão se reveste de uma importância singular, vista como uma pastoral empenhada em esclarecer e em explicar aos "fiéis que continuam afastados da Igreja". Um dos grandes desafios do nosso tempo é a revitalização, com o Espírito de Deus e através dele, de um cristianismo cultural que se tornou pouco atraente.

A Igreja tem de conseguir superar todas as "tentações da secularização" e criar um novo espaço no seu interior para a oração, para a mística e para a experiência da transcendência. Onde e quando esta nova forma da interioridade se torna fecunda, nasce uma nova forma visível da força da mensagem cristã, uma força que transforma e muda o mundo. A Igreja de Jesus Cristo vive, se nós orarmos (cf. At 1,12-14), se nos abrirmos incessantemente à ação do Espírito Santo e plasmarmos com a sua força o rosto da Igreja. Assim, viveremos de maneira autêntica e convincente a Igreja de Jesus Cristo no nosso tempo.

O problema da Igreja não é primariamente a crítica que lhe fazem do exterior, mas a autossecularização e o *autonivelamento* [ou igualitarismo] que ocorrem no seu interior. O desafio com que agora a Igreja se defronta é muitas vezes a escassa disponibilidade dos seus membros, especialmente daqueles que, no seu espaço exterior, devem representá-la e se identificar com ela. Mas como se poderá libertar uma nova força missionária, se o "pessoal em terra de Deus" estiver descontente e aborrecido, e viver numa contradição íntima com a Igreja concreta? Por isso, é necessário que os seus membros estabeleçam uma relação reconciliada com ela e com as suas estruturas; mas essa relação só será possível na forma de um processo espiritual.

Isto requer sobretudo uma verificação e análise interior da Igreja, que brota do centro da mensagem cristã. De fato, a plausibilidade dessa mensagem também depende da plausibilidade da Igreja. A Igreja só poderá operar de maneira atraente e convidativa quando a sua realidade íntima for representada de modo crível e se tornar perceptível através de testemunhos convictos e convincentes[15]. A reflexão sobre a forma da Igreja não se pode limitar a desenvolver um trabalho teológico científico ou de laboratório, mas tem de se apoiar na prática da vida e da fé dos cristãos no seu conjunto. O principal problema da Igreja de hoje não está na falta de visões para uma adequada atualização, mas sim na dificuldade de [uma dessas visões] ser aceita por toda a Igreja[16]. A Igreja tem de ser crida, vivida e realizada na prática dos cristãos; por isso, a caminhada de fé da Cristandade exige uma vida espiritual comum. Se a Igreja quiser que as suas instâncias entrem no coração dos homens e nos movimentos da vida, precisa de uma nova orientação espiritual e de perspectivas claras inspiradas no núcleo da mensagem cristã.

Perante os muitos desafios atuais, deveríamos traçar criativamente esta via com a força do Evangelho, sem nos deixarmos desencorajar nem nos resignarmos. Na atual situação de mudança da Igreja, devemos fixar os nossos olhos na sua dimensão espiritual. Com efeito,

---

15. Cf. AUGUSTIN, G. & RISSE, G. (eds.). *Die eine Sendung in den vielen Diensten.* Op. cit., p. 13-15. • AUGUSTIN, G. "Ökumene als geistlicher Prozess". In: WALTER, P.; KRÄMER, K. & AUGUSTIN, G. (eds.). *Kirche und ökumenischer Perspektive.* Friburgo, 2003, p. 522-550. • G. AUGUSTIN. "Priester als Zeugen der Gegenwart Gottes – Was ist das Zeugnis des Priesters?" In: *Anzeiger für die Seelsorge,* 5, 2004, p. 5-9.

16. Cf. KEHL, M. *Die Kirche.* Vurzburgo, 1993 [trad. port.: *A Igreja*: uma eclesiologia católica. São Paulo: Loyola, 1997]. • WERBICK, J. *Kirche.* Friburgo, 1994. • WIEDENHOFER, S. *Das katholische Kirchenverständnis.* Graz, 1992.

a Igreja é obra e dom do Espírito Santo; mas o Espírito de Deus age conosco e através de nós. Se a configuração da Igreja não for concebida como um processo espiritual global, muito rapidamente se tornará ineficiente e sem força. Só uma mudança de perspectivas conduz à meta desejada. A consciência ditada pela fé de que a Igreja faz parte do único plano salvífico de Deus para a humanidade deve ser aprofundada e tem de crescer em cada um de nós. Todos os atos da vida cristã têm a sua base na ação do Espírito e só darão os frutos esperados se permanecermos ligados a Ele. A Igreja deveria se tornar-se questão prioritária fundada no mistério da vida de Jesus e determinante de toda a vida dos cristãos.

A configuração da Igreja é uma exigência e uma tarefa espiritual que brotam da percepção dos sinais dos tempos. O conhecimento existencial da fé e a sua consequente prática inspirada pela fé são o pressuposto do bom êxito da vida eclesial. Este processo espiritual contém possibilidades, até agora pouco apreciadas, de enraizar a Igreja mais profundamente no coração dos homens.

Este processo espiritual exige de cada um de nós um grande coração e uma força espiritual íntima. É claro que isto é o caminho mais difícil e menos cômodo; mas, a longo prazo, dará fruto. A fidelidade autêntica ao Senhor e à sua Igreja é o mais decisivo. Na medida em que vivermos em comunhão com Cristo, no seu amor que a todos acolhe e abraça, e na medida em que participarmos na comunhão com Ele, também podemos ser fiéis ao Evangelho e, ao mesmo tempo, estar abertos às necessidades do tempo.

A alma da Igreja é a conversão do coração e a santidade da vida. A oração não é somente uma expressão genuína dos vínculos através dos quais os crentes estão unidos em comunhão entre si, mas também a realização da união comum de todos os cristãos para glorificarem a Deus. De fato, através da glorificação comum de Deus, a

Igreja é não apenas fundada, mas também continuamente enriquecida e simbolicamente realizada. A vida espiritual é uma ocasião única para aprofundar a comum espiritualidade cristã e para promover a compreensão mútua e o crescimento da comunhão espiritual. Para se alcançar o bom êxito da vida espiritual comum é necessário que os cristãos apreciem as suas riquezas espirituais e as saboreiem. Ora, o que cria as condições necessárias para tudo isto é a vocação do sacerdote.

Se pusermos não só estruturalmente mas também existencialmente a questão da figura da Igreja, conseguiremos compreendê-la em toda a sua profundidade e ter a certeza íntima dela. O Deus uno e trino que, em si mesmo, já é desde sempre a comunhão pessoal mais íntima, volta-se para a sua criatura e unifica-a. Ele convida cada homem na sua unicidade irrepetível a entrar numa comunhão íntima e sobrenatural com Ele e também com outros homens, comunhão que consiste na participação na vida divina e na plenitude de vida para todos. Tal como Deus age sempre na comunhão das três Pessoas divinas e como, por isso, a sua ação cria sempre uma comunhão, assim também a Igreja como comunhão dos crentes não é de modo nenhum uma associação de homens que tende a fazer e a salvaguardar os seus próprios interesses e a organizar otimamente instituições sociais, mas sim uma das primeiras obras salvíficas realizadas por Deus no mundo. Através da graça proveniente de Deus, os homens chegam à fé e encontram nela uma nova comunhão. Também a fé e a vida à luz da fé são obra da graça de Deus e, por isso, também a comunhão dos crentes é um dom da graça. Por este motivo, a Igreja não é mais do que a comunhão dos homens acionada pelo próprio Deus, sinal visível da graça divina.

Hoje há diferenças muito profundas na concepção da Igreja, e, no fundo, a Igreja está "dividida em si mesma". Isto vale para a sua forma concreta, visível e vivida, e para as suas estruturas externas, assim como para os seus ministérios e para a sua interpretação teológica. O problema é que nem sequer os seus crentes sabem o que é a Igreja propriamente dita. Hoje já não podemos constatar tão facilmente a consciência da Igreja como, no seu tempo, Martinho Lutero exprimia, dizendo que, "graças a Deus, até uma criança de sete anos sabe o que é a Igreja"[17]. Como comunidade dos crentes, a Igreja abrange a fé no seu todo e, por sua vez, distingue-se desse todo. Isto significa que as diferenças na concepção da Igreja não se limitam apenas a essa concepção e, por isso, em geral, não podem sequer ser tratadas nem eliminadas isoladamente enquanto não se chegar a um consenso. A concepção diferente da Igreja não afeta somente a teologia, mas também a vida eclesial. Por isso, é de importância decisiva que haja um consenso sobre a concepção da Igreja. O seu centro e ponto fulcral é a consciência de que a Igreja visível faz parte do único plano salvífico de Deus em Jesus Cristo para todos os homens, embora, num primeiro momento, nem todos partilhem esta convicção de fé[18]. Portanto, é dever e tarefa espiritual permanente de todos os crentes reconhecerem sempre e em toda a parte e de modo existencial a verdadeira essência e a missão universal da Igreja, explicá-la, apresentá-la e torná-la experienciável (cf. LG, 1).

No meio da multiplicidade das imagens e dos modelos de Igreja[19], é importante assimilar existencialmente e numa nova forma o sentido e a essência da Igreja. Hoje, a Igreja deve perma-

---

17. "Schmalkaldische Artikel", III, 12. In: *BSELK*, 459 [trad. port.: *Livro de concórdia* – As confissões da Igreja Evangélica Luterana. São Leopoldo/Porto Alegre, Sinodal/Concórdia, 1981 [trad. e notas de A. Schueler]].

18. Cf. AUGUSTIN, G. *Gott eint; trennt Christus?* Op. cit., p. 351-363.

19. Cf. BEINERT, W. (ed.). *Kirchenbilder, Kirchenvisionen*. Ratisbona, 1995. • DULLES, A. *Models of the Church*. Nova York, 1978 [trad. port.: *A Igreja e seus modelos*. São Paulo: Paulinas, 1978].

necer visível e experienciável, como comunidade salvífica, na sua relação com a sua origem e com a sua missão universal. Quanto mais evidenciarmos o mistério de Cristo, tanto mais vislumbraremos o mistério da Igreja[20]. A busca da plena compreensão da essência da Igreja tem de ser levada por diante sob a forma de processo espiritual (Walter Kasper)[21]. Correspondentemente à profissão de fé, fazem parte da essência da Igreja não somente a sua unidade, mas também a sua santidade, a sua conciliaridade e a sua apostolicidade. É só neste contexto global que a verdade e a beleza da Igreja de Jesus Cristo se tornam apresentáveis e experienciáveis. Para isso, é necessário que os crentes conheçam e amem a Igreja na sua forma concreta.

Não se poderá desenvolver nenhum amor pessoal ao mistério da Igreja se não se penetrar nela existencial e espiritualmente. Só este amor nos torna capazes de avaliar realisticamente a forma da Igreja. Para isso é necessário compreender o mistério no seu conjunto. As deslocações de acento provocadas por realces unilaterais para determinar imagens da Igreja podem ofuscar notavelmente a realidade e deformar a sua verdadeira figura. A imagem-guia da Igreja como povo de Deus não é compreensível sem o fundamento importante da Igreja constituído pelo fato de ser corpo de Cristo[22]. O fato de a Igreja ser corpo de Cristo é a expressão da *communio* entre a cabeça e os membros. A Igreja é o corpo de Cristo que continua a viver e a

---

20. Cf. KASPER, W. "Einzigkeit und Universalität Jesu Christi". In: KRÄMER, K. & PAUS, A. *Die Weite des Mysteriums, Christliche Identität im Dialog*. Friburgo, 2000 [trad. ital.: Unicità e universalità di Gesù Cristo. In: SERRETTI, M. (ed.). *Unicità e universalità di Gesù Cristo* – In dialogo con le religioni. San Paolo: Cinisello B., 2001, p. 17-33].

21. Cf. KASPER, W. "Kircheneinheit und Kirchengemeinschaft in katholischer Perspektive". In: HILLENBRAND, K. & NIEDERSCHLAG, H. (eds.). *Glaube und Gemeinschaft*. Vurzburgo, 2000, p. 100-117.

22. Cf. RATZINGER, J. *Theologische Prinzipienlehre*. Munique, 1982, p. 47.

salvar, e, desse modo, também é o lugar da verdade e da justificação dos homens[23].

É de importância decisiva a questão do papel da Igreja para a salvação dos seus membros, e, portanto, da medida da mediação eclesial. Se a Igreja é um sinal e um instrumento eficaz da salvação, sendo até sacramento universal da salvação, então há o dever de evidenciar concretamente a instrumentalidade eclesial salvífica e perceber mais fortemente o seu caráter sacramental. Devemos fazer tudo para que a Igreja continue visível como Igreja de Jesus Cristo na sua unidade dialética humano-divina. Na busca dessa unidade dialética não podemos nos esquecer que, inicialmente, a Igreja não nasceu de uma pergunta sobre si mesma, mas de uma outra: "E vós, quem dizeis que Eu sou?" (Mt 16,15). A questão da identidade de Jesus Cristo[24], da sua importância, da sua presença permanente na Igreja e da sua ação através dela pode nos indicar um fim harmonioso.

Como a *communio* com Deus e entre nós incarna e traz à luz a verdadeira essência do mistério da Igreja, é importante desenvolvê-la como uma comunhão espiritual: "Fazer da Igreja *a casa* e *a escola da comunhão*: eis o grande desafio que nos espera no milênio que começa, se quisermos ser fiéis ao desígnio de Deus e corresponder às expectativas mais profundas do mundo" (João Paulo II, *Novo Millenio Ineunte* [NMI], 43). Se não descobrirem a importância decisiva da Igreja para a perspectiva temporal e, sobretudo, para a perspectiva eterna de uma vida crente, os crentes não poderão perceber a necessidade da sua ligação com a Igreja.

Cristo estabelece a comunhão entre o Deus uno e trino e os homens, unicamente na sua pessoa. Ele edifica a Igreja como co-

---

23. Cf. KASPER, W. *Theologie und Kirche*. Mogúncia, 1987, p. 255-276.

24. Cf. AUGUSTIN, G. *Gott eint; trennt Christus*? Op. cit., p. 234-265.

munidade dos "chamados a partir de" (*ek-klesia*; cf. Mt 16,18). Por isso, com a profissão de fé em Cristo, e com o seguimento de Cristo, também cresce a convicção ditada pela fé de que Ele quis a Igreja e de que a Igreja deve a sua origem à sua obra redentora. A Igreja só pode existir como obra e presença de Cristo. Mas isto é garantido na Igreja pelo serviço sacerdotal.

Na Igreja e por meio dela há não apenas realidades divinas que estão sujeitas à mudança dos tempos e tudo o que serve para reunir os homens na comunhão de vida do Deus trinitário, mas também há realidades humanas. Um dever incessante da Igreja será sempre o de distinguir o que nela é divino e irrenunciável do que é humano e, portanto, eliminável ou que precisa de renovação, que é reformável segundo as exigências de tempos novos. Por isso, o único critério permanente é o Filho de Deus, Jesus Cristo, que se tornou homem no tempo.

Uma das certezas da fé é a de que, apesar das deformações da sua figura, causada pelas faltas dos seus membros, esta Igreja conservou fielmente a tradição apostólica e quer conservá-la também hoje. Devemos continuamente nos interrogar se realmente mostramos de maneira adequada tudo o que o Espírito Santo confiou à Igreja por meio dos apóstolos. De fato, a fidelidade à herança apostólica faz da comunidade de fé a verdadeira Igreja de Jesus Cristo. Da fidelidade e do amor à Igreja nasce a motivação íntima que nos leva a amar e a viver a Igreja de tal maneira que qualquer um pode se identificar intimamente com ela. A força de professar a nossa fé na Igreja deveria ser concebida como um dom e uma missão. Ela contém o dever de explicar e de tornar experimentável esta fé recebida e de que temos a certeza. Hoje, isto é um contributo essencial à nova evangelização. É mais fácil se contentar com um minimalismo teológico do que praticar um sentido maior de humanidade e uma transparência cristã, porque, no fim, são estas as coisas que contam.

A importância de ser e de se tornar Igreja nunca será demasiadamente apreciada. Por isso, é sobretudo importante ter uma relação reconciliada com a forma visível da Igreja e com as suas estruturas. Se no interior da Igreja nos concentrarmos excessivamente nos debates sobre as estruturas, acabaremos por descurar a mensagem do Reino de Deus, ou pelo menos obscurecê-la, e a mensagem cairá no esquecimento. As estruturas da Igreja têm uma função de apoio, para que a mensagem de Jesus possa ser realizada e anunciada da melhor maneira possível. Mas não devemos substituir a mensagem propriamente dita pelas estruturas.

Para uma boa consecução do ministério sacerdotal é fundamental que permaneça vivo em nós um sentimento de verdadeiro amor, de profundo respeito e de grande entusiasmo pela realidade da Igreja. O vínculo íntimo com ela nos torna sacerdotes verdadeiros. Por isso, devemos nos tornar existencialmente cada vez mais eclesiais no sentido correto. A verdadeira eclesialidade não "significa ligar-se a um sistema doutrinal abstrato, mas se deixar envolver num processo vital de tradição e comunicação, [um processo] em que expõe e se atualiza o único Evangelho de Jesus Cristo" (Walter Kasper)[25]. A consciência da pertença à Igreja é, por sua essência, um elemento distintivo para viver sacerdotalmente. É precisamente nesta pertença e na dedicação à Igreja que o sacerdote encontra a fonte para conteúdos dotados de sentido, para critérios que servem para discernir e para agir, e que dão forma tanto à missão eclesial como à vida espiritual. Hoje há efetivamente necessidade de "um *sensus fidei* e de um amplo *sentire ecclesiam,* só possíveis quando se vive na e com a

25. KASPER, W. *Theologie und Kirche*. Op. cit., p. 13.

Igreja concreta, nas suas comunidades", e com as suas comunidades e em comunhão (Walter Kasper)[26]. A vida sacerdotal no seguimento de Cristo torna visível a função diaconal da Igreja.

A Igreja é chamada a ser um povo santo. Esta autoconsciência impõe o dever de se renovar e crescer espiritualmente. A renovação abrange toda a vida cristã. Especialmente os sacerdotes devem descobrir cada vez mais a universalidade da vocação à santidade, pôr a vida cristã sob o sinal da santidade e fazer com que a necessidade da santificação da sua existência se torne uma convicção geral. É indispensável uma "pedagogia da santidade" que tem a obrigação e tarefa de ensinar e recordar continuamente a todos que a finalidade da sua existência é a santidade. Por isso, na Igreja, todos são chamados à santidade, como afirma o apóstolo: "Esta é, na verdade, a vontade de Deus: a vossa santificação" (1Ts 4,3; cf. Ef 1,4; LG, 39).

A consciência da universalidade da vocação à santidade requer uma concepção da existência cristã como seguimento de Cristo, como conformação a Jesus Cristo. É preciso deixar-se pessoalmente inserir no evento da graça de Cristo. A Igreja é *communio sanctorum*, comunhão dos santos, e não somente uma organização, uma instituição ou uma associação de homens com a mesma fé. Na forma [organizacional] da Igreja deve permanecer visível e reconhecível a totalidade da salvação, embora sob figura provisória. Quanto mais visível for a dignidade divina da Igreja, que consiste no fato de ela ser um dom da graça proveniente de Deus, tanto mais dolorosamente se perceberá a discrepância entre a pretensão espiritual da Igreja e a sua imagem fenomênica efetiva. Por isso, a constante renovação e a constante reforma da Igreja são uma exigência irrenunciável. Os homens só sentirão a saudade de uma profunda comunhão com a

26. Ibid.

Igreja quando por detrás de toda a sua realidade humana irradiar continuamente a realidade divina. Na Igreja há sempre desenvolvimentos errados e também se podem verificar deficiências na maneira de realizar a evangelização. Por isso, ela deve ser continuamente evangelizada a partir de dentro, de modo que a sua verdadeira catolicidade e a sua verdadeira apostolicidade surjam mais claramente à luz.

A credibilidade da Igreja e das comunidades eclesiais depende do fato de elas conseguirem ou não tornar claramente reconhecível a sua missão espiritual. Mas, para isto, é fundamental que todos os cristãos cumpram pessoalmente, na sua vida e na sua atividade, este dever espiritual, pois quanto mais intensa for a comunhão que os une ao Pai, ao Verbo e ao Espírito, tanto mais íntima e facilmente serão capazes de aprofundar reciprocamente a sua fraternidade. É importante que se realce não apenas a função de sinal da Igreja, em relação ao Reino de Deus, mas também a sua distinção desse Reino. Desse modo, ela pode infundir a certeza de que participa na salvação escatológica, e de que, ainda antes do evento escatológico, ela é o lugar da presença do Espírito.

Há uma pergunta contínua que nos é dirigida e nos interroga: se e até que ponto a Igreja é, na sua longa da história, lugar da salvação escatológica e se torna de fato experimentável como tal. A vocação da Igreja a ser sinal do futuro do Reino de Deus é continuamente ofuscada na história por diversos motivos. O fato de estarmos conscientes de que os seus membros contribuem para o ofuscamento do caráter de sinal da Igreja é e continua a ser um dever e tarefa espiritual. Na verdade, o poder do pecado pode desfigurar infinitamente o rosto da Igreja como comunhão fundada pelo Deus trinitário. Estamos constantemente em risco de comparar ou até de equiparar a Igreja a todos os outros agrupamentos sociais, de medi-la tendo-os por base e de adotar as suas estruturas e leis.

Neste contexto, todos os crentes devem ter a força espiritual de seguir a exortação do Apóstolo Paulo: não adoteis os esquemas deste mundo e não vos adapteis a ele, mas renovai "o vosso modo de pensar" (cf. Rm 12,2). Embora nenhum pecado dos homens consiga destruir a essência íntima da Igreja como convite proveniente do Deus uno e trino a entrar em comunhão com Ele, esta intimíssima verdade pode ser tão dominada por automatismos deste mundo que seja, por vezes, esquecida. Devemos organizar a nossa vida, correspondendo à riqueza que Jesus Cristo nos deu, de modo que o rosto da Igreja possa irradiar plenamente o seu verdadeiro significado e em toda a sua beleza perante o mundo inteiro. "Por esse motivo, todos os católicos devem tender à perfeição cristã e, cada um segundo a própria condição, devem procurar que a Igreja, levando em seu corpo a humildade e mortificação de Jesus, de dia para dia se purifique e se renove, até que Cristo a apresente a si gloriosa, sem mancha e sem ruga" (UR, 4). Só quando os conhecimentos adquiridos forem acolhidos e realizados na vida e na fé dos crentes é que as reformas darão os frutos esperados.

Uma coisa é necessária: um novo entusiasmo por Deus, capaz de nos abrir, de nos tornar propensos, de nos unir e de nos aperfeiçoar. Se estivermos próximo de Deus, também estaremos próximos uns dos outros e juntos seremos sinal e testemunhas da unidade dos homens. Se conseguirmos compreender novamente que a glorificação de Deus é a nossa verdadeira vocação e missão, a vida cristã assumirá uma nova qualidade. Então, muitas questões que são motivo de separação aparecerão sob uma nova luz e a finalidade comum nos unirá. "Vos damos graças porque nos admitistes à vossa presença para Vos servir nestes santos mistérios": esta oração eucarística da Igreja é a profissão de fé da verdadeira legitimação da sua existência. Se os cristãos compreenderem o alcance espiritual de uma das passagens bíblicas mais citadas, a Igreja aparecerá numa nova perspectiva: "Vós, porém, sois linhagem escolhida, sacerdócio régio, nação santa, povo adquirido em propriedade, a fim de proclamardes as maravilhas daquele que vos chamou das trevas para a sua luz admirável" (1Pd 2,9).

A caminho de uma visão integrada do serviço sacerdotal

Se concebermos e vivermos existencialmente a glorificação de Deus como o ponto central unificador, então se abrirá para a Igreja um novo horizonte, o horizonte de uma comunidade espiritual da vida e da fé. Trata-se de um processo de aprendizagem em que todos os participantes se enriquecem mutuamente e crescem cultural e espiritualmente. Mas isto só poderá acontecer no seio de um clima em que haja uma disponibilidade concedida pelo Espírito de Deus, para que nos convertamos e nos abramos pessoalmente à renovação espiritual.

Em tempos difíceis, em que não só a falta de sacerdotes mas também a falta de comunidades são uma realidade experimental, devemos, todos juntos, dirigir o olhar para Cristo, o Sacerdote eterno, "porque é nele que habita realmente toda a plenitude da divindade" (Cl 2,9).

O olhar dirigido ao Sacerdote eterno, Jesus Cristo, provoca a base necessária para a reconciliação da perspectiva vertical da concepção do ministério, que funda e fundamenta a missão do sacerdote, partindo de Jesus Cristo e da ordenação sacerdotal, e que sublinha preferentemente a função sacramental e sacerdotal do sacerdote com uma perspectiva mais horizontal e funcional, que concebe a missão do sacerdote em relação à comunidade como um serviço da unidade e, respectivamente, como governo da comunidade. Uma visão integral do serviço sacerdotal deve partir de Jesus Cristo e do seu mistério salvífico[27]. Nesse ministério deve permanecer visível e perceptível a realidade "divina e humana" de Jesus Cristo. Hoje, só esta visão integral pode ajudar o sacerdote a realizar com sentido o seu ministério. Qualquer definição teológica do ministério deve revelar ao ministro uma fonte de energia interior e oferecer-lhe uma visão e uma perspectiva para a sua vida e atividade como sacerdote.

Todas as motivações teológicas devem ser orientadas para Jesus Cristo, porque "nele estão escondidos todos os tesouros da sabedoria e do conhecimento" (Cl 2,3). Em toda a parte e em todos os momentos, quando os cristãos precisam de orientação, podem apontar para a esperança que a Carta aos Colossenses descreve muito bem: "Do mesmo modo que recebestes Cristo Jesus, o Senhor, continuai a caminhar nele: enraizados e edificados nele, firmes na fé, tal como fostes instruídos. [...] Olhai que não haja ninguém a enredar-vos com a filosofia, o que é vazio e enganador, fundado na tradição humana ou nos elementos do mundo, e não em Cristo" (Cl 2,6-8).

Não há somente uma crescente falta de sacerdotes; também existe neles, nos sacerdotes, uma falta de conhecimento consciente e pessoal que conduz à crise de identidade. A falta de sacerdotes não é algo novo na história; mas, hoje, a crise de identidade do sacerdote é alarmante e paralisante na vida e no ministério sacerdotal. A crise do sacerdócio em que hoje nos encontramos significa precisamente que, pela sua profundidade e gravidade, é também uma possibilidade; porque será uma oferta de graça, quando formos capazes de compreendê-la. Agora temos o dever inevitável de verificar, mediante um aprofundamento teológico e espiritual a partir da raiz, se

---

27. A questão da identidade do sacerdote depende da identidade de Jesus Cristo. Cf. AUGUSTIN, G. *Gott eint; trennt Christus?* Op. cit., p. 234-304.

o ministério sacerdotal não terá sido indevidamente sobrecarregado com elementos estranhos, de que agora deveria ser libertado. É claro que devemos estar dispostos a renunciar a algumas das suas apresentações culturais. Todavia, só o conseguiremos fazer, se delinearmos com clareza os seus elementos essenciais e permanentes, em sintonia com tudo o que Jesus Cristo quis. Para isso, também deveremos ter em conta, natural e seriamente, a orientação dada pelo Espírito Santo em toda a tradição eclesial[28].

Não é de hoje que o sacerdócio é posto em discussão. Já o Apóstolo Paulo tinha de legitimar e defender continuamente a compreensão não apenas de si mesmo como apóstolo, mas também o próprio ministério sacerdotal (cf. Rm 15,16), e dar testemunho diante dele perante as suas comunidades. De fato, aqui não se trata de um qualquer tema marginal da teologia, mas precisamente do centro e do ponto nevrálgico do único plano salvífico de Deus para o mundo. Aqui, trata-se da forma interior da Igreja de Deus em Jesus Cristo.

Por isso, tal como vão as coisas, só conferiremos ao nosso serviço a necessária irradiação, quando vivermos o nosso sacerdócio de modo cada vez mais consciente e testemunhal. Só a nossa dedicação a Jesus Cristo e ao seu Evangelho poderá nos libertar do peso do passado e nos apurar a vista para vermos o futuro do Reino de Deus.

Por isso é importante que estejamos em condições de, como sacerdotes, dar testemunho da Boa-nova num mundo que a conhece cada vez menos, mas que dela precisa cada vez mais. Temos necessidade de um aprofundamento da fé para que, radicados no amor,

---

28. Poderá ser encontrada uma síntese pormenorizada das afirmações do magistério, relativas ao desenvolvimento da concepção do sacerdócio, em BECKER, K.J. *Der priesterliche Dienst* – Wesen und Vollmachten des Priestertums nach dem Lehramt. Friburgo, 1970.

e nele fundados, assimilemos existencialmente o comprimento e a largura, a altura e a profundidade da riqueza de Cristo, e dela extraiamos uma energia missionária para oferecer aos homens condições de encontrarem na mensagem de Jesus o sentido da sua vida e a satisfação dos seus desejos. Ora, essa espiritualidade sacerdotal é o mandamento deste momento.

A base fundamental que une Deus e os homens, e os homens entre si, é o amor. O próprio Senhor Jesus ora para que aqueles que creem nele cresçam nesse amor: "Eu dei-lhes a conhecer quem Tu és e continuarei a dar-te a conhecer, a fim de que o amor que me tiveste esteja neles e Eu esteja neles também" (Jo 17,26). Esta certeza de fé torna possível uma "dedicação total" de nós mesmos a Jesus Cristo.

2

A nossa participação na vida de Deus

A existência cristã, que se concebe como mistério da participação na vida de Deus e vive coerentemente deste conhecimento consciente, pode fazer com que os elementos cristãos específicos da fé em Deus assumam uma forma convincente. De fato, a fé cristã vive desta certeza: Deus, que em si mesmo é Amor, chama o homem a participar na sua vida[29].

O amor gratuito de Deus não é senão a participação na sua vida, e os sacramentos da Igreja são apenas participação na salvação. A Igreja como *communio* é participação dada e aceita. O apostolado e a missão dos cristãos no mundo são uma participação na missão de Jesus Cristo. O ministério sacerdotal não é senão a participação no sacerdócio de Jesus Cristo.

Toda a vida cristã é o mistério da participação em Deus, e o serviço sacerdotal existe para criar as condições necessárias para que esta participação na vida de Deus seja comunicada e se torne experimentável através do ministério da Igreja.

---

29. O conceito de participação ocorre em todos os campos da vida cristã. Por isso, podemos falar de participação na vida do Deus trinitário, de participação em Jesus Cristo, de participação na salvação e na comunhão salvífica, de participação no povo de Deus e de participação na glória de Deus. Cf. AUGUSTIN, G. "Teilhabe am Leben Gottes". In: AUGUSTIN, G. et al. (eds.). *Gott denken und bezeugen*. Friburgo, 2008, p. 418-436.

A importância da participação

A ideia da participação é não só um tema central da metafísica clássica, mas também uma realidade que caracteriza o sentimento da vida dos homens de hoje. A *ideia da participação e a participação de todos os que a ela têm direito* constituem um *Leitmotiv*, um refrão, não apenas da sociedade democrática, mas igualmente da vida econômica. E, por último, mas de não menor importância, a abertura e a modernidade da nossa Igreja se manifestam perante os nossos olhos no fato de todos os fiéis participarem na sua vida e contribuírem para lhe dar a sua fisionomia.

A importância do conceito de participação para a existência cristã e para a figura e a configuração da Igreja é de longe maior do que atualmente se pensa. A propósito, Martin Heidegger observa: "O campo temático da metafísica ocidental é distinto da *méthexis*, da participação do ente no ser." Isto, que vale para a filosofia, também vale, *mutatis mutandis*, para o ministério salvífico da Igreja. Sobre isto, afirma Rahner: "Na comunicação pessoal recíproca, dois entes espirituais podem se oferecer mutuamente, isso atinge o seu ápice na autoparticipação de Deus. Pelo fato de tudo ter uma única origem e, desse modo, participar de Deus, e se o esvaziamento de Deus, que é amor, na sua autocomunicação, se consuma em graça e em glória; então, é compreensível que, em si mesmo, o muito misterioso conceito, de participação (dois são dois, e, não obstante, participando um no outro, são um), não pode deixar de ser um conceito-chave da teologia"[30].

A existência cristã estende-se até à esperança escatológica, pois o seu fundamento é a vontade salvífica de Deus, os seus vértices são a ressurreição e a parusia de Jesus Cristo, a sua força determinante

---

30. RAHNER, K. Enzyklopädische Theologie, I: Die Lexikonbeiträge der Jahre 1956-1973 [Dicionário Teológico]. In: *Sämtliche Werke*, 17/1, p. 825.

é o Espírito Santo, o seu fim atual é a participação dos crentes no novo ser, e o seu ponto-final é a transformação numa existência pneumática junto de Deus. Porque "a plena participação da divindade, que é a verdadeira bem-aventurança do homem [é] o fim da sua vida" (Santo Tomás de Aquino)[31].

A Segunda Carta de Pedro afirma que os crentes em Cristo são "participantes da natureza divina" (2Pd 1,4). É desta realidade, testemunhada com uma formulação de sabor quase filosófico e fundante da existência cristã, que se trata quando falamos de participação (*méthexis, participatio*). A formulação "participantes da natureza divina" pretende exprimir a união íntima entre Deus e o homem. A participação na essência divina significa, para os crentes, a superação da morte e da caducidade. No livro da Sabedoria lemos: "Deus criou o homem para a incorruptibilidade e fê-lo à imagem do seu próprio ser" (Sb 2,23).

Deus faz participar na sua vida e o homem toma parte nela. De um lado, a participação comporta, do ponto de vista de Deus, a autocomunicação divina e, do outro, do ponto de vista do homem, a sua "assimilação" a Deus, a sua "divinização". Obviamente, nenhum termo jamais conseguirá exprimir plenamente o verdadeiro mistério de Deus e do homem por Ele glorificado. No trabalho teológico só podemos encontrar aquele Deus que se manifestou a nós com amor e com absoluta liberdade. Já pelo fato de simplesmente se revelar ao mundo, Ele permite que participemos nele no sentido amplo da expressão. A posição sublime de Deus acima de toda a realidade do mundo só pode ser conhecida pelo homem se ela se tornar experienciável e se se comunicar no nosso mundo.

---

31. TOMÁS DE AQUINO. *Suma Teológica*, III, q. 1, 2c [trad. port.: São Paulo: Loyola, 2001].

A transcendência de Deus só nos é desvendada na imanência. Mas essa imanência é e permanece precisamente e absolutamente imanência da transcendência (cf. Ex 3,2; 16,10). O escondimento de Deus permaneceu um tema constante de um pensamento de Deus conforme com a revelação. Esse pensamento tem como ponto de partida a mensagem bíblica de Deus como criador, e do homem como criatura. Desse modo, tanto Deus como o homem são levados a sério na sua diversidade e nos seus pontos em comum. A teologia da participação percorre, em correspondência com a inteligência bíblica de si, a via intermédia entre o monismo e o dualismo; quer dizer, a criatura, que nunca será "Deus", possui no modo da participação uma certa semelhança, uma última comunhão com o seu criador.

"O Eterno Pai, pelo libérrimo e insondável desígnio da sua sabedoria e bondade, criou o universo, decidiu elevar os homens à participação da vida divina" (LG, 2).

Imagens bíblicas da participação

O elemento cristão específico, no conceito de participação, consiste no fato de a participação do homem em Deus estar ligada à pessoa de Jesus Cristo. Ele é o centro e o objeto do conhecimento dos crentes (cf. 2Pd 1,3.8; 2,20; 3,18). Cristo nos uniu a Deus de modo particular, assumindo a nossa natureza humana (cf. 1Tm 2,5). Ao assumir a nossa natureza humana, Ele tornou mais breve o caminho para participarmos na divindade[32]. Mediante a divindade, Ele é eternamente igual ao Pai; com a sua humanidade tornou-se

---

32. Cf. AGOSTINHO. *A cidade de Deus*, IX, 15, 2. 3 vols. Lisboa: Calouste Gulbenkian, 1991-1995 [trad., pref., nota biográfica e transcrições de J. Dias Pereira].

semelhante a nós[33]. Ao participar na nossa humanidade nos tornou capazes de participar na divindade. A permuta salvífica entre Deus e o homem dá-se plenamente na encarnação. No fundo, é dela que vive qualquer participação. A participação do homem em Deus não poderá ser separada da fé na encarnação de Deus.

Através da fé, o mistério salvífico de Jesus Cristo revela a possibilidade da participação na vida de Deus, neste tempo, na forma da esperança escatológica. Cristo cria um novo ser, uma nova criação (cf. Gl 6,15). Da participação em Jesus Cristo, nasce uma nova comunhão, um "comum destino". Este destino comum com Ele nos dá a força para ressurgirmos e nos conformarmos com Ele na morte e na vida (cf. Fl 1,5-6; 3,10).

A introdução à Primeira Carta de João descreve muito eloquentemente a realidade da *koinonia*, dada mediante a participação: o autor testemunha tudo o que "ouviu e viu", e até "tocou". Este testemunho é dado para que o remetente e os destinatários entrem em "comunhão" entre si. Essa *koinonia* significa algo mais que um conhecimento comum, mais do que uma simples união inter-humana, ou até mais do que uma comunhão, que é distinta da fé comum no Evangelho de Jesus Cristo e que se funda nessa fé. A Primeira Carta de João vai muito mais além: a *koinonia* estende-se até à comunhão com o Pai eterno e com o seu Filho. Isto significa que, entre Deus e o homem, existe uma comunhão de vida. Ela não existe unicamente entre o Pai e o seu Filho unigênito que se tornou homem, mas também e sobretudo insere o homem na vida com Deus, sendo portanto "participação da vida divina" (1Jo 1,1-4).

Na Bíblia existem muitas imagens de participação como, por exemplo, a *imagem do banquete*. A imagem da comunidade de mesa

33. Ibid., IX, 17.

não representa somente uma forma de convivência humana, mas também exprime o desejo sublime que o homem tem de participar no divino. Uma conhecida imagem de participação do homem em Deus é a contida na doutrina paulina do *corpo de Cristo.* A comunidade dos fiéis, reunida no corpo de Cristo, realiza a nova forma de vida expressa na fórmula "em Cristo" muito familiar a Paulo: "O cálice de bênção, que abençoamos, não é comunhão com o Sangue de Cristo? O pão que partimos não é comunhão com o corpo de Cristo? Uma vez que há um único pão, nós, embora muitos, somos um só corpo, porque todos participamos desse único pão" (1Cor 10,16-17).

Talvez nenhum trecho no Novo Testamento se preste tanto para ilustrar uma teologia da participação como o capítulo 15 do Evangelho de João com a sua *imagem da verdadeira vide.* Indo além da imagem paulina do corpo e dos seus membros, o quarto Evangelho fala também do papel do Pai celeste: "O meu Pai é o agricultor". Quem está intimamente unido a Cristo como os ramos à videira é de tal maneira inundado pela sua eterna energia vital que se torna participante da sua vida eterna, na comunhão com Deus. Torna-se capaz de crescer nessa comunhão e de dar fruto.

A doutrina bíblica da participação na divindade e no Corpo do Senhor repercute-se também na liturgia, pelo que a Igreja docente e a orante coincidem; na oferta dos dons durante a celebração eucarística, a Igreja ora assim: "Pelo mistério desta água e deste vinho sejamos participantes daquele que assumiu a nossa humanidade". No Prefácio da Ascensão de Cristo lemos: "O Senhor Jesus Cristo [...] não abandonou a nossa condição humana, mas, subindo aos céus, como nossa cabeça e primogênito, deu-nos a esperança de irmos um dia ao seu encontro, como membros do seu corpo, para nos unir à sua glória imortal". No fundo, toda a liturgia, e especialmente a celebração da Eucaristia, é distinta e animada pela ideia da participação.

"Uma troca admirável"

Lemos na Segunda Carta aos Coríntios: "Conheceis bem a bondade de Nosso Senhor Jesus Cristo que, sendo rico, se fez pobre por vós, para vos enriquecer com a sua pobreza" (2Cor 8,9: cf. também o célebre hino a Cristo da Carta aos Filipenses 2,5-11, o paralelismo Adão-Cristo da Carta aos Romanos 5,12-21 e o hino da Carta aos Efésios 1,7-14). Em Cristo verifica-se algo de "degradante": Ele torna-se pobre! Em compensação, a humanidade é beneficiada com isso: torna-se rica. Cristo desce, por solidariedade conosco, até à pobreza do nosso mundo caduco e quer nos enriquecer e nos elevar mediante o dom de si mesmo. Deus nos oferece a possibilidade de participarmos nele, por uma troca salutar, mesmo no nosso mais profundo estado de perdição. Desse modo, Ele nos oferece a possibilidade de participarmos nele, e nós podemos participar na forma do *mirabile commercium,* na troca admirável, no decurso da qual "Deus se torna homem para que o homem se torne Deus".

Em Jesus Cristo acontece a união única e irrepetível entre Deus e o homem. Como imagem do Pai, Ele é o modelo original de toda a criação. Todos os homens foram criados em ordem a Ele e devem encontrar nele a sua realização. Ele está "aberto" ao Pai, porque a disponibilidade para existir para Deus atravessa e distingue toda a sua vida (cf. Jo 4,32; Hb 10,9) e também está aberto aos homens que são "membros" do seu corpo (1Cor 6,15).

No interior do evento da descida e da elevação de Cristo realiza-se a "troca admirável" e, portanto, a oferta da participação de Deus e a participação do homem. Nesse processo compete ao homem uma atitude receptiva; como criatura, só pode receber, porque a sua participação em Deus é, enquanto tal, um dom livre da graça; contudo, deve abrir-se e, portanto, ser também ativo. Só a descida do eterno Filho de Deus, que, assim, também é o princípio da redenção exatamente como antes o tinha sido da criação, torna possível a ascensão da criatura. Só mediante a sua entrada na criação, mediante a sua disponibilidade em humilhar-se, se atinge este santo intercâmbio. O aperfeiçoamento do homem é o objetivo do dom da participação[34]. "Por Ele resplandece para os homens o mistério da encarnação redentora: a nossa fragilidade humana é assumida pelo Verbo, o homem mortal é elevado à dignidade imortal" (Missal Romano, *Prefácio de Natal III*).

Graças a esta permuta, a natureza humana é, através da íntima união com a divindade, também ela "divinizada" (Orígenes)[35]. União, vínculo, amizade; com estes termos, Orígenes procura descrever o mistério da união com Deus, que nós dizemos participação. Imagem da participação humana em Deus é, segundo ele, a transfiguração de Cristo. No seu decurso acontece, antes de tudo, "uma transformação divinizadora do homem" e da realidade humana em geral.

A "divinização" do homem

O homem é um ser em devir. Como criatura, está a caminho da perfeição do seu Criador. O ser acabado se destina a atingir uma meta infinita. A realidade em que ele participa é o próprio Deus (cf.

---

34. Cf. IRENEU DE LIÃO. *Contra as Heresias*, V, 36, 3 [trad. port.: 5. reimp. São Paulo: Paulus, 2013].

35. Cf. ORÍGENES. *Tratado sobre os princípios* [trad. port.: São Paulo: Paulus, 2012].

Sl 16,5s.). A conformidade perfeita do homem que atingiu a natureza divina é a forma mais alta da participação na vida de Deus.

Participação do homem em Deus significa não só que, ao "humanizar-se", Deus se abaixou, mas também significa que Deus, "ao divinizá-lo", o elevou até si. Contudo, os processos que conduzem à "humanização" e à "divinização" são concebidos de tal modo que, quando Deus se comunica, não sofre nenhuma diminuição da sua divindade, nem o homem deixa de ser propriamente homem quando recebe o dom da participação em Deus.

A meta final do homem é a felicidade perfeita, que consiste na sua maior conformidade possível com Deus (*homóiosis*)[36]. A dedicação do homem a Deus corresponde à anterior doação da bem-aventurança divina ao homem. Por outro lado, ela indica, vista da parte de Deus, uma distinção na qual Deus permanece "Deus" e o homem permanece "homem". Essas ações só mostram as possibilidades para uma justa participação quando são consideradas juntas: o homem é efetivamente gratificado com a vida divina, mas não se dissolve na sua origem criadora. O mais alto desenvolvimento e o mais alto aperfeiçoamento humanos até chegarem a ser *imagem e semelhança do Deus trinitário* são, ao mesmo tempo, o aperfeiçoamento da liberdade humana finita na direta *communicatio* com a própria essência divina[37].

A participação do homem em Deus não é uma posse estática. É a possibilidade de o homem se desenvolver e progredir. É evidente

---

36. HIPÓLITO DE ROMA. *Refutatio omnium haeresium* [Refutação de todas as heresias], I, 19, 17.

37. Portanto, a plena autonomia pode conceber-se como uma teonomia perfeita. A doutrina de Santo Tomás de Aquino da *imago Dei* é amplamente exposta em KRÄMER, K. *Imagus Trinitatis* – Die Gottebenbildlichkeit des Menschen in der Theologie des Thomas von Aquin. Friburgo, 2000; cf., esp. p. 308, 322, 395, 493.

que a iniciativa está nas mãos de Deus. Mas, porque o homem é livre, podemos dizer que, na santificação da sua vida, ele deva tudo à oferta divina da participação em Deus, a medida da sua participação depende sempre de si. Por isso, o homem tem de vivê-la sempre, porque a "união" forma um todo com a "participação"; mas também tem de haver simultaneamente uma correspondência do comportamento humano em relação a Deus e em relação aos outros homens.

Participação em Deus e na Igreja como *communio*

A ideia da participação permite que se conceba Deus como *communio* trinitária. O Deus único é *communio.* O Deus único vive no ato de comunhão entre o Pai, o Filho e o Espírito. A participação na vida de Deus é o núcleo da teologia trinitária e da eclesiologia da *communio* (Walter Kasper)[38]. Os homens devem reproduzir de modo finito a *communio* do Deus trinitário e tornar-se capazes de participar de uma vez para sempre na vida de Deus. Através da participação na vida de Deus surge no processo da realização divina a *communio* vertical com Deus e a *communio* horizontal dos homens entre si. Podemos distinguir estas duas dimensões da *communio,* embora estejam intimamente ligadas uma à outra: a comunhão com Deus é o fundamento das relações das criaturas umas com as outras em que o homem vive a sua *communio* com Deus; mas "o caminho para a comunhão recíproca entre os homens passa através da comunhão com Deus" (Joseph Ratzinger)[39]. A *communio* com Deus

---

38. Cf. KASPER, W. *Wege der Einheit* [Caminhos de unidade]. Friburgo, 2005, p. 72-101.

39. RATZINGER, J. "Weggemeinschaft des Glaubens". In: HORN, S.O. & PFNÜR, V. (eds.). Augsburgo, 2002, p. 70 [trad. port.: *Caminhar juntos na fé* – A Igreja como "comunhão". Braga: AO, 2005].

e entre nós, fundada mediante a participação na vida de Deus, é o núcleo e o fim da autorrevelação de Deus.

A participação na vida de Deus não é somente o fundamento da Igreja, mas também através dela a Igreja encontra e aperfeiçoa a sua figura. A Igreja pode ser imagem da Trindade de Deus na medida em que o Deus trino lhe conceder que ela participe nele e Ele esteja presente nela. Portanto, Deus está na Igreja e a Igreja em Deus. A presença do Deus trinitário refere-se principalmente aos fundamentos da Igreja: liturgia, diaconia e pregação.

A Eucaristia é o dom da comum participação em Jesus Cristo[40]. A Eucaristia é chamada *koinonia* porque o é realmente, pois é através dela que não apenas entramos em comunhão com Cristo e participamos na sua divindade, mas igualmente, e ao mesmo tempo, entramos em comunhão mútua e estamos unidos uns aos outros. De fato, "como participamos num único pão, nos tornamos um único corpo de Cristo e único sangue, tornando-nos parte uns dos outros, enquanto somos chamados concorpóreos em Cristo" (João Damasceno)[41].

A *communio* da Igreja permanece viva graças à participação no Cristo eucarístico: "Sois o que vedes e recebeis o que sois" (Santo Agostinho)[42]. A Igreja nasce mediante a comum participação em Deus e, através das participações, os seus membros estão em comunhão mútua.

---

40. AUGUSTIN, G. "Die Eucharistie mit spirituellem Gewinn feiern". In: AUGUSTIN, G. & KRÄMER, K. (eds.). *Leben aus der Kraft der Versöhnung*. Ostfildern, 2006, p. 124-154.

41. JOÃO DAMASCENO. *De fide orth.* [A fé ortodoxa], IV, 13.

42. AGOSTINHO. *Sermo*, 272. • PL, 38, c. 247.

Perspectivas para o serviço sacerdotal

No centro da fé cristã não está a ética ou a moral, mas o Deus que ama incondicionalmente, que oferece a sua amizade aos homens e os torna capazes de permanecer numa relação amorosa com Ele, para assim participarem na sua bem-aventurança. Desse modo, estabelece-se uma relação dada, recebida e vivida com o Deus trinitário. O ministério sacerdotal, que recebe a sua força deste centro, pode conjugar de modo autêntico entre a fé e a vida, podendo assim ser crível e convincente.

A ideia da participação permite conceber a vida cristã como louvor, como doxologia. O ministério sacerdotal, que explora mais profundamente a fé, pode já participar na futura bem-aventurança, pois, através do nosso ministério, anunciamos a mensagem de Deus como uma mensagem de alegria e a sua transmissão mediante a palavra e a ação infunde uma paz profunda e uma alegria íntima. Essa pregação sacerdotal, que ensina a compreender a fé mais profundamente, não deve suscitar o tédio da fé, mas alegria da fé que conduz à luz e, portanto, à alegria na vida da comunidade cristã, afugentando a falta de sentido, de alegria e de esperança.

O encontro com Deus e a comunhão com Ele são lugar de um ministério sacerdotal dotado de sentido. O ministério sacerdotal, que extrai a sua força da comunhão vivida com Deus, permanecerá sempre vivo e atual, e conduzirá os homens a Deus. Por isso, o sacerdote pode ser mestre de fé, de esperança e de caridade, e, deste modo, abrir horizontes espirituais e culturais. A certeza da fé que o homem tem de que é chamado à participação na vida do Deus trinitário, o seu último destino, pode infundir uma nova vitalidade na vida cristã e desvelar perspectivas espirituais para a vida.

3

A nossa participação no sacerdócio de Cristo

Jesus Cristo é o compêndio do sacerdote. Todos os outros têm o seu sacerdócio mediante a participação no sacerdócio de Jesus Cristo. Se o fato de ser sacerdote é a participação dada no sacerdócio, então é para nós de importância fundamental reconhecer que o sacerdócio de Cristo se fundamenta no seu mistério pessoal divino-humano, e que isso pode ser concebido como a expressão global dos seus ministérios e das suas funções histórico-salvíficas.

Em Jesus Cristo encontramos o desígnio e a realização de tudo aquilo que constitui o sacerdócio. Hoje, na teologia, considera-se comumente que o Novo Testamento só aplica o termo *hiereus* (corresponde ao latino *sacerdos*), e os outros termos dele derivados, somente a *Jesus Cristo* e à *comunidade de todos os batizados*. Aliás, para ser mais rigorosos nos termos, só existe um único sacerdote: Jesus Cristo.

O fundamento do sacerdócio na Igreja

Pelo Sacramento do Batismo é concedida aos crentes em Cristo a participação no seu sacerdócio. Mas essa participação no sacerdócio de Cristo deve distinguir-se da recebida através do Sacramento da Ordem. Esta distinção na participação no sacerdócio de Cristo é uma distinção "essencial" e não somente "de grau", como claramente afirmou o Concílio Vaticano II (LG, 10) para indicar a diferença que existe entre estes dois modos de participação no sacerdócio de Cristo. De fato, a participação no sacerdócio de Cristo concedido pelo Sacramento da Ordem não é um *aumento quantitativo* da participação de todos os cristãos nesse sacerdócio, mas é *uma forma de participação* absolutamente diferente. A participação no sacerdócio de Cristo, recebida no Sacramento da Ordem, não torna aqueles que o recebem – os sacerdotes – melhores cristãos ou mais elevados. O fato de acreditar nesta convicção teológica é de fundamental importância para definir não só a convivência e a solidariedade entre os crentes em Cristo e os seus sacerdotes oficialmente estabelecidos para o ministério salvífico da Igreja, mas também a sua dependência mútua e para salvaguardar ao mesmo tempo a dignidade igual de todos os cristãos.

A Igreja como comunidade dos crentes, como povo pertencente a Deus, é um sacerdócio régio. No seio desta comunidade, alguns são destinados e consagrados para desenvolver o sacerdócio ministerial na Igreja. A questão dos elementos permanentes e essenciais do sacerdócio deve estabelecer teologicamente a relação entre as diversas denominações do sacerdócio e encontrar a sua fonte no sacerdócio de Cristo.

O que une e o que associa todos os batizados é o sacerdócio de Jesus Cristo, o único sacerdote. Todos os fiéis participam nele (cf. LG, 10, 34; PO, 2; *Catecismo da Igreja Católica* [CIC], 1141). Se, na Igreja, o sacerdócio é participação no sacerdócio de Jesus Cristo, devemos procurar atingir, na fé e na teologia, uma compreensão aprofundada do sacerdócio de Cristo. Com efeito, "todos nós recebemos da sua plenitude" (Jo 1,16).

Os ministérios ou ofícios de Cristo podem diferenciar-se, mas não separar-se uns dos outros, porque os ministérios do redentor e mediador da salvação são realmente idênticos, embora os termos que os indicam sejam diferentes. No fundo, trata-se do mistério do Filho de Deus incarnado. O sacerdócio de Cristo integra todas as suas funções como mediador de Deus e dos homens, entre o céu e a terra. Jesus Cristo é, na sua pessoa, a unidade entre a divindade e a humanidade, pelo que pode mediar a salvação divina junto dos homens. Se o sacerdote representa Cristo, então, nessa representação conflui tudo o que Jesus Cristo é. Consequentemente, é de grande importância ter sempre diante de si uma visão integral do ministério salvífico sacerdotal. Como em Jesus Cristo todas as funções devem ser vistas unitariamente, não podemos nos questionar se a pregação, o ministério sacramental ou o pastoral são a primeira tarefa, porque o serviço salvífico do sacerdote integra tudo no seu serviço sacerdotal. O ministério salvífico sacerdotal sacramental contém em si, ao mesmo tempo, a pregação e o ministério pastoral.

Só à luz deste centro, que une intimamente o povo de Deus e o seu Sumo Sacerdote, Jesus Cristo, a convivência e a solidariedade de todos os fiéis e dos seus sacerdotes, pode aparecer como Sacramento da salvação no mundo hodierno. Desse modo, a Igreja será novamente atraente e irradiante como sinal e instrumento da salvação, a fim de que o seu testemunho em favor de Deus continue verdadeiro no mundo. Hoje só poderemos depreender a identidade do sacerdócio não o distinguindo do de Jesus Cristo, mas pondo-o em relação com Ele e considerando-o em conjunto com o de todos os fiéis e tendo também em conta o fim comum da existência humana. É sobretudo o "elemento sacerdotal", presente quer no sacerdócio régio dos fiéis quer no sacerdócio ministerial que deveria ser posto sobretudo no centro da discussão atual.

Para isso, precisamos antes de tudo de refletir teológica e espiritualmente, e de maneira intensa, sobre o sacerdócio de Cristo, que abarca muito mais do que o habitualmente chamado ministério sacerdotal de Cristo. Só à luz da plenitude e da profundidade do ministério pessoal de Cristo poderemos, de fato, chegar a ver com justeza a relação existente entre sacerdócio comum e ministerial ordenado. Assim, poderão ser superadas muitas das tendências, entre si divergentes, para se alcançar uma *consolidação espiritual tanto do sacerdócio régio comum de todos os fiéis como também do ministério do sacerdote.* É urgentemente importante fazer uma clarificação teológica dos elementos comuns existentes e das diferenças essenciais existentes entre o ministério sacerdotal comum e o ministério sacerdotal ordenado, das suas relações mútuas e da sua dependência recíproca, não apenas para a convivência dos colaboradores de Deus no interior da comunidade de fé, mas também para a imagem fenomênica e para a representação no exterior da nossa Igreja.

Não há, obviamente, nenhum predomínio do sacerdócio ministerial sobre o comum, porque ambos participam, cada qual a seu modo específico, do sacerdócio de Cristo. "A distinção que o Senhor estabeleceu entre os ministros sagrados e o restante povo de Deus contribui para a união." Contudo, entre os crentes "reina, porém, igualdade entre todos, quanto à dignidade e quanto à atuação, comum a todos os fiéis, em favor da edificação do corpo de Cristo" (LG, 32). Por isso não deveríamos estabelecer nenhuma oposição artificial entre o ministério e os carismas, entre os sacerdotes e os leigos. Para reconhecer a origem comum no sacerdócio de Cristo, consideremos agora a importância central deste no testemunho da Sagrada Escritura.

O sacerdócio de Cristo no testemunho dos evangelhos e de Paulo

No centro da economia salvífica bíblica está o sacerdócio, que Deus instituiu primeiro em Israel, para, depois de renovado na sua plenitude e profundidade, o levar à perfeição em Jesus Cristo[43]. O sacrifício e a mediação do Antigo Testamento foram efetivamente introduções ao único sacrifício, à única mediação de Cristo (cf. a visão global de Lv 16 e Hb 8). No entanto, o sacerdócio conhece um aprofundamento, uma renovação e um aperfeiçoamento em Jesus Cristo. Toda a economia do sacrifício e do sacerdócio, na história da salvação, tende para Jesus Cristo, adquire nele uma nova consistência e promana dele.

Em Jesus Cristo, realizou-se a verdade, a única verdade do sacrifício, do altar, do sacerdócio e do templo (cf. Hb 10,5)[44]. Cristo é sacerdote e vítima não só pela promessa e pela vontade de Deus, mas também por força da sua essência como Deus e homem hipostaticamente unidos, essência que faz dele o mediador, porque Ele une na sua pessoa ambos os membros da nova aliança, Deus e o homem.

Contudo, foi necessário um longo processo de fé para compreender a profundidade do sacerdócio de Cristo. Para o Novo Testamento, o sacerdócio de Cristo foi novo, dado que, segundo a lei judaica, Jesus não podia ser sacerdote por não pertencer a uma

---

43. A teologia cristã quer salvaguardar a identidade do início dos seus elementos essenciais e orientar-se tendo por base a unidade da história da revelação da antiga e da nova alianças: "No Antigo [Testamento] está escondido o Novo e o Novo [Testamento] está manifesto no Antigo" (AGOSTINHO. *Quaestiones in Heptateuch* [Questões sobre o Pentateuco], 1.2, n. 73. • PL, 34, c. 623).

44. O comentário de Agostinho a esta passagem exprime o sentido teológico pleno do fim da encarnação (cf. AGOSTINHO. *Enarr. in Ps*, 39,12-13. • PL, 36, c. 442 [trad. port., *Comentário aos Salmos*. 3 vols., São Paulo, Paulus, 1997-1998]).

família sacerdotal. Segundo a lei mosaica, o serviço cultual estava estritamente reservado a uma tribo escolhida por Deus; por isso, só se poderia chegar ao sacerdócio por via hereditária[45]. Assim, compreende-se por que razão Jesus nunca pretendeu exercer nenhuma função no sacerdócio hebraico. O seu ministério caminhou numa direção diferente da do sacerdócio antigo.

O ministério sacerdotal do Antigo Testamento baseava-se substancialmente num sistema feito de celebrações rituais. O sacerdote devia abandonar o espaço profano e entrar no santuário; e porque, apesar da sua consagração, continuava um homem terreno, não podia entrar completamente no mundo divino, devia oferecer em sacrifício um animal sem defeitos que, transformado, subia ao céu sob a forma de fumo (cf. Gn 8,20-21; Lv 1,9.17; 16,13s.).

A ação de Jesus nunca foi uma ação ritual deste gênero. A sua atividade prolongou sobretudo a dos profetas. Alinhou contra uma concepção ritual exterior da religião (cf. Mt 9,10-13; 15,1-20). Recusou-se a conceber a santificação no modo tradicional. Aos seus adversários opôs a Palavra de Deus, pregada pelo Profeta Oseias: "Prefiro misericórdia ao sacrifício" (Mt 9,13; 12,7; cf. Os 6,6). Consequentemente, alinhou contra o sistema do ritual da seleção e foi na direção oposta: quer honrar Deus com o exercício da misericórdia. Aboliu a busca da pureza ritual para instaurar o dinamismo da reconciliação e da comunhão.

Nem a sua morte foi um sacrifício no sentido ritual antigo do termo. Os ritos sacrificiais consistiam num ato solene realizado no lugar sagrado; ao contrário, a morte de Jesus foi a morte de um condenado (cf. Dt 21,23: Gl 3,13), embora o acontecimento, visto a partir do seu interior, tenha tido um significado completa-

45. As violações a essa disposição eram punidas com a morte. Cf. Nm 1,51; 3,10.38.

mente diferente: Jesus vai ao ponto de "dar a sua vida em resgate de muitos" (Mc 10,45) e de morrer "pelos nossos pecados" (1Cor 15,3; Rm 5,6-8).

Este ato de "misericórdia" corresponde ao desejo de Deus, que preferia "misericórdia ao sacrifício" (Mt 9,13). Todas estas diferenças explicam o porquê de, nos primeiros tempos da Igreja, ninguém ter pensado em chamar sacerdote ou sumo sacerdote a Jesus Cristo. É evidente que nem a sua pessoa, nem o seu modo de agir, nem sequer a sua morte correspondiam à imagem que então se fazia do sacerdócio.

Mas, com o passar do tempo, a Cristandade encontrou-se perante um dilema: se Jesus Cristo era verdadeiramente o cumprimento e a plenitude de tudo o que tinha sido anunciado no Antigo Testamento, então o seu mistério devia ser também representado na sua dimensão sacerdotal, porque esta ocupa um grande espaço no Antigo Testamento. Por isso, o autor da Carta aos Hebreus analisou com rigor o culto antigo à luz da sua fé, chegando à conclusão de distinguir o projeto fundamental do sacerdócio da sua realização concreta[46]. Não há dúvida de que o projeto veterotestamentário tinha a sua vitalidade; mas a sua realização mostrou-se defeituosa pela insuficiência humana.

No Novo Testamento não existe nenhum sacerdócio além do exercido por Jesus Cristo que, em si mesmo, cumpre e supera todos os sacerdócios precedentes, no sentido que estes têm na história das religiões. Fala-se do sacerdócio de Jesus no Novo Testamento, onde se diz que, de um ponto de vista mais ou menos tipológico, o seu

46. O autor encontra muitas alusões preparatórias na pregação do Apóstolo Paulo e na vida da comunidade – alusão ao sacrifício da aliança: Mt 26,28 e Mc 14,24; relação entre a morte de Jesus e o sacrifício de Moisés: Ex 24,6-8; Ceia do Senhor: 1Cor 11,20; Cristo, nosso Cordeiro Pascal: 1Cor 15,7; contexto sacrificial em Gl 2,20 e Ef 5,2.

sacerdócio é um dom que Ele fez de si mesmo[47]. Na pessoa de Jesus Cristo, o seu sacerdócio está inalienavelmente ligado ao dom sacrificial que Ele fez de si mesmo. Neste sentido, depõem a expressão contida na Primeira Carta aos Coríntios: "Cristo, nossa Páscoa, foi imolado" (1Cor 5,7), a menção do Sangue de Cristo (Mc 14,24; Rm 3,25; Ef 1,7), as expressões em que ocorre o "por nós" (Rm 5,8; 2Cor 5,21; 1Jo 3,16), a alusão contida no Evangelho de João: "Eis o cordeiro de Deus que tira o pecado do mundo" (Jo 1,29).

A tipologia do cordeiro pascal regressa no Apocalipse: "Foste morto e, com teu sangue, resgataste para Deus, homens de todas as tribos, línguas, povos e nações; e fizeste deles um reino e sacerdotes para o nosso Deus" (cf. Ap 5,9-10). A Primeira Carta de João apresenta Jesus, *o Justo*, como a vítima de expiação pelos pecados e não só pelos nossos pecados, mas também pelos de todo o mundo (1Jo 2,2).

O sacrifício de Cristo consiste no dom que Ele fez de si mesmo: Jesus Cristo entregou-se pelos nossos pecados (cf. Gl 1,4; 2,20). Este dom de si é ilustrado de modo particular na imagem do bom pastor, que está ligada à do servo de Deus (Jo 10,11; 17,19). O amor de Cristo, que se dá pela Igreja, manifesta-se claramente no seu sacrifício: "Procedei com amor, como também Cristo nos amou e se entregou a Deus por nós como oferta e sacrifício de agradável odor" (Ef 5,2). Neste vínculo, entre o sacrifício e a sua missão, manifesta-se o mistério do sacerdócio de Cristo. As palavras com que Jesus, no Evangelho, descreve a sua missão como a missão do "servo sofredor de Deus", sobre que repousa o Espírito, confirmam esta certeza mediante o seu profundo sentido sacerdotal.

---

47. Para uma exposição pormenorizada do sacerdócio de Cristo no Novo Testamento, cf. SCHLIER, H. "Grundelemente des priesterlichen Amtes im Neuen Testament". In: *Thelogie und Philosophie*, 1969, p. 168-171.

Jesus concebeu a sua única tarefa à luz da profecia do servo de Deus (Is 52,13-53,12). Tendo por base essa profecia, Ele é o sacerdote que oferece e a vítima que é oferecida, que reconcilia a humanidade pecadora com Deus. Na Última Ceia, Ele diz expressamente que é o servo que funda uma nova aliança e com ela um novo povo de Deus: "Isto é o meu Sangue da aliança, que vai ser derramado por todos" (Mc 14,24). Por isso, o ato sacrificial encerra em si a vida, como um compêndio do amor; ele exprime o dom perfeito de si mesmo ao Pai a favor de todos, para que o seu Pai faça com que toda a humanidade participe no seu Espírito de amor. Assim, toda a vida humana se torna uma oferta cultual a Deus.

O Evangelho de João apresenta Jesus como o sumo sacerdote (cf. Jo 17): a articulação da grande oração sacerdotal parece efetivamente corresponder à do grande dia da reconciliação (*Yom Kippur*), na qual o sumo sacerdote, depois de ter pronunciado o nome de Deus, ora antes de mais por si, depois pelos sacerdotes e, finalmente, pelo povo.

O significado do sacerdócio de Cristo torna-se ainda mais claro quando Ele aplica preferencialmente a si o Salmo 110, em que o Messias se apresenta simultaneamente como rei e sacerdote segundo a ordem de Melquisedec. Como toda a pregação de Jesus culmina no anúncio da sua morte e da sua ressurreição, que são prefiguradas nas suas poderosas ações reais concretas (milagres, expulsão dos demônios e curas), podemos considerar que todo o seu ministério escatológico, realizado na presença do Espírito Santo, é sacerdotal. De fato, Ele é aquele que foi consagrado pelo Pai, que foi enviado por Ele ao mundo e que dele recebeu a missão de dar a sua vida (Jo 10,17-18).

De tudo o que dissemos até aqui conclui-se claramente que não somente existe um nexo entre a missão de Jesus e o dom sacerdotal de si que Ele fez, mas também uma evidente reciprocidade das suas relações. O sacrifício consagra a sua missão, apresentando-a como a missão do servo de Deus, enquanto o dever de pregar a Boa-nova e de realizar os sinais do reino se concretiza no sacrifício, na reconciliação de todos os homens, mediante o seu sangue, e em união com Deus e entre nós, mediante o oferecimento de si mesmo que Ele fez na cruz (Ef 2,11-22).

As muitas dimensões do ministério salvífico escatológico de Jesus Cristo unificam-se na imagem do *bom pastor.* Desse modo, na pessoa de Jesus Cristo revela-se quão profundamente e quão definitivamente o próprio Deus é o pastor do seu povo (Ez 34,1-22). Na sua missão, tudo é condicionado pelo seu amor solícito, que introduz na intimidade de uma comunhão viva (Jo 10,14-16). O dom da sua vida feito pelo bom pastor constitui o ponto culminante da sua atividade *profética*: este é o último testemunho prestado a favor da verdade que resume e garante toda a pregação anterior. Desse modo, o ministério profético integra-se no seu sacerdócio. O dom de si feito por Ele também representa a sua *liberdade real,* que tem o poder de dar a sua vida ou de retomá-la (Jo 10,17-18): diante de Pilatos, Ele testemunha que é rei e testemunha da verdade (Jo 18,36-37). Finalmente, no dom de si mesmo, Jesus realiza como bom pastor o culto "em espírito e verdade" (Jo 4,24): é sacrifício da sua vida e a obediência perfeita e livre à vontade do Pai (Jo 10,18).

O *sacerdócio de Cristo* é inteiramente fundado na sua missão de Filho dileto do Pai. Sobre a obra salvífica de Cristo como "sacerdócio" medita-se expressamente, no Novo Testamento, na Carta aos Hebreus.

O sacerdócio de Cristo no testemunho da Carta aos Hebreus

A Carta aos Hebreus procura exortar e encorajar os seus destinatários, da Igreja das origens, que vivem numa situação crítica de fé, a permanecerem fiéis à profissão de fé que lhes foi transmitida (cf. Hb 2,1-4; 5,11–6,20). Mas o faz trazendo à luz o significado e o alcance permanente da morte expiadora vicária de Cristo, e do dom se si próprio que Ele realizou. A unidade entre cristologia e soteriologia é de fundamental importância para se compreender esta carta porque, de fato, é precisamente o próprio Filho de Deus quem, como Jesus encarnado, sofrendo realmente a morte, para de uma vez para sempre obter uma reconciliação e uma redenção definitivas e eternas, "abole", isto é, redime todos os ritos sacrificiais e todo o sacerdócio veterotestamentário, e, consequentemente, os sacrifícios da história da religião em geral, e os substitui.

Para a nossa discussão atual há uma coisa digna de nota: a Carta aos Hebreus não se contenta somente com tratar os sintomas de crise da Igreja das origens, em que a fé corria perigos muito graves, mas também remonta ao próprio fundamento da fé, para depois enfrentar a crise, partindo desta base. Por isso, os seus temas principais são a redenção e a fé cristã. Mas, se hoje partirmos – à semelhança da Carta aos Hebreus – do centro da fé, quer dizer, de Cristo, da Igreja e da Eucaristia, então também aprenderemos a compreender novamente o sentido do ministério salvífico sacerdotal.

Como base escriturística, a carta serve-se sobretudo do Sl 110 que, juntamente com o Sl 2, tinha desde o início desempenhado inteiramente um papel determinante na elaboração da cristologia pós-pascal da glória: "O Senhor jurou e não voltará atrás: 'Tu és sacerdote para sempre segundo a ordem de Melquisedec'" (Sl 110,4). O autor faz desta afirmação o ponto de partida da sua cristologia do sumo sacerdote. Já na introdução alude a esta temática, quando diz a propósito do "Filho": "Depois de ter realizado a purificação dos pecados, sentou-se à direita da Majestade nas alturas" (Hb 1,3). Mas se imediatamente depois passa a usar o título de Sumo

Sacerdote, em vez do de simples sacerdote, isto acontece porque o autor da carta se atém expressamente ao ritual do *Yom Kippur* de Lv 16, em que o sumo sacerdote desempenha o papel central. Desse modo, ele pretende exprimir com clareza o fato de o sacerdócio chegar ao seu pleno cumprimento em Cristo: com a morte expiadora de Jesus na cruz é abolido o ritual veterotestamentário da expiação. Portanto, o sumo sacerdócio escatológico de Jesus marca fundamentalmente o fim de todo o sacerdócio cultual; e isto deve ser levado muito a sério, como acontece na afirmação da Carta aos Romanos: "O fim da Lei é Cristo, para que, desse modo, a justiça seja concedida a todo o que tem fé" (10,4). O *Yom Kippur* autenticamente cristão, o cumprimento escatológico consiste precisamente na redenção operada por Cristo.

O sumo sacerdócio de Cristo não pressupõe somente a encarnação do Filho de Deus estabelecida desde a eternidade, mas também pressupõe a existência terrena de Jesus porque, de fato, ela é indispensável para o seu sacerdócio. Os cristãos têm um único "Sumo Sacerdote que atravessou os céus, Jesus, o Filho de Deus" (Hb 4,14). Ele compreende as nossas fraquezas, porque também foi tentado em todos os aspectos como todos os homens e tornou-se em tudo igual a nós, exceto no pecado. Desse modo, Ele satisfaz uma das condições mais importantes do ministério do sumo sacerdote. Por isso, Cristo nem sequer precisa oferecer nenhum sacrifício pelos seus pecados (Hb 5,3), pois realizou na sua pessoa a integridade cultual necessária para o sacrifício.

O primeiro dever do ministério do sumo sacerdote é oferecer sacrifícios e dons pelos pecados (Hb 5,1); mas o sacrifício de Cristo tem uma qualidade particular única e, por isso, também só foi realizado uma única vez, é eterno e irrepetível: Cristo ofereceu-se uma vez por todas (Hb 7,27). Graças à sua encarnação, o Filho de Deus torna-se solidário conosco, homens, até à sua paixão e morte, exceto no pecado, conferindo por isso à solidariedade uma nova qualidade. Desse modo, Jesus torna-se de fato aquele que caminha à frente da fila dos salvados, aquele que guia muitos filhos em direção à glória de Deus (Hb 2,10).

Jesus Cristo é *o fim do sistema dos sacrifícios e do sacerdócio,* porque Ele próprio é não somente o dom sacrificial perfeito, mas também o perfeito Sumo Sacerdote. Ele é simultaneamente vítima e sacerdote, aquele que realiza e também cumpre inteiramente o sentido e as intenções mais profundas de todo o culto sacrificial do Antigo Testamento e de todas as religiões. No seu sacrifício, Ele vai, por assim dizer, até ao mais ínfimo pormenor daquilo que, em última análise, constitui o desejo mais profundo ínsito em todos os sacrifícios da humanidade: a instituição da salvação como reconciliação definitivamente permanente em Deus. Por isso, Ele é o "mediador de uma nova aliança" (Hb 9,15) em que o sacrifício adquire uma derradeira e radical personalização.

A Carta aos Hebreus concebe a integridade cultual existente em Cristo também como uma integridade moral. Desse modo, o autor estabelece *em Cristo uma íntima unidade* entre os dois elementos *culto* e *ethos.* A "oferta de si mesmo" é um ato da liberdade de Jesus: "Por isso, ao entrar no mundo, Cristo diz: 'Tu não quiseste sacrifício nem oferenda, mas preparaste-me um corpo. Não te agradaram holocaustos nem sacrifícios pelos pecados. Então, Eu disse: Eis que venho – como está escrito no livro a meu respeito – para fazer, ó Deus, a tua vontade'" (Hb 10,5-7). "E foi por essa vontade que nós fomos santificados, pela oferta do corpo de Jesus Cristo, feita de uma vez para sempre" (Hb 10,10). Aqui, esclarece-se que o dom do corpo e da vida é *a realização perfeita da intenção da crítica feita pelos profetas ao sacrifício do Antigo Testamento,* e nunca mais teremos outra possibilidade de reconciliação cultual com Deus. Doravante, só existe uma forma de sacrifício: o sacrifício de louvor. "Por meio dele [Cristo], ofereçamos continuamente a Deus um sacrifício de louvor, isto é, o fruto dos lábios que confessam o seu nome" (Hb 13,15). Diante desta afirmação, não podemos deixar de pensar na oração eucarística de agradecimento.

Segundo a Carta aos Hebreus, Jesus Cristo realizou o sacrifício perfeito oferecendo-se em obediência à vontade do Pai. Por isso é o mediador da nova aliança (Hb 9,15). Este sacerdócio, fundado na transcendência da filiação divina, abraça em si as qualidades do rei e do profeta. Por conseguinte, o sacerdócio da nova aliança contém, na amplitude da sua atividade mediadora, as outras diferentes mediações, sobretudo as dos profetas e dos reis do povo. Devemos ter sempre diante dos nossos olhos *a totalidade e a íntima unidade destes ministérios mediadores*, se quisermos ter uma imagem profunda do sacerdócio de Cristo, que está na base de uma visão integrada do serviço sacerdotal, que se realiza através da representação de Cristo na Igreja.

O sacerdócio de Cristo é o ministério salvífico mais perfeito, o serviço daquele que realiza a obra salvífica querida pelo Pai, dando a sua vida em sacrifício pela humanidade. O sacerdócio do servo de Deus, do bom pastor, que reúne e também edifica a comunidade fazendo com que ela ouça e experimente a chamada de Deus e dando-lhe a verdade e a vida. Portanto, o sentido profundo do sacerdócio concedido pelo Sacramento da Ordem é servir, como instrumento, este ministério do Filho de Deus para a salvação do mundo.

As reflexões até agora feitas esclarecem que o sacerdócio de Jesus Cristo, que se torna visível no dom que Ele fez de si mesmo, integra todas as "funções reveladoras da sua vida e de todos os seus ministérios. A imagem global do sacerdócio de Cristo mostra a verdade destas palavras: "Tu és sacerdote para sempre, segundo a ordem de

Melquisedec" (Sl 110,4), porque ele contém a unidade entre o sacrificante e o dom sacrificial e, portanto, também a sua importância como mediador da salvação oferecida por Deus aos homens e do dom de si mesmo, feito a favor dos homens a Deus. Na sua encarnação, Cristo é sacerdote e mediador; sacerdote e, ao mesmo tempo, vítima na cruz, redentor e sacerdote nos sacramentos e nos dons da graça, sacerdote eternamente, na realização final do sacrifício no céu.

Os acontecimentos dramáticos, em que estavam em jogo a vida de Jesus e, por isso, toda a sua obra e a revelação da sua Pessoa, tornaram-se objeto do seu sacrifício. Na morte e glorificação de Cristo a humanidade foi transformada, porque o mundo foi objetivamente redimido de uma vez para sempre. Ele restabeleceu plenamente a relação com Deus e a relação com os homens; por isso, marcou na profundidade da sua pessoa o vínculo incindível destas duas relações. Assim, Ele tornou-se o mediador perfeito. No sacrifício de Cristo foi abolida toda a separação entre o povo e o sacerdote, entre o sacerdote e o animal sacrificial oferecido, entre o animal oferecido e Deus. Foi abolida toda a distância entre o dom sacrificial e Deus, porque Jesus é um dom sacrificial "sem mácula" e tornou possível de forma perfeita a ação transformante do Espírito de Deus (Hb 9,14). Na nova aliança fundada em Jesus Cristo, todos os crentes "se tornaram participantes do Espírito Santo" (Hb 6,4), do "Espírito da graça" (Hb 10,29). Todos são convidados a aproximar-se de Deus.

Mas o homem não pode chegar a Deus unicamente com as suas forças e com os seus meios; depende totalmente da mediação de Cristo. A entrada no santuário só é possível percorrendo "um caminho novo" (Hb 10,20), que é tão somente a sua humanidade glorificada. Cristo tem um sacerdócio imperecedouro: "Sendo assim, Ele pode salvar de um modo definitivo os que por meio dele se aproximam de Deus, pois Ele está vivo para sempre, a fim de interceder por eles" (Hb 7,25). Através do eterno Sumo Sacerdote acontece a adoração cristã de Deus, que lhe foi prestada numa comunidade de crentes que obedecem aos seus "chefes". Esses chefes atualizam a mediação de Cristo, que é a mediação do sumo sacerdote fiel e misericordioso (Hb 2,17; cf. 13,7.17).

A nova forma do sacerdócio em Cristo

Em Jesus Cristo o significado do sacerdócio atingiu tal profundidade que assumiu uma forma completamente nova. Ele não só exerce o ministério sacerdotal, mas também é o único sacerdote no pleno sentido da palavra. De fato, Ele abriu aos homens a via que os conduz a Deus e os une entre si (cf. LG, 1). Com Jesus Cristo foi instituída a aliança "escatológica" de Deus (cf. Hb 8,8-12; 10,16s.). Portanto, o sacerdócio e o ministério sacerdotal de Jesus Cristo estão, insuperável e incondicionalmente, presentes no mundo. No seu sacerdócio também se incluem, desde já, o seu ministério profético e o seu ministério pastoral. O Sumo Sacerdote também é, de fato e sempre, a "Testemunha fiel" (Ap 1,5) e o "Bom Pastor" (Jo 10,11s.). Ele é apóstolo do Pai. O Pai convidou o seu Filho unigênito como vítima expiadora e como salvador no mundo, para que o mundo seja salvo por meio dele (Jo 3,17). O sacerdócio é a expressão perfeita e a denominação adequada para a função do único portador da salvação: Jesus Cristo.

Na sua oração de adeus, ou sacerdotal, Jesus presta contas da sua missão e declara-se pronto a voltar ao Pai. Desse modo, a realização plena da obra de Cristo foi intimamente ligada pelo Pai à sua missão e ao reconhecimento desta pelos discípulos (cf. Jo 17). Da sua missão sacerdotal faz essencialmente parte a glorificação do Pai: "Eu manifestei a tua glória na Terra, levando a cabo a obra que me deste a realizar" (Jo 17,4). Assim como o sacerdócio do tempo anterior aludia e alude a este sacerdócio, assim também todo o sacerdócio da nova aliança deriva do sacerdócio de Jesus Cristo e só pode ser concebido a partir dele. Portanto, somente à luz do sacerdócio de Cristo, o sacerdócio da Igreja e o serviço sacerdotal em geral podem ser adequadamente compreendidos e exercidos.

O sacerdócio de Cristo tem o caráter de uma profissão de fé ligada a toda a vida de Jesus. Não se refere unicamente às suas palavras, mas também a tudo o que Ele foi e fez. Somente nesta sua totalidade o sacerdócio de Jesus pôde tornar-se objeto de profissão de fé em todos os seus momentos e aspectos e ser considerado o centro da sua Pessoa, que tudo unificava. Só podemos falar da plena redenção do homem, se, em Jesus Cristo, o homem e Deus estiverem diretamente unidos um ao outro. A identidade da existência cristã e do ministério sacerdotal depende da identidade do "Deus-homem" Jesus Cristo. Por isso, devemos descobrir as constituintes elementares e essenciais do mistério de Cristo; e também por isso, a dignidade do povo sacerdotal consiste em trazer o mais possível à plena luz a grandeza de Jesus Cristo como portador único e absoluto da salvação. Aqui, trata-se das duas dimensões da sua missão: da descida de Deus em direção aos homens, dado que Jesus Cristo vai até eles e a eles se apresenta, e da ascensão dos homens até Deus, dado que Jesus Cristo os conduz até Ele. Em toda a sua dedicação, Cristo leva a humanidade até ao Pai. É esta a via da glorificação de Deus no mundo. As dimensões que surgem na missão de Cristo devem tornar-se visíveis também na realização do seu sacerdócio na Igreja, realização que consiste em levar Deus aos homens e os homens a Deus.

A perfeita glorificação de Deus e a santificação dos homens como obra de Cristo constituem uma unidade na realização do seu sacerdócio que, hoje, acontece na liturgia. A sublimidade e a plenitude do sacerdócio de Cristo só se tornam compreensíveis quando compreendemos a profundidade da liturgia em que está presente e opera o próprio Cristo ressuscitado. Na verdade, a liturgia da Igreja é uma participação na liturgia celeste, em que pregustamos alguma coisa dessa liturgia. Mas esta dimensão escatológica deve permanecer visível na realização do sacerdócio de Cristo não só através do sacerdócio real de todos os cristãos, mas também na concepção da comunidade e na concepção da vida cristã e da vida eclesial. De fato, tanto a razão da vocação como a legitimação da existência do povo sacerdotal consiste no testemunho que ele é chamado a dar à glória de Deus.

O sacerdócio real comum

A origem do sacerdócio real comum dos fiéis é o sacerdócio de Cristo (cf. LG, 10 e 34). Com a recepção do Sacramento do Batismo, todos os cristãos participam no sacerdócio de Jesus Cristo. O Novo Testamento fala de uma qualidade sacerdotal espiritual e verdadeira que pertence de modo essencial a Cristo e que Ele comunicou a todos os membros do seu corpo (cf. Hb 10,22). O que é dado a um indivíduo para o bem de todos é agora estendido e comunicado a todos: Cristo é o único templo, os cristãos são templos com Ele; Cristo é o único sacerdote, os fiéis são sacerdotes nele e com Ele. Assim como o nosso único Sumo Sacerdote exerce o seu ministério no céu com dignidade real, assim também nós somos sacerdotes e reis (cf. Hb 8,1-13; Ap 3,21; Hb 10,19-22). O sacerdócio real é oferecido ao novo povo de Deus, a Igreja, e deve ser interpretado como uma categoria teológica que indica a pertença especial de todos os fiéis a Deus.

O sacerdócio real tem uma importância fundamental e universal porque se refere à compreensão de si e ao desenvolvimento da existência cristã. Este sacerdócio constitui como que a base das ações e das omissões de um cristão, da sua participação ativa na vida e na atividade da Igreja, do seu testemunho dando sentido à fé, da graça da palavra, da participação plena, consciente e ativa nas celebrações litúrgicas, da participação no ministério profético no mundo, do empenhamento missionário para a difusão da fé (cf. LG, 12 e 35; SC, 14; AA, 10; AG, 15). Esta enumeração absolutamente nada completa das múltiplas possibilidades da existência cristã ilustram quanto baste a função fundamental e as possibilidades de aplicações de realização da ideia teológica do sacerdócio real comum.

Os crentes podem participar neste sacerdócio a partir do seu renascimento no Batismo e mediante a Unção no Espírito. De fato, o Batismo permite que todos possamos entrar no verdadeiro Santo dos Santos, juntamente com o nosso Sumo Sacerdote[48]. No Batismo, o cristão torna-se participante do sacerdócio de Cristo. "Consideramos sacerdotes todos os fiéis, porque são membros do único Sacerdote" (Santo Agostinho)[49]. Esta participação é o verdadeiro fundamento e o verdadeiro pressuposto da vida e da fé dos cristãos no mundo. Ele é a santificação e a vocação fundamental dos crentes que representa e torna experienciável uma santidade cristã nas diversas condições e nas variadas tarefas da vida eclesial em favor dos homens. A ligação do sacerdócio comum com o Batismo, como sacramento fundamental e sacramento da iniciação, mostra a importância que ele tem na vida cristã. O sacerdócio comum concerne à Igreja no seu conjunto, a todos e a cada um

---

48. Cf. o batismo e o banho de purificação por ocasião da Festa da Reconciliação, Lv 16,4; 8,6.

49. AGOSTINHO. *A cidade de Deus*, XX, 10.

dos seus membros. Ele impõe a todos, e especificamente a cada um, deveres e responsabilidades não só perante o Senhor de todos, mas também tanto em relação aos outros cristãos como aos outros homens. Esta comunhão e unidade ligam o sacerdócio dos fiéis à dignidade da existência e da vida cristã em geral, com Deus, com a Igreja, com a fé e com o Batismo. Estas considerações nos dizem que a teologia e a pastoral atuais têm o dever urgente e necessário de despertar uma consciência viva do Batismo e uma espiritualidade eclesial atualizada do sacerdócio batismal[50].

O sacerdócio real de todos os fiéis é constituído pela unidade objetivamente inseparável entre o Batismo e a fé, que dá aos cristãos a possibilidade de participar em Cristo Sumo Sacerdote, e, por isso, funda a sua existência "em Cristo" (2Cor 5,17). O discurso deste sacerdócio espiritual de todos os fiéis serve para descrever a sua relação com Deus e com o próximo; quanto à relação com Deus, diz-nos que, através de Jesus Cristo, todos os cristãos têm acesso livre e direto a Deus (Hb 10,19s.) e que são chamados a oferecer-se a Ele como "sacrifício vivo" (Rm 12,1). Os cristãos formam a verdadeira estirpe de sumos sacerdotes de Deus" (Justino Mártir)[51], cujo sacrifício principal consiste em oferecer a sua vida.

Quanto à relação com o próximo, ele nos diz que todos os cristãos têm, por meio de Jesus Cristo, o dever de dar testemunho da sua fé uns diante dos outros, de interceder uns pelos outros, de servir uns aos outros e de encorajar-se mutuamente a enfrentar a vida. O discurso do sacerdócio comum é expressão da missão comum de

---

50. AUGUSTIN, G. "Die theologische Bedeutung des Sakraments der Taufe". In: PROBST, M. & AUGUSTIN, G. (eds.). *Wie wird man Christ?* St. Ottilien, 2000, p. 131-164.

51. JUSTINO MÁRTIR. *Diálogo com Trifão*, 116,3 [trad. port.: 4. reimp. São Paulo, Paulus, 2013]. Cf. tb. IRENEU. *Contra as Heresias*, IV 8. 3; V 34, 3.

todos os cristãos: missão de honrar a Deus e de amar o próximo, de unir apaixonadamente o serviço de Deus a serviço do próximo e vice-versa. Porque a glorificação de Deus e as obras do amor ao próximo são de fato os pilares da vida cristã.

Todos os crentes de qualquer estado ou categoria são chamados à plenitude da vida cristã e à perfeição. "Para alcançar esta perfeição, empreguem os fiéis as forças recebidas segundo a medida em que as dá Cristo, a fim de que, seguindo as suas pisadas e conformados à sua imagem, obedecendo em tudo à vontade de Deus, se consagrem com toda a alma à glória do Senhor e a serviço do próximo" (LG, 40). Só quando encontrarmos este centro simples e elementar da vida cristã – honra de Deus e serviço do próximo – é que descobriremos o sentido mais profundo da vida cristã e do "ser Igreja", e, então, a nossa discussão intraeclesial assumirá uma nova qualidade e uma nova orientação. A Igreja só será sinal da salvação, quando permanecer reconhecível como a comunidade que glorifica Deus.

O sacerdócio real é um privilégio e, ao mesmo tempo, um dever. Ele tende, por sua natureza, a realizar a tarefa de dar testemunho de Deus (cf. 1Pd 1,9). É lamentável e penoso ver quão pouco se fala na discussão teológica em torno do sacerdócio ministerial sobre a verdadeira dignidade e beleza do sacerdócio real de todos os fiéis. Ao contrário, procura-se interpretar o sacerdócio comum como uma "oposição comunitária de base" contra o ministério, nivelando assim o ministério sacerdotal ordenado. A longo prazo conseguiremos reconhecer o perfil e a verdadeira beleza tanto do sacerdócio comum como do sacerdócio ministerial, mas apenas se partirmos todos juntos, solidária e simultaneamente, do centro da fé. O sacerdócio ministerial nunca poderá ser visto como um sacerdócio rival do sacerdócio real, mas antes como um sacerdócio posto ao seu serviço e como genuíno enriquecimento seu.

Contrariamente à tal divisão fictícia entre sacerdotes e leigos[52], existe na Igreja uma clareza teológica a propósito da missão de todos os cristãos, clareza que vale a pena descobrir para torná-la fecunda para todos (cf. João Paulo II, *Christifideles Laici* [CfL]). A dignidade e a missão de todos os cristãos não devem ser entendidas separando e isolando, mas partindo do centro da mensagem cristã. O Concílio Vaticano II superou claramente todas as tentativas de separação, já que disse que os fiéis são aqueles que, "incorporados em Cristo pelo Batismo, constituídos em povo de Deus e tornados participantes, a seu modo, da função sacerdotal, profética e real de Cristo, exercem, pela parte que lhes toca, a missão de todo o povo cristão na Igreja e no mundo" (LG, 31). Mas a participação no sacerdócio de Cristo mediante o Batismo nunca deveria ser entendida no sentido de um ministério paralelo[53] posto ao lado do ministério ordenado (cf. CfL, 23). Se refletíssemos sobre a realidade mais profunda do sacerdócio universal e comum dos batizados, e sobre a sua qualidade entitativa, e as tomássemos muito a sério, veríamos a crítica dirigida a um chamado cristianismo de segunda revelar-se absolutamente infundada.

Falar de dignidade do sacerdócio de todos os batizados não significa falar de uma mera honorificência exterior, mas de uma realidade entitativa; quer dizer, afirma-se que a vida de um cristão se funda na vida de Deus, na sua graça e no seu amor. Todos são chamados a tornar-se uma família de Deus, na qual vigora uma verdadeira igualdade na dignidade e na atividade para construção do corpo de Cristo. O novo povo que Deus formou para si em Jesus Cristo

52. É necessário superar a emotividade ideologizante e a tão falada e suposta animosidade entre laicato e Igreja clerical. Cf. KARRER, L. "Schubkraft für die Kirche – Der Langstreckenlauf der Laien". In: FUCHS, O. (ed.). *Das Neue wächst*. Munique, 1995.

53. Cf. KARRER, L. *Aufbruch der Christen* – Das Ende der klerikalen Kirche. Munique, 1989, p. 88.

é dotado, à maneira do povo de Israel, de dignidade real, posição e santidade sacerdotal. Relativamente ao sacerdócio, ele corresponde agora, ainda mais do que correspondia Israel no Sinai, à vocação de estar próximo do Senhor de maneira privilegiada e única.

Para a discussão intraeclesial é muito importante que se acredite que o discurso do sacerdócio de todos os fiéis no Novo Testamento não tem nada a ver com a organização intraeclesial nem com ministérios ou ofícios; mas sim, no interior, com a relação de todo o povo com Deus e, no exterior, com o envio de todos os batizados a dar testemunho de Deus a favor de todos os homens (cf. Ex 19,6; 1Pd 2,9). Somente neste contexto podemos compreender o significado da sacramentalidade da Igreja, que é chamada a ser em Cristo sinal e instrumento da intimíssima união com Deus e da unidade de todo o gênero humano (cf. LG, 1).

Empobreceríamos muitíssimo a Igreja se ofuscássemos a verdadeira realidade e profundidade da vocação e da missão mediante o Batismo: os fiéis "são chamados por Deus para que, aí, exercendo o seu próprio ofício, guiados pelo espírito evangélico, concorram para a santificação do mundo a partir de dentro, como o fermento, e deste modo manifestem Cristo aos outros, antes de mais pelo testemunho da própria vida, pela irradiação da sua fé, esperança e caridade" (LG, 31; CfL, 15). O sacerdócio real destina-se a desenvolver o dever de dar sobre Deus aquele testemunho que o povo santificado e sacerdotal deve dar diante dos homens. O sacerdócio comum dos crentes e, por conseguinte, a participação ativa de todos os batizados e confirmados na missão da Igreja mergulham as suas raízes no Batismo e na Confirmação[54].

---

54. Cf. AUGUSTIN, G. "Eine soteriologische Theologie der Firmung". In: PROBST, M. & AUGUSTIN, G. (eds.). *Wie wird man Christ?* Op. cit., p. 247-278.

O Concílio Vaticano II, antes de falar do sacerdócio ministerial, ocupa-se do "sacerdócio santo" dos batizados e sublinha o seu caráter sacerdotal, que se manifesta sobretudo no fato de que "os fiéis, por sua parte, concorrem para a oblação da Eucaristia em virtude do seu sacerdócio real, que eles exercem na recepção dos sacramentos, na oração e ação de graças, no testemunho da santidade de vida, na abnegação e na caridade operosa" (LG, 10).

Porque têm a sua origem no sacerdócio de Cristo, quer o sacerdócio real de todos os fiéis, quer o sacerdócio especial dos ministros ordenados, estão ambos correlacionados. E, por isso, podemos inferir que se servem e se fecundam mutuamente. São partes de um todo que se desfaria se se renunciasse a uma delas ou, até, se se lhe retirasse valor.

"Portanto, ainda que, na Igreja, nem todos sigam pelo mesmo caminho, todos são, contudo, chamados à santidade, e a todos coube a mesma fé pela justiça de Deus (cf. 2Pd 1,1). Ainda que, por vontade de Cristo, alguns são constituídos doutores, dispensadores dos mistérios e pastores em favor dos demais, reina, porém, igualdade entre todos quanto à dignidade e quanto à atuação, comum a todos os fiéis, em favor da construção do corpo de Cristo. A distinção que o Senhor estabeleceu entre os ministros sagrados e o restante povo de Deus, contribui para a união, já que os pastores e os demais fiéis estão ligados uns aos outros por uma vinculação comum: os pastores da Igreja, imitando o exemplo do Senhor, prestem serviço uns aos outros e aos fiéis: e estes deem alegremente a sua colaboração aos pastores e doutores. Desse modo, todos testemunham, na variedade, a admirável unidade do corpo místico de Cristo: a própria diversidade de graças, ministérios e atividades, consagra em unidade os filhos de Deus, porque 'um só e o mesmo é o Espírito que opera todas estas coisas' (1Cor 12,11)" (LG, 32).

Tendo bem assente que a dignidade da vocação sobrenatural à santidade é igual para todos, a diferença essencial entre os ministérios baseia-se na profundidade do ordenamento da salvação realizado por Cristo no Espírito Santo.

O sacerdócio do ministério ordenado

À luz das nossas considerações sobre o sacerdócio de Cristo, podemos afirmar a propósito do sacerdócio ministerial: aquilo a que hoje chamamos sacerdócio ministerial, o sacerdócio dos "ministros de uma nova aliança" (2Cor 3,6), só subsiste como prossecução específica do sacerdócio escatológico de Jesus Cristo. O ministério ordenado tem a sua origem, o seu fundamento e a sua legitimação na pessoa e na missão de Jesus Cristo, "pois ninguém pode pôr um alicerce diferente do que já foi posto: Jesus Cristo" (1Cor 3,11). O sacerdócio depende do plano salvífico de Deus e do mistério de Cristo e da sua Igreja. No centro do plano salvífico de Deus está Jesus Cristo juntamente com o mistério da sua encarnação para a redenção do mundo. Do mistério global de Cristo fazem parte tanto a divindade, tal como é professada na fé da Igreja, quanto a realidade e a força da sua dimensão humana e histórica. Devemos representá-lo como o Cristo em quem a Igreja crê, o Cristo que ela prega e celebra. Ele é o anunciador e o realizador do Reino, o fundador da sua Igreja. É o Cristo vivo, que permanece presente e age eficazmente na sua Igreja e na história. É absolutamente necessário reconhecer no ministério as duas dimensões da sua missão, que consiste em levar Deus aos homens, através do ministério salvífico, em conduzir os homens a Deus para a sua glorificação.

O serviço sacerdotal consiste em ser, como Jesus Cristo, representante da redenção. Em virtude da fé na redenção por Ele realizada, e do conhecimento da presença de Deus na nossa ação, podemos ser para os homens sinais da proximidade de Deus. O elemento distintivo do sacerdócio consiste precisamente no fato de, em tudo aquilo que o sacerdote faz e deve realizar, continua perceptível e experienciável a proximidade com Deus.

A representação de Cristo significa uma atualização visível. Mas essa atualização *não é a representação de um ausente,* antes uma forma de tornar visível o Cristo operante no presente. Aqui não se trata de uma representação em sentido naturalista, como também não se trata de uma representação em sentido fotográfico ou em sentido mimético, de uma imitação o mais possível fiel que é desempenhada por um ator. Trata-se, preferivelmente, de uma reprodução que torna visível, sobretudo mediante elementos e trações simbólicos, a realidade característica do Cristo representado. Refere-se ao Senhor ressuscitado e glorificado, que se senta à direita do Pai e que voltará; por conseguinte, refere-se ao Cristo escatológico. O sacerdote representa Cristo como sacerdote eterno que, com o seu sacrifício oferecido de uma vez por todas, intercede eternamente por nós junto do Pai. É de importância fundamental o fato de o sacerdote representar como homem o Filho encarnado de Deus, e que, mediante a sua palavra e a sua ação, torna claro que tudo se refere a Cristo e que Ele age pessoalmente de maneira invisível através dele.

Só poderemos definir o sacerdócio ministerial, concedido através do Sacramento da Ordem, se partirmos do seu núcleo indispensável, e não das suas configurações frequentemente desejáveis, frequentemente existentes, mas nem sempre iguais. O coração e o centro deste ministério é e continuará a ser o poder eucarístico[55].

---

55. Cf. LG, 28: "Exercem principalmente o seu múnus sagrado; nela, atuando em nome de Cristo e proclamando o seu mistério [...] representam e aplicam, até à vinda do Senhor (cf. 1Cor 11,26), o único sacrifício do Novo Testamento, ou seja, Cristo".

Na celebração da Eucaristia o sacerdócio de Cristo torna-se visível em toda a sua profundidade e plenitude. A celebração da Eucaristia é o lugar central da realização do sacerdócio real e do particular. Aqui acontece a maior glorificação possível de Deus no mundo[56]. A glorificação de Deus é o centro que confere ao sacerdócio o seu sentido.

A especificidade do ministério sacerdotal

Por isso, o elemento específico do ministério sacerdotal não pode ser, *em primeiro lugar, o governo da comunidade*[57], mas também *a glorificação de Deus mediante a oferta do sacrifício de Cristo*[58]. "O sacerdócio dos presbíteros, supondo, é certo, os sacramentos da iniciação cristã, é, todavia, conferido mediante um sacramento especial, em virtude do qual os presbíteros ficam assinalados com um caráter particular e, dessa maneira, configurados a Cristo-sacerdote, de tal modo que possam agir em nome de Cristo-cabeça. Participando, a seu modo,

---

Com estas palavras o Concílio deixa entender que quer retomar a doutrina de Trento e as encíclicas papais (cf. LG, 10).

56. Cf. CONFERÊNCIA EPISCOPAL ALEMÃ. *Schreiben über das pristerliche Amt*, 1970, n. 46-71.

57. Nem todos os sacerdotes estão, de fato, à cabeça de uma comunidade; no entanto, aqui não se afirma que o governo de uma comunidade seria uma tarefa de pouquíssima importância. Por isso, pode haver um sacerdócio sem a presidência de uma comunidade, mas nunca haverá um sacerdócio sem poder eucarístico. Ademais, dever-se-á corrigir a deslocação do realce para o centro: "De tudo a quanto, nos últimos decênios, o ministério sacerdotal foi reduzido teologicamente; reduzido a entidade de guia puramente funcional da realidade sociológica de uma 'comunidade paroquial'!" (WINDISCH, H. *Pastoraltheologische Zwischenrufe*. Vurzburgo, 1998, p. 84).

58. Obviamente, depois da ampla exposição feita pelo Concílio, ninguém pensará de modo unilateral, no ministério, os aspectos "cúltico-sacerdotais". Contudo, é preciso conceber a realidade inteira do sacerdócio partindo de um centro importante: a Eucaristia é a fonte e o ponto culminante de toda a evangelização (cf. PO, 6) e, por isso, o culto eucarístico deve ser objeto da solicitude pastoral.

do múnus dos apóstolos, os presbíteros recebem de Deus a graça de serem ministros de Jesus Cristo no meio dos povos, desempenhando o sagrado ministério do Evangelho, para que seja aceita a oblação dos mesmos povos, santificada no Espírito Santo. Com efeito, o povo de Deus é convocado e reunido pela virtude da mensagem apostólica, de tal modo que todos quantos pertencem a este povo, uma vez santificados no Espírito Santo, se ofereçam como 'hóstia viva, santa e agradável a Deus' (Rm 12,1). Mas é pelo ministério dos presbíteros que o sacrifício espiritual dos fiéis se consuma em união com o sacrifício de Cristo, mediador único, que é oferecido na Eucaristia de modo incruento e sacramental pelas mãos deles, em nome de toda a Igreja, até que o próprio Senhor venha. Para isto tende e nisto se consuma o ministério dos presbíteros. Com efeito, o seu ministério, que começa pela pregação evangélica, tira do sacrifício de Cristo a sua força e a sua virtude, e tende a fazer com que 'toda a cidade redimida, isto é, a congregação e a sociedade dos santos, seja oferecida a Deus como sacrifício universal, pelo Grande Sacerdote, que também se ofereceu a si mesmo por nós na Paixão para que fôssemos o corpo de tão nobre cabeça'. Por isso, o fim que os presbíteros pretendem atingir com o seu ministério e com a sua vida é a glória de Deus Pai em Cristo. Esta glória consiste em que os homens aceitem, consciente, livre e gratamente, a obra de Deus perfeitamente realizada em Cristo, e a manifestem em toda a sua vida. Os presbíteros, portanto, quer se entreguem à oração e à adoração, quer preguem a Palavra de Deus, quer ofereçam o sacrifício eucarístico e administrem os demais sacramentos, quer exerçam outros ministérios em favor dos homens, concorrem não só para aumentar a glória de Deus, mas também para promover a vida divina nos homens. Tudo isto, enquanto dimana da Páscoa de Cristo, será consumado no advento glorioso do mesmo Senhor, quando Ele entregar o Reino nas mãos do Pai" (PO, 2).

Do ponto de vista do Concílio, torna-se claro que tanto a discussão sobre o sacerdócio real de todos os fiéis como a do serviço sacerdotal recebem, do fim da glória de Deus Pai em Cristo, a justificação da sua existência. Toda a existência cristã deve ser concebida a partir deste fim e em ordem a ele. Toda a pastoral e a cura de almas são um meio para atingir este fim.

É óbvio que foi racional e largamente necessário enriquecer de maneira mais plena e diferenciada o poder eucarístico, mediante a participação nos outros poderes episcopais[59]. Essa configuração pode ter rostos diferentes e realiza-se em variados campos. Tendo por base o ensino claro do Concílio, é hoje de grande importância para a compreensão e para o exercício do ministério sacerdotal ter-se presente que, se o sacerdote quiser ser para os homens, só o poderá ser do modo como o é o Sumo Sacerdote, Jesus Cristo; isto é, deve ser em primeiro lugar para Deus e, depois, em virtude de Deus, para os homens. O sacerdote católico, que se concebe como representante de Cristo, não pode realizar o seu ministério de outro modo. Se olharmos para Cristo, poderemos ver que há uma relação pessoal e direta do homem com Deus, relação que é o primeiro dever do povo sacerdotal e do sacerdote. Portanto, as diversas funções do ministério sacerdotal apresentam-se como a explicação do único ministério de Cristo, do ministério do sumo sacerdote. Também podemos considerar e tratar cada uma das funções individualmente; mas devemos ao mesmo tempo vê-las também na sua unidade viva, em que têm a sua origem, e vê-las à luz do seu fim comum que consiste na construção do corpo de Cristo para a glorificação de Deus.

---

59. Essas distinções são importantes: o Concílio, quando se refere ao ministério sacerdotal na evangelização e na pastoral, fala da participação no ministério episcopal (cf. PO, 4 e 6). Quando, no entanto, fala da obra de santificação, apresenta-a como participação, mediante a ordenação, no sacerdócio de Cristo (cf. PO, 5).

É dever dos sacerdotes prestar atenção ao fato de que estas várias formas do exercício do seu ministério permaneçam efetivamente unidas à missão eclesial no seu conjunto e salvaguardem a unidade intrínseca dessa missão. O ministério do sacerdote encerra em si o *poder* [potestade] e a *diaconia*. A presença permanente de Jesus Cristo na sua Igreja garante ao ministério o *poder* que se realiza na forma de *diaconia*.

Sacerdote a serviço da *communio*

Parece que hoje já perdemos de vista este fim comum e que, na discussão sobre o serviço sacerdotal, partimos de uma base que contém uma contradição incompreensível. Partindo de desenvolvimentos errados e de alterações da perspectiva do passado, delineiam-se hoje modelos conflituais dualísticos e bipolares: sacerdócio cultual contra governo da comunidade, ministério cristologicamente fundado contra carismas de natureza pneumatológica; ministério cristogênico contra ministérios eclesiogênicos; ministério como "sozinho diante" da comunidade contra ministério como função da comunidade.

Estes modelos conflituais não têm nenhum fundamento teológico, embora a argumentação posta em campo pareça "altamente teológica". Mais cedo ou mais tarde, a unilateralidade acaba necessariamente num beco sem saída. Só poderemos sair daqui se reconhecermos a unilateralidade e encontrarmos o centro da nossa fé. Se a Igreja quiser ser sinal e instrumento da intimíssima união com Deus e da unidade de todo o gênero humano, então esta citadíssima frase do Concílio não pode ser interpretada de maneira unilateral, olhando somente para as questões estruturais horizontais da Igreja, a fim de desenvolver uma "teoria sociológica da *communio*".

A *communio* fundamental é, de fato, em primeiro lugar, a relação pessoal do homem com Deus. Só desta íntima comunhão dos fiéis com Deus nasce a sua recíproca *communio*. O fim da unidade é a comunhão com o Deus trinitário. Cristo como Sumo Sacerdote é, no Espírito Santo, o mediador desta unidade trinitária.

A Igreja como Sacramento da salvação em Cristo desenvolve-se de dois modos: verticalmente e horizontalmente. No ministério sacerdotal, como representação de Jesus Cristo e da Igreja, devem permanecer visíveis a dimensão vertical e a horizontal, a relação com Deus e a relação com os homens. A ligação vertical é a condição para a construção exterior da Igreja. O serviço sacerdotal como representação da ação sacerdotal de Cristo cria as condições reais para que a Igreja possa desenvolver-se em direção à sua consumação que consiste na participação na *communio* com a Trindade e na Trindade de Deus.

O desenvolvimento horizontal acontece na construção do corpo de Cristo. Isso se verifica num modo inseparavelmente ligado ao vertical, contudo essencialmente diferente dele, isto é, mediante a unidade de todos os homens. Essa unidade faz-se através do amor, cuja condição principal é o amor de Deus aos homens, que também os une uns aos outros. Desse modo, a unidade trinitária pode completar-se não só na atualização e na construção da Igreja, mas também dando testemunho do amor divino aos homens na sua vida quotidiana. O dever da construção da Igreja confiado por Deus está em relação com a unidade trinitária. A Igreja deve passar das realidades terrenas à esfera celeste, entrar na unidade intimíssima com a Santíssima Trindade. Essa unidade já foi concedida à Igreja, na graça, através da mediação do Espírito. O ministério sacerdotal consiste em promover a unidade trinitária ligada à graça e em contribuir assim para a construção da Igreja.

Só a referência à transcendência, o objetivo da unidade com Deus, que, em última análise, encontra a sua expressão mais alta na liturgia e na adoração de Deus, torna válida a eclesiologia da *communio*. Uma teologia do ministério que parte unicamente do ângulo visual das questões estruturais não está em condições de fundamentar teologicamente o ministério sacerdotal. Pelo contrário, a opinião teológica imperante quer fazer do sacerdote um moderador ou animador da sua comunidade. Mas a maior parte dos fiéis quer ver nele o "sacerdote", não o guia da comunidade. E isto de modo tão claro quanto mais os cristãos estiverem longe do chamado "núcleo da comunidade". O realce excessivo dado ao ministério de governo esconde em si mesmo o perigo de que os guias das comunidades se transformem, voluntária ou involuntariamente, em funcionários burocráticos. Se a concepção do ministério for unilateralmente limitada ao governo da comunidade, a base cristológica e apostólica do ministério não poderá aparecer claramente. Sem os elementos cristológicos e sacramentais do sacerdócio o ministério degenera numa funcionalidade organizativa e técnica. Então, ele torna-se primariamente uma unidade sociológica sem nenhuma forma espiritual.

No fundo, os sacerdotes não querem ser funcionários. Se não reconhecermos esta contradição "teológico-pastoral", subtraímos aos sacerdotes a base da sua identidade. Se uma comunidade, entendida como coletivo, for vista como o princípio supremo da cura de almas e o governo da comunidade, será declarado o elemento verdadeiro e autêntico do ministério sacerdotal, o caminho para fazer com que os sacerdotes se tornem *managers* das comunidades não será muito longo. É necessária uma mudança de perspectivas. É preciso refletir mais uma vez sobre a concepção de uma comunidade local à luz da práxis das Igrejas antigas. As fronteiras das comunidades eram estabelecidas tendo por base a participação na assembleia eucarística, e não ao contrário. Não é teologicamente válida uma imagem do sacerdote centrada na comunidade, mas uma concepção da comunidade e do ministério centrados em Cristo.

Se as discussões hodiernas sobre o serviço sacerdotal não estiverem dispostas a reconhecer esta contradição teológica, não será possível evidenciar teologicamente a sua última legitimação. Se as certezas e as plausibilidades teológicas já não tiverem nenhum valor, então abrir-se-á a porta a um darwinismo sociológico, no qual, por causa das inseguranças a propósito dos papéis e de soluções de conflitos, perder-se-á a energia necessária para a cura de almas e para a evangelização. Então, a relação com Deus e o caminho da fé tornar-se-ão uma questão religiosa profana, a potestade tornar-se-á poder, o ministério pastoral tornar-se-á governação e a vocação tornar-se-á profissão.

Então, o sacerdote será "puxado e estirado, arrastado para um lado e para o outro e, finalmente, dilacerado, sofrendo danos físicos e psíquicos" (Franz Kamphaus)[60]. Hoje, as unilateralidades na teologia desembocam em pretensões exageradas e fazem do sacerdócio ministerial o sacerdócio do *stress*. É preciso urgentemente impedir que o ministério sacerdotal se torne cada vez mais não sacerdotal[61].

O ministério sacerdotal como "prossecução" da missão salvífica de Cristo coloca-se no ponto de encontro do [movimento] vertical e do horizontal. Consequentemente, é de importância central para o movimento de Deus em direção aos homens que requer e, por sua vez, compreende a reflexão humana sobre Deus e, a partir desta dimensão vertical, remete para as pessoas, suficientemente formadas, para o seu dever horizontal, partilhado com os outros e mundano.

---

60. KAMPHAUS, F. *Priester aus Passion*. Friburgo, 1993, p. 87.

61. Cf. ibid., p. 100.

O serviço sacerdotal impede que as ações salvíficas fundamentais de Deus sejam consideradas pelos homens como uma questão do passado, que se vai desfazendo cada vez mais e que é cada vez menos interessante. Essas ações não são sempre atuais somente como ponto histórico de partida, mas são ações de Deus poderosamente operantes no presente, que constituem o fundamento direto da nossa atual existência histórica e fazem dela uma existência cristã. O sacerdote é eleito para manter viva nos homens esta presença, que requer sempre um "retorno" às origens e um olhar do horizontal ao vertical. Esta recordação da estrutura da existência cristã essencialmente condicionada pela revelação é frequentemente profética e, por isso, fastidiosa e irritante para muitos homens. Mas haverá sempre homens de boa vontade que se mostrarão agradecidos por esses gestos incômodos, que compreenderão a sua necessidade e que através deles se deixarão "reconciliar com Deus", o que é propriamente o objetivo do ministério sacerdotal (cf. 2Cor 5,10-20).

Ser sacerdote fiel a Cristo

A reflexão sobre o sacerdócio de Cristo fornece as bases para uma espiritualidade da vida e do ministério à altura dos tempos. De maneira profética, o Concílio Vaticano II já o havia efetuado, em seu tempo, no Decreto sobre o Ministério e a Vida Sacerdotal. Ele fala das dificuldades que os sacerdotes devem enfrentar na sua atividade pastoral quotidiana e como, sobrecarregados por tantos deveres e tarefas diferentes, lhes custa conservar a unidade íntima da sua vida. Empenhado nas muitas atividades que hoje deve desenvolver, um sacerdote sente-se frequentemente arrastado para um lado e para o outro e intimamente vazio, e, por isso, perde a alegria do seu ministério, sentindo-o finalmente apenas como um peso a mais. Perante estas amargas experiências, o decreto conciliar convida os sacerdotes a fazerem frente a esta dificuldade, tomando profundamente consciência da sua unidade em Cristo: Ele, que chama homens débeis a que o sigam, com o Sacramento da Ordem, habilita o sacerdote a agir em seu nome e, ao mesmo tempo, encoraja-o a encontrar, mediante o exercício do ministério sacerdotal, o caminho para uma realização plena na vida[62]. As palavras proféticas de encorajamento do Concílio Vaticano II aos sacerdotes que carregam o peso das atividades pastorais e da quotidiana cura de almas, a encontrar em Jesus Cristo o centro da sua vida e do seu ministério, centro que tudo unifica, são permanentemente atuais.

Os sacerdotes, "implicados e dispersos por muitíssimas obrigações do seu ministério, podem perguntar, não sem ansiedade, como lhes será possível reduzir à unidade a sua vida interior com a sua ação exterior. Esta unidade de vida não pode ser construída com a mera ordenação externa do seu ministério nem apenas com a prática dos exercícios de piedade, por mais que isto concorra para ela. Mas poderão os presbíteros construí-la, seguindo, na prática do ministério, o exemplo de Cristo Nosso Senhor, cujo alimento era fazer a vontade daquele que o enviou para realizar a sua obra. Cristo, para continuar a fazer incessantemente, no mundo, a vontade do Pai, mediante a Igreja, atua realmente pelos seus ministros, e assim permanece sempre o princípio e a fonte de unidade da sua vida. Portanto, os presbíteros alcançarão a unidade da sua vida, unindo-se a Cristo no conhecimento da vontade do Pai e no dom de si mesmos pelo rebanho que lhes foi confiado. [...] Isto, porém, só se pode obter na medida em que, pela oração, os sacerdotes penetram cada vez mais profundamente no mistério de Cristo. [...] Mas

62. Cf. RATZINGER, J. Dienst und Leben der Priester, apud "Weggemeinschaft des Glaubens". Op. cit., p. 132-148.

a fidelidade para com Cristo não se pode separar da fidelidade para com a Igreja. Por isso, a caridade pastoral exige que os presbíteros, para que não corram em vão, trabalhem sempre em união com os bispos e com os outros irmãos no sacerdócio. Procedendo assim, os presbíteros encontrarão a unidade da própria existência na unidade da missão da Igreja, e assim, unir-se-ão com o Senhor, e por meio dele com o Pai, no Espírito Santo, a fim de que possam encher-se de consolação e superabundar na alegria" (PO, 14).

A existência sacerdotal alimenta-se da vontade de o Senhor confiar o ministério salvífico a homens frágeis, enquanto instrumentos, e de acolhê-los no seu seio pela sua dedicação, que está, sacramental e permanentemente, ancorada e garantida na forma da Igreja. O centro permanente e alicerce da existência sacerdotal só poderá tornar-se claro, quando e onde for concebido, a partir de Jesus Cristo e em ordem a Ele. Assim como o Pai envidou o seu Filho ao mundo, para que agisse em seu nome, assim também envia o sacerdote para agir em seu nome.

A vocação ao seguimento de Cristo é o fundamento que vem antes do sacerdócio[63]. Desta vocação fundamental, que vem antes de qualquer ministério e função, brota uma relação especial com Cristo e com a sua Igreja. Por isso, para uma espiritualidade sacerdotal, é de fundamental importância que se conceba o sacerdócio, antes de tudo, como uma *vocação particular ao seguimento de Cristo*. Antes de nos concentrarmos em cada ministério e em cada função sacerdotais deveríamos refletir sobre a vida, no seguimento de Cristo, que constitui a resposta à nossa vocação particular. Como Jesus Cristo

---

63. Cf. AUGUSTIN, G. "Die sakramentale Dimension der Lebensentscheidung". In: GRUBER, M. & SCHMIEDL, J. (eds.). *Für ein ganzes Leben*. St. Ottilien, 2003, p. 85-108.

existe em ordem a Deus, também existem para Deus todos aqueles que o seguem e, nele, são sacerdotes.

Se o sacerdote faz de Cristo a medida do seu ministério e da sua vida, torna-se evidente em que consiste a autêntica prioridade do ministério sacerdotal. Jesus Cristo põe a sua existência a serviço da glorificação do Pai (cf. Jo 17,4). Ao segui-lo, o sacerdote também põe a sua existência a serviço da glorificação de Deus. O ministério do sacerdote como ministério a serviço do sacerdócio comum de todos os batizados encontra a sua mais alta realização na glorificação de Deus. De fato, a vida do sacerdote é profundamente "cultual". O Sacramento da Ordem existe para guiar os fiéis a oferecer a sua vida a Deus como "oferta e sacrifício de agradável odor" (Ef 5,2).

O dever e a missão do sacerdote exigem a plena fidelidade a Cristo e a íntima união com Ele. Os sacerdotes são chamados a ser "amigos de Cristo". A fidelidade do sacerdote brota da amizade íntima com Cristo e torna-se possível pelo fato de ele permanecer próximo de Cristo no seu amor. Ser/estar em Cristo significa acolher a sua força em nós para podermos agir em seu nome e, assim, darmos muito fruto. Trata-se de deixar fluir a força de Cristo em nós e de permitir-lhe que a torne viva em nós.

Somente nesta amizade viva com Cristo é que o sacerdote poderá realizar a sua missão de "enviado de Cristo". Toda a sua vida deve ser um exercício na amizade com Jesus. De tal modo ele toma as suas decisões e projeta a sua vida, inspirando-se na figura de Cristo, que se transforma na figura do amor de Deus na história.

Podemos permanecer fiéis a Cristo porque Ele, ao dar a sua vida, mostrou que é fiel a nós, à sua missão e à sua obra salvífica. Ele nos faz participar na sua missão e nos promete a sua fidelidade. Deus nos confirma na fidelidade a Cristo (cf. 2Cor 1,21). Vivemos e agimos como sacerdotes, graças à fidelidade de Cristo para conosco. Nós podemos ser-lhe fiéis, servi-lo e agir salutarmente em seu nome, porque Ele é sempre fiel aos seus servos.

Quando o sacerdote vive de Cristo, pode conduzir os homens a Cristo. A vocação e a missão do sacerdote adquirem a sua forma espiritualmente determinante e o seu perfil específico em Cristo. Com Ele e intimamente unidos a Ele, podemos vencer a hostilidade do mundo (cf. Jo 16,33), olhar confiadamente para o futuro e, nele, ser sacerdotes graças à sua ajuda. Podemos percorrer o nosso caminho como sacerdotes sem nunca nos cansarmos (cf. Is 40,31).

A figura bem conseguida do sacerdote desenvolve-se e realiza--se por força da relação viva e vivida com Cristo. Nele encontramos o fundamento unificador, sustentador e fecundo da múltipla ação pastoral, desde que consigamos penetrar cada vez mais profundamente, crendo, esperando e amando, mas sobretudo orando, no mistério de Cristo.

Só em Cristo encontramos o sentido da nossa vida como sacerdotes. Só nele encontramos força para nos santificarmos no exercício diário do ministério sacerdotal. Quando o sacerdote está intimamente impregnado de Cristo, também pode conduzir os homens a Cristo. Se permanecer nesta via, poderá conduzir muitos homens à santidade e ser um pedagogo da santidade, um guia para os homens no caminho da perfeição cristã.

Animados e apoiados pela esperança incontestável de que a força de Cristo opera em nós, nos tornaremos instrumentos nas mãos do Senhor para tornar visível e experimentável a sua glória e o seu amor a todos os homens. Se a Palavra de Deus, Jesus Cristo, toma forma em nós, vive e torna-se em nós uma fonte de bênção, de consolação e de esperança renovada, então ajudaremos os homens que encontramos a "ver" e a "tocar" Jesus Cristo. O sacerdote profundamente radicado em Cristo pode contribuir para fazer com que a negatividade do mundo seja transformada e superada pela força da esperança cristã e, desse modo, ser testemunha dessa esperança.

Fidelidade a Cristo também significa fidelidade à Igreja, porque a cabeça e o corpo constituem uma unidade inseparável. Agir em nome de Jesus Cristo também significa agir em nome do Cristo total, da cabeça e do corpo. Da fidelidade vivida a Cristo na vida pastoral quotidiana brota a coragem do discernimento dos espíritos, a coragem de reconhecer aquilo que é necessário fazer e o que não é preciso fazer. E também a coragem de prestar atenção ao convite dirigido por Jesus aos seus discípulos para que permaneçam com Ele, que não façam nada durante algum, pouco, tempo, para que possam descansar e haurir novas energias (cf. Mc 6,31).

4

Vocação ao sacerdócio no seguimento de Cristo

No centro da mensagem cristã estão a vontade salvífica incondicional de Deus e o seu amor redentor pelos homens, vontade e amor que precedem e tornam possível toda a ação e toda a fé do homem. Por isso, a existência cristã é a resposta plena à promessa divina; mas, porque é incondicionalmente válida, podemos saber que Deus nos acolhe sem reservas. Podemos anunciar uns aos outros as promessas de Deus e deixar que elas nos chamem. Ora isto, na vida cristã, é de fundamental importância para todos e de modo especial para a vida do sacerdote que é uma vida no seguimento de Cristo.

O chamamento de Deus e a resposta do homem

Da concepção da existência sacerdotal fazem parte dois momentos fundamentais: o chamamento de Deus e a resposta do homem[64]. Uma vida crente vive-se substancialmente na relação entre ouvir e responder; ao apelo que recebeu de Deus, o homem responde com a sua vida. De fato, sem o chamamento de Deus

64. Sobre a essência da vocação, cf. VON BALTHASAR, H.U. *Christlicher Stand*. Einsiedeln, 1977, p. 317-414.

não é possível uma decisão a favor da existência sacerdotal. O chamamento parte de Deus. Ele encontra o homem e interpela-o. O que fundamentalmente dá sentido à vida chamada é o instante da identidade entre o sim divino e o sim humano.

Uma decisão de importância vital mergulha profundamente as suas raízes na vocação divina. A vocação é o *húmus* e a base que tornam possível qualquer decisão. Esse encontro funda e fundamenta uma relação dinâmica e um *partnership*, um consórcio, de vida natural que perdura entre Deus e o homem, na consciência da dependência de Deus. Não a vontade humana, mas, sim, a vontade divina está no centro da nossa reflexão. O acento recai mais no chamamento de Deus do que unicamente na resposta do homem. Aqui trata-se da concentração e da vivificação da dimensão sobrenatural da vida sacerdotal.

A nossa resposta ao chamamento de Deus é já uma decisão a favor de uma vocação maior. Deixemos para trás as nossas pequenas possibilidades e confiemos nas maiores possibilidades de Deus. Portanto, qualquer decisão relativa a toda a nossa vida é um ato de fé e de confiança. Assim, podemos dizer que as decisões sobre a nossa vida são decisões inspiradas pela fé. A decisão, a propósito da nossa vida, nasce do desejo de fazer dela uma oferta a Deus. Esse desejo deve ter uma marca eclesial e apostólica. A decisão a propósito da nossa vida é sustentada pela certeza de que Deus chama um homem e radica e fixa a sua vida na sua graça.

No nosso tempo, existe um consenso a propósito do fato de que as decisões de importância vital, sejam de que gênero forem, devem conduzir à "realização de si" da pessoa. O homem deve decidir-se escolhendo entre muitas coisas possíveis, a fim de que a sua vida possa ter bom êxito.

As decisões têm naturalmente um caráter processual e vão-se precisando à medida que são tomadas. Isto vale sobretudo para as decisões de importância vital, que delimitam um campo de ação, que, na qualidade de chave interpretativa, pretende ser válido para toda a história decisional posterior do sujeito. A maturidade de uma decisão de importância vital não se põe obviamente logo no seu início, mas no fim de uma série de decisões e de experiências do gênero. De *per si*, a decisão tomada uma vez não pode garantir a vontade firme de contar num processo de crescimento e confiar na intervenção contínua da graça de Deus na vida.

Nós, cristãos, estamos convencidos de que a vida de cada homem é, em todos os casos e antes de qualquer forma de decisão, amor dado, e que nesse amor já estão contidos um plano e uma vocação. O ato criador de Deus já possui o dinamismo de uma chamada, de uma chamada a viver. O homem entra na vida porque é chamado, porque é pensado e querido (cf. Jr 1,5; Is 49,15; Gl 1,15). A nossa vida é a obra-prima do amor criador de Deus e é em si mesma um chamamento de amor. Ela é um dom recebido que, por sua natureza, tende por sua vez a tornar-se um dom oferecido. O amor é a nossa vocação originária e fundamental.

A fé cristã vê o sentido da vida humana na sua relação com o Deus trinitário. O mistério do Pai, do Filho e do Espírito Santo funda a existência crente do homem e chama-a a viver na santidade e a tornar-se, por sua vez, amor que se dá. A Trindade é em si mesma um misterioso entrelaçamento feito de apelo e resposta. Na esfera mais íntima deste diálogo amoroso ininterrupto, o homem não encontra somente a sua origem, mas também a sua destinação e o seu futuro.

Jesus Cristo é o verdadeiro projeto do homem. Na sua pessoa, Ele une de maneira única o chamamento de Deus e a resposta do homem, porque é simultaneamente o chamamento de Deus que se tornou audível e a resposta vivida que se tornou visível e experienciável. Por conseguinte, Jesus é o protótipo e o protossacramento da relação dialógica divino-humana. A importância de uma direção, que abrange e supera toda a existência, das decisões de vital importância é, em síntese, perceptível na vida de Jesus. Por isso, na sua luz, podemos reconhecer que a vida não deve ser concebida somente como uma história coroada de vitórias, mas também e sobretudo como uma história dolorosa.

A *memoria passionis* cristã leva muito a sério a experiência do fracasso. Ao mesmo tempo, espera inabalavelmente no bom êxito definitivo da vida. Para a fé cristã, o verdadeiro aperfeiçoamento humano não consiste, de fato, senão no seguimento de Cristo e no desejo de uma vida animada pelo Espírito de amor.

Seguimento de Cristo e decisão pessoal fundamental

A graça preveniente de Deus está no início da caminhada comum entre Deus e o homem, e chama todos à santidade e à perfeição. A iniciativa parte de Deus. A sua graça não somente precede todas as ações importantes do homem, como também as torna possíveis. Ela antecipa-se sempre e em todas as circunstâncias ao homem, desde o primeiro ato de fé até ao mais alto grau de santidade. Esta graça divina preveniente está universalmente à disposição de todos os homens e é, ao mesmo tempo, "cooperativa", isto é, depende da abertura e da colaboração do homem, pela sua decisão de crer.

A vocação sacerdotal, que requer uma decisão que envolve toda a vida, vem de Deus. Uma coisa vale para todos: "Não fostes vós que me escolhestes; fui Eu que vos escolhi a vós" (Jo 15,16).

É importante que se reflita no fato de o seguimento ser sobretudo uma relação viva com Deus, que é vida e amor. É óbvio que desta relação viva entre Deus e o homem brotarão princípios muito precisos e sólidos relativos ao modo de agir. Mas a relação com Deus é, antes de tudo e em primeiro lugar, uma permuta que os torna capazes de viver.

Deus faz participar na sua vida, que nos é dada como graça por meio de Cristo no Espírito Santo. Por isso, na fé cristã, trata-se de "vida em Cristo". As decisões relativas à nossa vida devem nos ajudar a tornar possível, reconhecer e aprofundar esta vida em Cristo. O amor não sintoniza muito bem com o legalismo. Ele exige criatividade, espontaneidade, um fluxo vivo. Por isso falamos de "conselhos evangélicos", de uma vida que não se caracteriza por "leis", mas pelo livre-cumprimento da vontade de Deus, ditado pelo amor por Ele.

Estamos habituados a distinguir o "mandamento" do "conselho". Os conselhos evangélicos não são leis que valem sempre e em toda a parte, mas são exatamente conselhos. Isto é, apelam ao livre-comportamento do homem, pedem-lhe para perceber as mais diversas situações no espírito do Sermão da Montanha e das Bem-aventuranças, e de fazer o que favorece o mais possível a plenitude da vida. "Já não sou eu que vivo, mas é Cristo que vive em mim" (Gl 2,20). A prática dos conselhos evangélicos é, na tradição espiritual do cristianismo, o caminho para a perfeição, ao longo do qual o eu natural pode morrer e Deus pode afastar-se do homem. Podemos encontrar a nossa verdadeira identidade não no nosso *ego*, mas no outro, em Deus. Assim, neste caminho, nos tornaremos lugar da epifania da graça de Deus.

O caminho dos conselhos evangélicos deve, por isso, conduzir à liberdade interior e a uma maior disponibilidade para o serviço a desenvolver a favor do Reino de Deus. "Aquele que perder a sua vida por causa de mim, há de salvá-la" (Mt 10,39; 16,25 par.). A vida nasce do dom da vida. A força daquele seguimento não provém da ação nem da energia humana, mas de Deus. "O que há de fraco no mundo é que Deus escolheu para confundir o que é forte" (1Cor 1,27).

A vida segundo os conselhos evangélicos é testemunho vivido a favor da grandeza e da beleza de Deus, sendo por isso um sinal e testemunho da confiança vivida em Deus. Mediante o empenhamento fiel e sincero da nossa vida garantimos a credibilidade e a fidedignidade do Evangelho. Uma vida segundo os conselhos evangélicos é a humildade vivida da criatura diante do seu Deus criador e um sinal espiritual irrenunciável do seguimento de Cristo e da dedicação total a Deus. Mas o valor espiritual deste sinal tornar-se-á visível se ele for concebido como sinal escatológico que não se pode explicar mediante considerações utilitaristas normais; o celibato só poderá ser vivido de modo sensato por amor do Reino dos Céus (Mt 19,12).

Para conceber o seguimento na vida sacerdotal como um vínculo radical a Jesus Cristo tenho de reconhecer quem é este Jesus Cristo. Quem é que estou seguindo? Por isso, a questão da identidade de Jesus Cristo é de importância decisiva para a minha identidade e para encontrar a minha identidade ao segui-lo. A pergunta "Quem sou eu?" é a pergunta: "Quem és Tu, ó Senhor?"[65]

No caso do seguimento de Jesus à luz da fé, trata-se da vida que Deus quer nos dar e fazer com que nos seja possível vivê-la, e que Ele suscita e fortalece com os sacramentos. Unicamente por

---

65. Sobre a questão da identidade de Jesus Cristo, cf. AUGUSTIN, G. *Gott eint; trennt Christus?* Op. cit., p. 234-304.

efeito da graça dada por Deus é que o homem pode dizer expressamente o seu sim a Jesus Cristo e encetar uma caminhada de seguimento. Só através da força da graça de Deus é que o homem pode renovar e aprofundar o seu sim; e isto pode amadurecer até se tornar uma decisão fundamental que está na base de toda a vida.

Com a recepção do Sacramento da Ordem toma-se uma decisão mais ou menos ponderada, tem início um *partnership*, uma associação dinâmica entre Deus e o homem. Então, surge a necessidade de tornar pessoalmente sua e de aprofundar continuamente, na vida quotidiana e no ministério, a decisão fundamental assim tomada. Por força do sacramento recebido, é necessário confiar-se à orientação constante de Deus e abrir-se ao processo que conduz a uma assimilação cada vez melhor da decisão fundamental tomada para toda a vida. À medida que se vai tomando cada vez mais consciência dessa decisão fundamental e se vai traduzindo criativamente em ato, tanto mais a vida no seguimento de Cristo se tornará mais rica e mais bela.

Quando também a vocação for concebida como uma decisão a favor de um vínculo pessoal e de um serviço pessoal exclusivo, então poderemos falar de um ligame que durará a vida inteira. Para esclarecer este vínculo para a vida inteira, a tradição teológica tem falado de um sinal indelével (*character indelebilis*), de um efeito sacramental necessário, produzido pelo Batismo, pela Confirmação e pela Ordenação.

O discurso teológico do *character* sacramental exprime a pertença a Cristo e a promessa permanente da sua graça para toda a vida, de modo que a decisão fundamental tomada com este sacramento possa dar fruto no seguimento de Cristo. O caráter sacramental nos santifica e torna agradáveis a Deus: “Pela regeneração e pela unção do Espírito Santo são consagrados para serem casa espiritual, sacerdócio santo, para que, por meio de todas as obras próprias do cristão, ofereçam oblações espirituais e anunciem os louvores daquele que das trevas os chamou à sua admirável luz (cf. 1Pd 2,4-10)" (LG, 10).

Os sacramentos dão a graça a todos aqueles que os recebem e nos habilitam de modo diferente a viver a sua vocação. Para isso, a graça sacramental estabelece uma união mística especial com o corpo de Cristo e infunde uma disponibilidade para ser e para viver na Igreja. Através da recepção dos sacramentos o crente entra numa relação objetiva nova com Cristo. Aqui, é de importância decisiva a fidelidade permanente de Cristo àquele homem concreto, independentemente da fidelidade maior ou menor de cada homem. A decisão de Deus a nosso favor é irrevogável. Ela é o fundamento permanente, que torna o homem capaz de tomar uma decisão para toda a vida.

Através da recepção do Sacramento da Ordem é dado ao sacerdote pertencer de maneira especial a Cristo, adquirindo um modo de existir qualitativamente novo no seguimento de Cristo. Ele é chamado a desempenhar – sendo para isso capacitado para o fazer – uma determinada missão e assumir o compromisso de utilizar as circunstâncias e as possibilidades decisivas da sua vida para crescer na santidade. A graça de Deus potencia a sua ação, impele-o a que tente continuamente servir de maneira criativa o desenvolvimento da vida. É provável que ainda só compreendamos muito pouco desta dinâmica. Não podemos prever como se desenvolverá a nossa vida, no seguimento de Cristo, nem com que ritmo e intensidade avançará. "Ninguém pode vir a mim se o Pai que me enviou não o atrair" (Jo 6,44). Quem ama experimentará e reconhecerá cada vez mais este dinamismo da nova criação. Para este objetivo é importante que cada um descubra em si mesmo esta nova energia ínsita no fato de que "passamos da morte à vida" (1Jo 3,14). A energia sacramental nos põe em condições de abrir os olhos para amar e para experimentar a nova criação.

A existência sacerdotal como vida sacramentalmente fundada

A vocação a amar visa uma resposta segundo o plano de Deus. Chamamento e resposta estão juntos e celebram-se no sacramento. "Todos os sacramentos, inclusive a Eucaristia, são ação salvífica de Deus em Jesus Cristo para o crente eclesial. Eles diferenciam-se segundo o modo desta ação salvífica, que se especifica primariamente não tendo as situações sociológicas gerais do homem nem as relações entre os crentes, mas segundo os modos como Cristo nos dirigiu a sua salvação, que são modos da sua vida na forma de homem" (Hans Urs von Balthasar)[66].

Mediante a recepção do sacramento, o homem torna-se, juntamente com a sua história, participante do plano de Deus. Desse modo, ele toma consciência do seu eu, da sua pessoa, da sua vocação e do caminho traçado para cada um por Cristo, caminho que ele deve percorrer ao longo da sua vida. Todos os sacramentos são sinais da fé e estão radicados na vida pessoal de fé do homem. Eles têm o seu *Sitz im Leben* (contexto existencial), no seguimento pessoal de cada homem. A graça do sacramento é uma especial "ajuda divina, para alcançar o fim do sacramento" (Tomás de Aquino)[67].

---

66. Cf. VON BALTHASAR, H.U. *Herrlichkeit I*: Schau der Gestalt [Glória I: a perceção da forma]. Einsiedeln, 1961, p. 554.

67. TOMÁS DE AQUINO. *Suma Teológica*, III, 62,2 [trad. port.: São Paulo: Loyola, 2001].

Na vida sacramental, a biografia profana e a divina, que são diferentes, desempenham um papel decisivo. Cada um deve aprender a ler a sua história como história de Deus com ele, e a deixar-se, deste modo, introduzir no mistério salvífico de Jesus Cristo. Ele santifica e cura a situação concreta da nossa vida. Leva por diante a sua história de amor conosco. Para o homem, a recepção do sacramento significa a sua participação pessoal no plano de Deus até à vida eterna e a força para a resposta fiel à sua vocação. O Batismo realiza a vocação comum de todos os homens de se tornarem unidos a Cristo e uns aos outros. Tendo por base esta extraordinária dignidade e liberdade, é-nos indicado o caminho pessoal a percorrer, um caminho que é sempre acompanhado pela ajuda dos sacramentos. Por isso, a recepção dos sacramentos também é sempre para nós uma participação pessoal no plano de Deus; nela, vivemos segundo a chamada que Deus nos dirigiu. Quem recebe o sacramento tem um encontro pessoal e direto com Cristo, entrando assim em relação com a verdade última do homem e tornando-se participante dela. O sacramento nos dá o sentido e o fim da nossa vida, inserindo-nos no plano que Deus concebeu para nós e que, por isso e deste modo, nos faz sair da uma solidão existencial. Além disso, ele nos oferece a possibilidade de viver de maneira livre e responsável. Quem recebe o sacramento entra livremente, através de um sinal concreto, em comunhão com Cristo e recebe a sua graça.

A liberdade humana é um pressuposto essencial para a participação no mistério cristão que, no sinal sacramental, nos chama à comunhão com Cristo. O homem vai até Deus conscientemente e com pleno assentimento, assim como Deus, por seu lado, se dá a nós, de modo plenamente livre e gratuito. Quem recebe o sacramento decide livremente realizar a sua vida em união íntima com Cristo que Ele experienciou como caminho, verdade e vida.

Os sacramentos não são apenas uma ação isolada que acontece num ponto fulcral decisivo da vida, mas uma nova realização dinâmica com Deus que condensa e reforça sobrenaturalmente uma decisão de importância vital. A decisão a favor de um seguimento para toda a vida natural é parte constitutiva integrante de cada sacramento. De fato, o sacramento não é um simples ato litúrgico, mas antes um processo, uma longa caminhada que empenha todas as energias do homem, a sua mente, a sua vontade e o seu coração. A recepção dos sacramentos é unicamente o início de uma relação dinâmica com Deus que seria para toda a vida. Deus age no início da caminhada da vida e da fé. Esse início é o fundamento e o ponto de partida de um percurso que deve durar a vida inteira. Por isso, a ação realizada por Deus, no sacramento, deve ainda fazer com que os homens sintam os seus efeitos na sua fé e na sua vida. E também o crescimento ao longo da caminhada da fé, quer dizer, a realização existencial de tudo o que aconteceu no sacramento só é, por sua vez, possível, graças à ação sobrenatural de Deus que perdura. A graça de Deus acompanha a caminhada existencial e religiosa empreendida, e, só graças à sua ajuda, é que a decisão fundamental tomada pode produzir todos os seus efeitos. A graça comunicada nos sacramentos influencia, acompanha e determina criativamente esta nova caminhada da vida.

Essa caminhada sobrenatural em comunhão com Deus deve não apenas ser acolhida novamente todos os dias como um dom, mas também é uma chamada incessante a renunciar a si mesmo e a dar-se. Portanto, os sacramentos não são tão somente pontos culminantes e pontos-finais ao longo da caminhada da vida, mas também são – e sobretudo – pontos de partida para um novo modo mistagógico e evangelizador de viver. Nós crescemos gradualmente na comunhão com o Santo, com o mistério que é já desde sempre uma vida diante de Deus.

A decisão fundamental, relativa a toda a vida, precisa, na sua qualidade de decisão ditada pela fé, da concretude sacramental. Esta, tomada à luz da fé, é sacramental, quer dizer, não vive daquilo que o homem dá, mas antes daquilo que ele recebe de Deus. Através desta decisão, um homem recebe de Deus a força necessária para a realização e o bom êxito do seu projeto de vida. O dom de Deus inclui não só a exigência dirigida à vontade do homem, mas também a graça e a força para a sua realização. Na verdade, fazem parte da vida cristã, seja qual for o modo como for vivida, duas componentes: por um lado, a ação de Deus; por outro, a colaboração do homem que, sob a orientação silenciosa de Deus, se torna livremente ele próprio.

O que devo fazer, Senhor?

Como pode um cristão ouvir e descobrir o chamamento de Deus e concebê-lo como a vontade de Deus a seu respeito e em relação à história da sua vida? A pergunta feita por Saulo tombado por terra às portas de Damasco – "Que devo fazer, Senhor?" – tem uma importância fundamental para o homem que confia no fato de Deus ter pronto um plano, uma ordem com sentido para a sua vida. Quantas vezes nos interrogamos como Saulo: que devo fazer, Senhor? Os apelos de Deus não são rígidos nem feitos em série, mas infinitamente diversificados e vivos, sobretudo porque Ele conta com a colaboração dos homens. O chamamento de Deus pode ser objetivamente ainda débil: "Pode ser um convite humilde ou uma exigência imperiosa. Pode ir-se manifestando ao longo de anos, como uma aurora que cresce pouco a pouco, ou, então, cair de improviso como um raio que tudo queima. Deus pode querer que este homem se exercite, pouco a pouco, a responder. Pode deixar transparecer o seu chamamento com um raio de sol por entre as nuvens, torná-lo talvez visível somente como um relâmpago entre as nuvens que não se desfazem completamente, para que o homem volte com a mente para aquela hora de luz e, a partir dela, continue a orar e a procurar" (Hans Urs von Balthasar)[68].

Embora aqui não seja fácil dar respostas diretas e claras, devemos contudo poder recorrer e voltar a chamar a atenção para alguns critérios que ajudam a tomar uma decisão, sobretudo quando esta determina o resto da vida. Não basta perguntar-se sobre qual seria a vontade de Deus somente em momentos de decisão, singulares e irrepetíveis, da própria existência; isto deve constituir, de preferência, um dever incessante, já que o plano de Deus não se desenvolve segundo um guião preestabelecido, mas requer claramente também decisões humanas livres, sendo portanto correspondentemente variável.

Vida sacerdotal como sacramento para o mundo

Como cada vocação é uma decisão que envolve, definitiva e permanentemente, toda a vida, apresenta três dimensões: em relação a Cristo, cada vocação é um "sinal"; em relação à Igreja, é um "mistério"; e, em relação ao mundo, é uma "missão" e um testemunho a favor do Reino.

Vocação como sinal: cada vocação é um sinal, é um modo particular de mostrar o rosto de Jesus Cristo. "Sim, o amor de Cristo nos absorve completamente" (2Cor 5,14). Desse modo, Jesus tor-

---

68. VON BALTHASAR, H.U. *Christlicher Stand*. Op. cit., p. 393.

na-se o motor e o modelo decisivo de todas as respostas às chamadas de Deus. O testemunho dado de uma vida vivida na dedicação total a Deus, aos irmãos e às irmãs, no seguimento do Redentor, é uma expressão eloquente da presença amante e salvadora de Cristo no nosso mundo. À medida que o divino-humano se torna visível no projeto da nossa vida, ela vai-se tornando um "sacramento" para o mundo. O projeto de vida concebido, confiando em Deus, é um sinal para o mundo. Ele possui a força de atração que conduz à fé em Cristo. O sentido de cada vocação no seguimento é o de dar testemunho, no meio da realidade da vida, de algo completamente diferente, de apelar para outra realidade, mediando-a. Deve tornar-se claro que, aqui, somos estrangeiros que esperam na outra realidade e que são motivados a empenharem-se a favor do tempo presente, porque sabemos que o além já irradia no aquém.

Vocação como mistério: em relação à Igreja, cada vocação é um mistério que mergulha as suas raízes na liberdade do dom. Um chamamento de Deus é um dom à comunidade para a unidade comum de todos no seio da dinâmica dos muitos ministérios. Isto será possível se formos fiéis ao Espírito que faz da Igreja uma "comunhão de dons" e suscita no coração do cristão a *ágape*, precisamente não só como uma ética do amor, mas também como uma estrutura profunda da pessoa, que é chamada a viver e tornada capaz de fazê-lo, com uma atitude disposta a servir e na liberdade do Espírito, em relação aos outros.

Vocação como missão: finalmente, cada vocação é, em relação ao mundo, uma missão. A missão que recebemos de Jesus funda-se e fundamenta-se na missão que Ele recebeu do Pai, e que, agora, continua a exercer na sua Igreja e por meio dela. É a vida vivida em plenitude, porque é vivida a favor dos outros, como a vida e Jesus, e porque, assim, é também fonte de vida: a vida gera vida. Em virtude da decisão fundamental, que tomamos em relação à nossa vida, foi-nos confiada a missão de dar testemunho da santidade e recordar que todos somos chamados a nos tornarmos santos. Por isso, é aqui que se apoia a intimíssima participação de cada vocação ao apostolado e à missão da Igreja, que é o germe do Reino de Deus. Vocação e missão são duas faces da mesma moeda. Elas descrevem o dom e o contributo de cada indivíduo para o plano de Deus, segundo o modelo e o exemplo de Jesus.

Para o bom êxito da decisão fundamental

É natural que os homens tenham medo quando têm de tomar decisões e estabelecer vínculos que os ligam para toda a vida. Hoje, precisamos olhar, confiada mas vigilantemente, para o fato de os projetos e as decisões relativos a toda a nossa vida serem sempre perigosos e irem enfraquecendo; contudo, estão ainda e sempre nas mãos de Deus. Confiar diariamente e prosseguir a caminhada com a certeza de que esta consciência pode exigir muita energia e coragem. Não é fácil permanecer fiel a uma decisão de seguir Cristo, tomada depois de madura reflexão, fundada na ação sacramental da Igreja e por ela confirmada.

Perante o desejo inabalavelmente grande de fidelidade que os homens alimentam e o vínculo que deverá durar toda vida, e também diante da escassa solidez contemporânea das decisões fundamentais, hoje, é importante descobrir as fontes energéticas da existência cristã, a fim de que se possa conceber e viver essas decisões de modo que correspondam às justificadas expectativas de desenvolvimento de si mesmos e de perseverança. Em tudo isso permanece a questão decisiva de saber se percebemos as nossas decisões fundamentais e as consequências que delas derivam mais como um peso do que como uma graça; uma graça que podemos dar e receber, um peso que temos de carregar sozinhos.

O bom êxito e a possibilidade de se viverem projetos cristãos de vida, e também a fidelidade a decisões religiosas tomadas, dependerão do fato de serem ou não vividos em relação a Deus. Mas só terão êxito se forem concebidos como *partnership*, como uma parceria entre Deus e o homem, e no horizonte da graça. Trata-se de não nos basearmos e de não confiarmos na força da nossa vontade ou na nossa energia, mas sim de confiarmos na graça de Deus, na sua providência amorosa e onipotente, nas forças que são dadas por Cristo e pelo seu Espírito atualmente operante. O homem que vive na graça orienta a sua vida e governa-a, em virtude da união interior com Cristo, porque Ele é a lei da sua vida, já que foi nele acolhido mediante os sacramentos. O núcleo do seguimento de Cristo não consiste no seguimento exterior, mas numa vida em virtude da íntima união sobrenatural com Ele.

A raiz viva e vivificante de uma decisão fundamental que envolve toda a vida é a comunhão com Cristo, o amor crescente e a familiaridade com Ele. Mas, diante da tendência crescente para se tornarem flexíveis os projetos cristãos de vida como a vocação, as decisões relativas a toda a vida só poderão ser vividas à luz da fé e ao mesmo tempo confiando na graça prometida de Deus. A imersão nos mistérios celebrados sacramentalmente fornece razões decisivamente importantes para a realização de uma opção fundamental: "Esse mesmo Espírito dá testemunho ao nosso espírito de que somos filhos de Deus. Ora, se somos filhos de Deus, somos também herdeiros: herdeiros de Deus e co-herdeiros com Cristo, pressupondo que com Ele sofremos, para também com Ele sermos glorificados. Estou convencido de que os sofrimentos do tempo presente não têm comparação com a glória que há de revelar-se em nós" (Rm 8,16-18).

Uma decisão relativa a toda a vida só poderá resultar bem se percebermos a incompletude, a imperfeição permanente e a fragilidade da vida humana e as enfrentarmos confiando na permanente força de Deus. Uma espiritualidade verdadeiramente cristã é uma condição prévia indispensável para o bom êxito de uma decisão fundamental à disponibilidade para a conversão pessoal, a experiência da verdadeira Igreja, o seguimento do Senhor, vivido a serviço dos irmãos e das irmãs. Uma nova consciência da força e da graça dadas e a reflexão sobre a permanente fidelidade de Deus poderão despertar em nós novas energias. A recepção dos sacramentos da Reconciliação e da Eucaristia é uma nova demonstração de confiança na força de Deus. A graça de Deus pode ajudar a superar medos e a sarar biografias despedaçadas.

O seguimento de Cristo é uma escola de vida, em que podemos aprender o mistério da verdadeira alegria que consiste em nos sentirmos amados pelo Senhor que nos chamou, em fazer de nós e de outros um dom, em nos amarmos uns aos outros em Cristo.

Podemos estabelecer um vínculo com Cristo destinado a durar a vida inteira, não porque sejamos capazes de o fazer humanamente, mas porque Ele nos é fiel. A sua fidelidade gratuita a mim dá-me a força de chegar à perfeição mesmo por vias travessas. Posso confiar no fato de que a minha vida terá bom êxito, porque o Deus vivo caminha comigo. A história bíblica de José do Egito é disso um exemplo impressionante: o seu narrador sublinha continuamente que a vida de José foi coroada de sucesso porque o Deus vivo estava com ele (cf. Gn 37–50).

5

Viver da força do Sacramento da Ordem

Ao receber o Sacramento da Ordem o ministro ordenado começa a participar no sacerdócio de Cristo, sendo desse modo destinado e capacitado para representá-lo e agir em seu nome. O homem não tem esta capacidade de representar de Cristo por suas forças; mas é a graça do Sacramento da Ordem que opera esta conformação a Cristo, confere ao sacerdote a capacidade íntima de representar Jesus Cristo, impulsionando-o a progredir no decurso da sua existência, exigindo que ele tenha um estilo de vida que corresponda a Cristo e à sua mensagem. A representação de Cristo torna-se verdadeira quando, e só quando, o sacerdote age animado pela solicitude pastoral e pela pró-existência de Cristo.

A liturgia do Sacramento da Ordem

Na liturgia da ordenação sacerdotal, professamos, diante de Deus e de toda a comunidade, a nossa disponibilidade para servir Deus e os homens: "Sim, quero". Esta declaração de disponibilidade é uma profissão de fé existencial diante de Deus que, com a ajuda da sua graça, nos põe na condição de realizar o nosso serviço sacerdotal.

O ministério sacerdotal começa com o Sacramento da Ordem. Este sacramento incide profundamente na vida e no serviço do sacerdote. A liturgia da ordenação contém uma grande quantidade de sugestões teológicas orientadoras e de impulsos espirituais para o bom êxito da nossa vida e do nosso ministério como sacerdotes, hoje. Durante a celebração da ordenação sacerdotal, o ordinando declara perante o bispo, e diante de todos os fiéis, a sua disponibilidade para exercer, guiado pelo seu bispo, o seu ministério segundo o pensamento de Cristo e da Igreja:

– *Queres exercer sempre o ministério do sacerdócio, no grau de presbítero?*

– *Sim, quero.*

Assim se exprimiram, antes de nós, gerações inteiras de sacerdotes; assim continuam a dizer, hoje, os candidatos, quando da sua ordenação sacerdotal; e assim continuarão a afirmar, no futuro, os sacerdotes vindouros. Esta declaração de disponibilidade – "*Sim, quero*" e "*Sim, prometo*" – une e vincula de modo especial os sacerdotes uns aos outros no seio do presbitério. Esta disponibilidade radical de servir Deus e os homens sob mandato da Igreja é selada e confirmada no Sacramento da Ordem, depois de ter sido precedida pelo apelo e pela vocação de Deus a assumir estes compromissos.

– *Oremos, irmãos caríssimos, a Deus Pai todo-poderoso, para que conceda a abundância dos dons celestes a este seu servo que se dignou escolher para o ministério do presbiterado.*

O sacerdote, sacramentalmente habilitado e encarregado pelo seu bispo, percorre durante toda a sua vida este caminho feito de disponibilidade para servir.

A declaração de disponibilidade e a promessa do candidato à ordenação, tais como são apresentadas na liturgia da ordenação, podem servir como guia útil para traçar o perfil sacerdotal, cujo caráter é deveras exigente, vinculativo, público e interpelador, estando, por isso mesmo, ligado de maneira especial a todos os outros ministérios eclesiais pastorais. A liturgia da ordenação sacerdotal propõe progressivamente os aspectos essenciais de um perfil sacerdotal, que plasma e enche a existência sacerdotal.

Caráter público, confiabilidade, governo

A primeira pergunta remete a um ministério sacerdotal destinado a durar a vida inteira, enriquecedor e a desenvolver. Esta disponibilidade a desenvolver coerentemente o ministério como sacerdote durante toda a vida, de forma pública e com confiabilidade, é um dos importantes pressupostos do serviço sacerdotal; ela apoia-se na confiabilidade, em que o candidato à ordenação se compromete a governar a "Igreja local" com prudência, como colaborador do bispo e guiado pelo Espírito Santo. Este governo pastoral consiste em acompanhar pastoralmente os homens de modo a que encontrem Deus. Também assumimos a responsabilidade de cuidar da unidade dos fiéis entre si e da sua união com a Igreja local e com a Igreja universal.

Serviço da Palavra, pregação, exposição da fé católica

O ministério sacerdotal consiste, antes de tudo, na "pregação do Evangelho", no serviço da Palavra e na exposição da fé católica, que ajudam os fiéis a ancorar a vida nessa fé. Este ministério exigente deve ser realizado conscientemente. Requer uma formação teológica integral e uma competência humana e espiritual. O ministério da Palavra significa, em primeiro lugar, pregação da Palavra de Deus, no sentido da Igreja.

Mistérios de Cristo: sacramentos da Eucaristia e da Reconciliação

Na declaração de disponibilidade, entre os mistérios de Cristo são mencionados os sacramentos da Eucaristia e da Reconciliação. "É pelo ministério dos presbíteros que o sacrifício espiritual dos fiéis se consuma em união com o sacrifício de Cristo, mediador único, que é oferecido na Eucaristia de modo incruento e sacramental pelas mãos deles, em nome de toda a Igreja, até quando o mesmo Senhor vier. Para isto tende e nisto se consuma o ministério dos presbíteros. Com efeito, o seu ministério, que começa pela pregação evangélica, retira do sacrifício de Cristo a sua força e a sua virtude" (PO, 2). "Mas é no culto ou celebração eucarística que exercem principalmente o seu múnus sagrado; nela atuando em nome de Cristo e proclamando o seu mistério" (LG, 28). A rica práxis eclesial tradicional conhece a celebração, realizada com todo o respeito em louvor de Deus e para a salvação do seu povo. Na Eucaristia e na Penitência realçam-se, conjunta e simultaneamente: a ação de graças (louvor de Deus) e a reconciliação (remissão da culpa). Ambas estão firmemente ancoradas nos mistérios de Cristo. Só pessoas reconciliadas são capazes de reconciliar.

A oração alimentada pela Escritura: orar

A oração – que todos nós, sacerdotes, devemos rezar – fala da misericórdia de Deus a favor dos homens que nos estão confiados e afirma claramente que nós não os servimos em virtude das nossas forças. O sacerdote é e continua a ser, como todos os fiéis, um homem dependente de Deus e um homem orante. A união com Cristo é a fonte da nossa energia. Do amor a Deus recebemos a força para nos dedicarmos aos homens e para lhes mostrar, nas suas respectivas situações, o horizonte de Deus. A oração de intercessão pela comunidade e pelo mundo faz parte do ministério sacerdotal. "Por isso, o fim que os presbíteros pretendem atingir com o seu ministério e com a sua vida é a glória de Deus Pai em Cristo. Esta glória consiste em que os homens aceitem, consciente, livre e gratamente, a obra de Deus, perfeitamente realizada em Cristo, e a manifestem em toda a sua vida. Os presbíteros, portanto, quer se entreguem à oração e à adoração, quer preguem a Palavra de Deus, quer ofereçam o sacrifício eucarístico e administrem os demais sacramentos, quer exerçam outros ministérios em favor dos homens, concorrem não só para aumentar a glória de Deus, mas também para promover a vida divina nos homens" (PO, 2).

Estar próximo dos pobres, dos doentes, dos sem-abrigo e dos que sofrem

As dimensões de um experimentado amor ao próximo são muito concretas: os pobres, os doentes, os sem-abrigo e todos os que sofrem. Aproximemo-nos dos pobres e dos doentes, em quem reconhecemos o próprio Jesus Cristo. O termômetro permanente da existência sacerdotal é constituído pela proximidade em relação às categorias mencionadas. O amor ao próximo vivido concretamente. É claro que todos os cristãos são chamados a desempenhar a diaconia cristã. A tarefa especificamente sacerdotal consiste no fato de o sacerdote inspirar nos fiéis, mediante o seu ministério salvífico, a *caritas*, e de os tornar capazes de exercê-la.

Dedicação: união crescente com Cristo, o Senhor

É-nos exigido que não somente olhemos para Jesus Cristo, mas também nos unamos dia a dia, cada vez mais, intimamente a Ele, para que, assim, progridamos cada vez mais na sua amizade. Desse modo, o testemunho dado, vivendo para Deus pela salvação dos homens, pode tornar-se claro. É-nos pedido que, com a ajuda dos sacramentos, nos assemelhemos cada vez mais a Cristo; essa assimilação é concebida como um processo posto em movimento pela graça: "*Sim, quero*". Quanto mais conseguirmos nos tornar semelhantes a Ele, mais autêntica e verdadeira se tornará a nossa representação de Cristo, cabeça da sua Igreja. A unidade entre ser e missão, a unidade entre representação oficial e representação pessoal de Cristo, torna-se reconhecível na forma sacerdotal de vida. A disponibilidade para seguir Cristo é a condição essencial do ministério sacerdotal:

– Tomai, pois, consciência do que fazeis, imitai o que realizais. Celebrando o mistério da morte e da ressurreição do Senhor, esforçai--vos por fazer morrer em vós todo o mal e por caminhar na vida nova.

Promessas: respeito e obediência

Uma das promessas contidas na liturgia da ordenação sacerdotal refere-se ao respeito devido ao bispo, e a obediência a ele. A identidade sacerdotal não é autossuficiente nem tem o seu fundamento unicamente em si mesma. Mas implica um elemento "hierárquico": a dependência do respectivo bispo, que representa a unidade com a Igreja universal. "Por causa desta comunhão, no mesmo sacerdócio e ministério, os bispos devem estimar os presbíteros, como irmãos e amigos. [...] Os presbíteros, porém, tendo presente a plenitude do Sacramento da Ordem recebido pelos bispos, reverenciem neles a autoridade de Cristo Pastor supremo" (PO, 7).

Depois de o candidato ter exprimido a sua disponibilidade e feito a sua promessa, o bispo acrescenta:

– *Queira Deus consumar o bem que em ti começou.*

O bispo vê que a sua própria responsabilidade, no confronto com o candidato, se funda em Deus; por isso, encomenda-o a Deus e assume o compromisso de, futuramente, cuidar dele.

A graça do Sacramento da Ordem

Na liturgia da ordenação todos invocam a graça de Deus para os candidatos. Com a imposição das mãos, a cargo do bispo, e mediante a oração da ordenação, é concedido o dom do Espírito Santo para o exercício do ministério sacerdotal:

> Nós vos pedimos, Pai todo-poderoso, constituí estes vossos servos na dignidade de presbíteros; renovai em seus corações o Espírito de santidade; obtenham, ó Deus, o segundo grau da Ordem sacerdotal que de Vós procede, e a sua vida seja exemplo para todos (Rito da ordenação presbiteral).

A imposição das mãos e a oração mostram que o sacerdote recebe o que não pode dar a si mesmo. Por isso, a ordenação alude a algo que está além da pessoa do ordinando, ao Cristo que o consagra e o envia. No ministério sacerdotal é o próprio Cristo quem opera salvificamente.

Com a recepção do Sacramento da Ordem inicia-se o ministério do sacerdote na Igreja. Esta afirmação, conhecida e óbvia, tem uma grande importância para a vida do sacerdote. Trata-se apenas de um encargo? Ou, então, a ordenação sacerdotal tem uma importância existencial para aquele que recebe este sacramento? O Sacramento da Ordem funda e fundamenta o ministério do sacerdote que somente se manifesta em toda a sua plenitude e profundidade se tivermos presente a estrutura sacramental da Igreja e a importância do ministério sacerdotal. O serviço sacerdotal funda-se na vocação e na missão divina, porque o fim último não é o homem, mas Deus e a realização do seu Reino. O sacerdócio constituído com a ordenação só se torna compreensível na ordem da redenção que está indissoluvelmente ligada à pessoa de Jesus Cristo.

A Igreja como povo de Deus e corpo de Cristo tem a missão de pregar a Palavra de Deus, de viver a mensagem pregada no seio de uma comunhão praticada e de celebrá-las de maneira simbólica na liturgia, para, assim, glorificar a Deus. O ministério ordenado serve para que se cumpram estes seus atos fundamentais. A ordenação sacerdotal delega e habilita a desempenhar este serviço. O Sacramento da Ordem habilita o indivíduo chamado a realizá-lo e a participar na solicitude que ganha forma e se torna experimentável no mundo através de sinais salvíficos e do som da salvação.

Uma vez que a comunidade eclesial é concebida como uma comunidade sacramental, os eventos particularmente importantes para a sua vida têm em si, de modo particular, o seu fundamental caráter sacramental. Por isso, o crente não se limita simplesmente a entrar na Igreja, mas, através do Sacramento do Batismo, recebe uma nova vida em Cristo e adquire uma relação especial com os outros crentes. Quando um deles é designado para desempenhar como sacerdote uma representação especial de Cristo, essa habilitação só poderá tornar-se possível através de um ato mediador do próprio Cristo, que é o que acontece no Sacramento da Ordem. A Ordem faz com que o sacerdote se torne enviado do Senhor e administrador dos seus mistérios. O sacerdote, habilitado e capacitado mediante o Sacramento da Ordem, pode dar o que supera a medida e os limites do homem, e é verdadeiramente de Deus.

O mistério ordenado é uma oferta confiável de Deus, que torna possível um encontro pessoal direto com Ele. Através do ministério sacerdotal, o Senhor liga a sua ação salvífica à Igreja. Ele continua a comunicar a sua salvação, criando, com a ordenação e a missão, sinais da sua presença. O próprio Jesus Cristo está presente, através do ministério do sacerdote ordenado, na sua Igreja como cabeça do seu corpo. A Igreja exprime esta sua convicção fundamental quando diz que o sacerdote age, em virtude do Sacramento da Ordem, "na pessoa de Cristo-cabeça". Pela ordenação sacerdotal o ordenado é assimilado ao Sumo Sacerdote. É-lhe concedido o poder de agir em virtude e no lugar da própria pessoa de Cristo.

O sacerdócio ordenado tem a missão de representar Cristo, cabeça da Igreja, de dois modos: antes de tudo, representando-o diante dos fiéis como interlocutor deles; depois, representá-lo como todo o corpo, cabeça e membros unidos uns aos outros no Espírito Santo, diante do Pai. Por isso, o sacerdote, a partir do momento em que representa Cristo, também pode agir "em nome de toda a Igreja".

Também se aplica ao Sacramento da Ordem tudo o que se diz dos demais sacramentos: é um sinal, ou símbolo, no qual o encontro com o Deus que dá salvação e vida não é só mostrado, mas também realizado na medida em que o sujeito do sacramento se abre a esse encontro na fé. A eficácia dos sacramentos como sinais que realizam algo está ligada a este seu caráter de sinal. Por isso, este sacramento pode aludir a algo que está para além dele, a alguma coisa não diretamente visível nem sensível, e, ao fazê-lo, tornar-se eficazmente presente. Como todo o sacramento, também o Sacramento da Ordem não é um evento estaticamente pontual, mas um acontecimento salvífico dinâmico. Ele deve testemunhar eficazmente que a vida do ordenado é sanada na sua raiz, e que é de tal maneira assumida que, quem o recebe, toma cada vez mais consciência desta nova realidade sobrenatural, quando se deixar guiar pelo sacramento, ao longo da vereda tantas vezes visivelmente tortuosa da vida, e se radica contínua e novamente em Deus, em atitude crente e, justamente, sacramental.

Pela recepção do Sacramento da Ordem, Cristo que, pelo Espírito Santo, impregna cada homem, plasma intimamente o ordenado. Este Cristo, que, no Espírito Santo, anima o homem, permite que ele desenvolva as energias que lhe permitem responder e abrir-se livremente a essa compenetração. O Sacramento da Ordem faz do ordenado um homem de Igreja, compenetrando-o e abrindo-o, no Espírito Santo, ao mistério pascal. Já não vivemos para nós, mas para aquele que, por nós, encarnou, morreu e ressuscitou.

Na sua qualidade de instrumento da ação sacerdotal e régia do Senhor presente, que opera e dá a salvação, o sacerdote precisa de uma missão autorizada. O mistério de Jesus Cristo é obviamente de uma riqueza inesgotável; por isso, nunca poderemos exprimi-lo perfeitamente, unicamente com as nossas forças. De fato, no ministério sacerdotal cooperam sobrenaturalmente, ao mesmo tempo, a ação salvífica divina e as ações simbólicas humanamente realizadas: mas quem toma a iniciativa é Deus. Ele nos assume para fazer com que a sua salvação se torne uma realidade experienciável no mundo. O princípio divino-humano da encarnação só poderá tornar-se visível no ministério sacerdotal se a cooperação humana for exatamente uma ação sobrenatural e autorizada. A ação sacerdotal só poderá tornar-se sacramentalmente eficaz se não for concebida como uma ação puramente humana nem como uma ação carismática, mas antes como uma ação sacramentalmente autorizada, e tornada possível por Deus. Essa habilitação para agir *in persona Christi* é o efeito sobrenatural produzido pelo Sacramento da Ordem.

Agir *in persona Christi* é uma função transmitida e confiada ao sacerdócio ministerial que não é, em primeiro lugar e simplesmente, uma função, mas sim um fruto da transformação sacramental anterior na imagem de Cristo e da autorização divina. Sem esta capacitação sacramental e sobrenatural, o sacerdócio permanece uma atividade meramente humana. Através da transformação sacramental, as ações simbólicas humanas assumem uma qualidade sacerdotal.

Para participar na missão confiada por Deus à Igreja o sacerdote deve ser inserido na sucessão apostólica. A ordenação é a habilitação ou capacitação para participar nessa missão. Mediante a oração e a imposição das mãos somos entregues a Deus para que nos forme e nos envie. Através da recepção do Sacramento da Ordem somos chamados como sacerdotes a servir, "segundo a imagem de Cristo", e, de algum modo, conformados a Ele. É a graça concedida no sacramento que opera em nós esta conformação especial a Cristo. Ao assumir o ministério sacerdotal, através da assunção da conformação à sua pessoa e à sua obra salvífica, somos encarregados de "novamente figurá-lo e representá-lo" na Igreja.

O Sacramento da Ordem tem uma importância fundamental para a vida e para o ministério do sacerdote. A vida sacerdotal não consiste senão em viver por força da graça desse sacramento. Mas como poderá ele contribuir para o bom êxito da vida de um sacerdote? Ao recebê-lo, encontramos o Deus que dá a salvação; por isso, esse encontro é uma missão e, ao mesmo tempo, uma habilitação para desempenhar essa missão. Ele é acompanhado pela promessa de que o Deus presente e operante da salvação estará sempre ao nosso lado ao longo de toda a nossa caminhada sacerdotal e prolongará, por meio de nós, a sua obra salvífica.

Este encontro com Deus, no ponto fulcral da vida e do ministério sacerdotal, é um acontecimento dialógico. Deus toma a iniciativa, dirige-se aos homens; o homem pode e deve dar a resposta da fé e, portanto, inserir-se no evento sacramental. Então, Deus responder-lhe-á, como prometeu, concedendo-lhe graças concretas para a sua vida e para o seu ministério. Para isso, Ele alimenta e revigora a fé e suscita em nós uma nova esperança. O Deus trinitário opera criativamente. Este seu interesse por nós tem a capacidade de nos sarar, santificar, fortalecer e nos livrar de medos paralisantes.

O Sacramento da Ordem como evento do Espírito

A *lex orandi* é sempre o fundamento da *lex credendi.* A liturgia da Igreja não é mais do que a fé vivida e, de algum modo, também a fé ensinada. Por isso, o patrimônio de ideias contido nas ações e nas orações litúrgicas é uma das fontes vivas de toda a teologia e de toda a espiritualidade. De fato, a ação litúrgica é a mais nobre e clara epifania da Igreja. A tradição litúrgica oferece um quadro relativamente claro da teologia do ministério e da estrutura eclesial dos ministérios. A liturgia da ordenação revela e realça a convicção de fé da Igreja: a origem divina do sacerdócio, a sua fonte trinitária e o seu caráter cristológico e pneumatológico.

A ordenação acontece, desde os tempos imemoriais, sempre através da imposição das mãos do bispo e mediante a oração respectiva, que invoca a efusão do Espírito Santo e os dons particulares da graça necessários para desempenhar este ministério. O que acontece na ordenação é tão grande que só Deus pode realizá-lo; por isso, na Oração da ordenação, o bispo suplica em nome da Igreja:

> Nós vos pedimos, Pai todo-poderoso, constituí este vosso servo na dignidade de presbítero; renovai no seu coração o Espírito de santidade; obtenha, ó Deus, o segundo grau da Ordem sacerdotal que de Vós procede, e a sua vida seja exemplo para todos.

A imposição das mãos é o sinal do dom do Espírito. Mediante este rito é concedido simbolicamente um dom sobrenatural interior, que corresponde ao ministério confiado ao ordenando. A imposição das mãos e a oração do rito da ordenação não exprimem somente a entrega de um ministério, mas também, e ao mesmo tempo, a invocação do Espírito. A ordenação é efetuada na convicção de que através dela age o próprio Cristo; de que Ele toma ao seu serviço o candidato à ordenação. Ele dá-lhe o seu Espírito. A descida do Espírito Santo é a fonte da missão e do poder [potestade] sacerdotal. Sem a efusão dos dons do Espírito não será possível o exercício do ministério. O poder concedido com a ordenação deve ser visto como um efluxo de um dom fundamental do Espírito Santo que põe os ordenados na linha contínua da missão exercida pelo Espírito de Cristo e dos apóstolos. Aos dons do Espírito Santo concedidos na ordenação correspondem as funções que são invocadas na respectiva oração.

É importante que tenhamos muito em conta a dimensão pneumatológica do Sacramento da Ordem, pois a ordenação como evento do Espírito é uma ação transformadora. A missão cristológica sob a ação do Espírito salvaguarda de unilateralidades na concepção e no exercício do ministério. A estrutura sacramental da Igreja e a multiplicidade dos carismas espirituais brotam da mesma fonte, quer dizer, do Espírito Santo. Poder [potestade] e carismas, autoridade e liberdade são concedidos à Igreja pelo Espírito Santo.

A ordenação é uma concessão simbolicamente expressa de poder participar mediante o exercício de um ministério expressamente autorizado na sua obra salvífica. Sucede como nos sacramentos do Batismo e da Eucaristia: a criança levada para ser mergulhada no banho do renascimento e os dons preparados para a Ceia do Senhor são submetidos à ação do Espírito Santo, a fim de que Ele os renove e os santifique. Algo semelhante vale também para o ordenado, já que ele é consagrado para ser um "representante" qualificado de Jesus Cristo e um administrador dos seus sacramentos. Aqui é concedida ao sacerdote de Cristo a participação especial, graças à qual o ordenado se torna o seu enviado autorizado, podendo, por isso, agir em seu nome. É-lhe concedida a necessária graça do ministério, para que possa exercê-lo santamente. Pela recepção do Sacramento da Ordem, os sacerdotes tornam-se instrumentos vivos do Senhor.

A essência do Sacramento da Ordem consiste no fato de ele conceder uma conformação especial a Jesus Cristo e, assim, incumbir uma pessoa como testemunha pública e oficial de Jesus Cristo a serviço dos fiéis; e habilitando o sacerdote, de uma vez para sempre, a falar e a agir em seu nome. A ordenação concede ao ordenado uma capacitação específica para realizar ações consagrantes, capacitação que lhe é concedida também de uma vez para sempre.

Na liturgia de todos os ritos orientais há uma fórmula digna de nota, que o rito bizantino utiliza de maneira igual na ordenação do bispo, do presbítero e do diácono:

> Que a graça divina, que sempre sara o que é débil e aperfeiçoa o que é imperfeito, promova este subdiácono muito piedoso a diácono [diácono a presbítero, presbítero a

bispo]. Oremos por ele, para que sobre ele desça a graça do Espírito Santo.

Esta oração evidencia a lei fundamental da existência sacerdotal: a manifestação do poder do Senhor na nossa fraqueza (cf. 2Cor 12,9). Na existência sacerdotal revela-se a lógica espiritual da vida de Cristo.

É simplesmente óbvio que todas as realidades institucionais só terão sentido se se transcenderem em direção ao Espírito e ao espiritual. A recepção do Sacramento da Ordem só terá sentido se incorporar o ordenado na comunhão, na comunidade da graça. A habilitação recebida só terá sentido se exercermos o serviço da Palavra e do sacramento, e desse modo guiarmos os fiéis para a dupla transcendência que a Palavra e o sacramento, por seu lado, comportam. Por isso, só acolheremos o sentido do sacramento se acolhermos a orientação e o movimento intrínseco da sua realidade, se participarmos não apenas no sinal, mas também na coisa significada.

Sucessão apostólica: inserção na *communio sanctorum*

Pelo Sacramento da Ordem somos inseridos na sucessão apostólica. Esta retroligação do nosso ministério aos apóstolos e aos santos é uma fonte espiritual de energia para a nossa vida de sacerdotes. De fato, no sacerdócio ministerial eclesial continua a viver a missão dos apóstolos, constitutiva para a Igreja.

A essência do sacerdócio ministerial funda-se e fundamenta-se no ministério do apóstolo e na missão apostólica da Igreja. A origem do ministério apostólico é a experiência da revelação escatológica de Deus em Jesus Cristo, de que o apóstolo se torna testemunha e mensageiro. O apostolado é, portanto, um serviço autorizado em nome e sob mandato de Cristo. A sua tarefa é a pregação do Evangelho, que se funda na ressurreição de Jesus, mas que, ao mesmo tempo, reevoca a sua vida e a sua obra. O seu fim é a construção da Igreja como sinal do Reino de Deus. Mas, dado que o ministério apostólico é único e irrepetível, toda a Igreja e a Igreja de todos os tempos dependem permanentemente desta origem normativa e devem regular-se tendo-a por base. Contudo, a Igreja só será isso se seguir o testemunho apostólico e continuar a transmitir o testemunho apostólico que confere ao Senhor ressuscitado uma nova forma de presença histórica.

O ministério do apóstolo desenvolve-se no serviço mediador e sacerdotal da Palavra e do culto. Os apóstolos colocam-se numa misteriosa posição central: entre o mundo e o Reino de Deus, entre o passado e o futuro escatológico, entre o homem e Deus. Eles são tirados do mundo e estão a serviço do Senhor que chama e a serviço de Deus. Para desempenhar este serviço recebem uma capacitação criativa: "Jesus viu-os..., chamou-os..., e disse-lhes: 'Vinde comigo e farei de vós pescadores de homens'" (cf. Mc 1,16-20). Mas à chamada para desempenhar a função mediadora está ligada uma criação sobrenaturalmente nova.

O ministério apostólico consiste no dever de pregar e de curar com a palavra e com a ação. Mas esta é justamente a missão do próprio Senhor (cf. Lc 4,17-21; 11,20). Tal como Jesus torna experimentável, com a sua palavra e com a sua ação, o Reino de Deus, assim também devem fazer exatamente os discípulos. O apóstolo está a serviço do Senhor, enquanto prolonga eficazmente a sua ação. O ministério apostólico nunca é independente e arbitrário, mas participa na obra do Senhor e constitui uma das suas partes.

Na sua qualidade de enviado, o apóstolo continua ligado ao Senhor (cf. Mc 3,14). Aliás, esta unidade entre aquele que envia e quem é enviado também foi expressamente anunciada: "Quem vos recebe, a mim recebe; e quem me recebe, recebe aquele que me enviou" (Mt 10,40). O que constitui este envio é a união pessoal e a transparência que faz com que o enviante esteja presente no enviado. A missão sacerdotal consiste unicamente em reenviar para aquele que envia.

A sucessão apostólica não pode ser vista, em primeiro lugar, como algo jurídico, mecânico ou até "mágico"; mas deve ser vista na sua dimensão integral e espiritual. Ela é um sinal eficaz da continuidade, da catolicidade e da unidade da Igreja. Com efeito, só a *Ecclesia Apostolica* é a *Una Sancta Catholica.* Só compreenderemos com exatidão e justeza o sentido da sucessão apostólica se tivermos fé na estrutura sacramental, "no seio da qual ela [a Igreja] continua a receber a herança dos apóstolos, a herança de Cristo. Através do sacramento, ela distingue-se de todas as outras instituições. O sacramento significa que ela vive em virtude do Senhor e que é continuamente recriada por Ele como 'criatura do Espírito Santo'" (Joseph Ratzinger)[69].

Estar inserido na sucessão apostólica significa que o ministério conferido na Igreja, mediante a ordenação, está fundado na missão de Jesus Cristo, e que remonta ao Senhor ainda hoje presente, no seu Espírito, para dar a salvação. Ele nos chama a segui-lo de modo especial e faz com que participemos no seu ministério sacerdotal, a fim de que possamos agir salutarmente com o seu poder (cf. Mc 3,13-15; 6,6b; Lc 10,1). Estar inserido na sucessão apostólica significa também viver e agir segundo o espírito do apóstolo – os apóstolos sabiam que estavam autorizados e obrigados, de modo inteiramente novo, a anunciar, juntamen-

---

69. RATZINGER, J. "Weggemeinschaft des Glaubens". Op. cit., p. 172.

te com outras testemunhas das aparições, o Ressuscitado e a redenção com Ele acontecida. A consciência que o Apóstolo Paulo tinha do apostolado é particularmente eloquente e sugestiva: "É em nome de Cristo, portanto, que exercemos as funções de embaixadores, e é Deus quem, por nosso intermédio, vos exorta. Em nome de Cristo vos suplicamos: reconciliai-vos com Deus" (2Cor 5,20). Ele afirma de maneira muito clara que não concebe a sua autoridade de maneira autoritária, mas como um serviço que teve o encargo de desempenhar: "Não é porque pretendamos atuar como senhores sobre a vossa fé; queremos, antes, contribuir para a vossa alegria, porque, quanto à fé, estais firmes" (2Cor 1,24). O Apóstolo Paulo concebia o seu ministério unicamente à luz de Jesus Cristo e da sua ação salvífica; por isso, pode afirmar que o ministério autorizado da pregação equivale a exercer um ministério sacerdotal (cf. Rm 15,16).

Através da sucessão apostólica dada na ordenação somos inseridos, como sacerdotes, na totalidade da Igreja de Jesus Cristo. O alcance teológico e espiritual desta inserção só nos é claro se tivermos presente a dimensão mais profunda da Igreja; porque, mediante o Sacramento da Ordem, somos especialmente inseridos na *communio sanctorum* que, segundo a concepção católica, abrange dois aspectos: de um lado, *communio sanctorum* significa participação nos *sancta,* isto é, nos santos sinais, nos bens da salvação, que a Igreja, como comunidade salvífica, possui e que, por isso, inclui também a institucional *communio ecclesiarum.* Por outro lado, a *communio sanctorum* indica a comunhão dos *sancti,* a comunicação pessoal dos santificados por Cristo. Esta inserção na *communio sanctorum* confere ao ministério sacerdotal uma qualidade específica e mostra que, através do ministério sacerdotal, é Jesus Cristo quem opera; nós administramos os sacramentos porque estamos autorizados a fazê-lo. No entanto, o verdadeiro administrador dos sacramentos, dos *sancta,* é o *Christus totus,* quer dizer, Cristo juntamente com aqueles que estão unidos a Ele na fé, na esperança e na caridade. Por isso, o nosso serviço sacerdotal visível é sempre sustentado e animado pelo fato de, por detrás da atividade sacerdotal, estar a comunhão dos santos. O ministério visível que exercemos na Igreja apoia-se no ministério comum escondido de todos os crentes. Esta consciência é libertadora e, ao mesmo tempo, também dá o sentido de conforto: a nossa atividade ministerial sacerdotal, em que a Igreja se manifesta e que, mais do que nunca, se verifica a participação em Cristo, equivale a participar na medida plena no modo essencial de Jesus Cristo de ser para os outros. Como o ministério sacerdotal é a realização da missão da Igreja, quem carrega o peso desse ministério é o próprio Cristo, que carregou o peso de todos os homens.

A pertença permanente a Cristo (*character indelebilis*)

Com o Sacramento da Ordem "os presbíteros ficam assinalados com um caráter particular e, dessa maneira, configurados a Cristo sacerdote, de tal modo que possam agir em nome de Cristo-cabeça" (PO, 2). A ordenação tem como consequência o fato de o ordenado dever empenhar-se incessantemente em prolongar a missão de Cristo. Esta obrigação permanente é considerada um sinal espiritual e indissolúvel especial. É uma semelhança com Cristo concedida na ordenação, uma conformação a Cristo sacerdote e pastor. Esta realidade sobrenatural incisiva toma ao seu serviço toda a vida do ordenado. Aqui acontece como no caso do Batismo e da Confirmação: a benevolência e a graça do Senhor são uma realidade sobrenatural permanente para os ordenados.

A ordenação é a habilitação sobrenatural do ordenado, operada por Cristo no seu Espírito. Essa capacitação é uma graça continuamente dada e acolhida, que se deve conceber como uma energia que brota da relação dinâmica com Deus e daqui fluindo em direção ao homem. De fato, só em união com Cristo podemos realizar as suas obras, tal como somente unidos à cepa é que os sarmentos podem dar fruto (cf. Jo 15,1-8).

Isto vale independentemente de todos os méritos e de todas as fraquezas do homem. O efeito do Sacramento da Ordem não é anulado pelo fracasso do ordenado; e os sacramentos que ele administrar serão sempre válidos. O Sacramento da Ordem garante uma possibilidade permanente de encontrar o Cristo vivo. Esta certeza íntima, de que a graça prometida com o sacramento, e a ele unida, será sempre eficaz, dando-nos sentido e apoio.

A ordenação sacerdotal não visa primariamente conferir o poder de exercer um ministério objetivo, mas sim estabelecer uma ligação pessoal; visa estabelecer a ligação vital natural que perdurará e é exclusiva do sacerdote com Cristo, em que se baseou o nosso sacerdócio. A comunhão de vida e de ação entre Cristo e o seu sacerdote é o fundamento da transmissão da vida sobrenatural, da graça de Deus à humanidade neste mundo. A ordenação sacerdotal como ligame ao sacerdócio de Jesus Cristo é recebida pela Igreja, para os homens que vivem neste mundo; contudo, significa uma graça muitíssimo grande para quem a recebe. Mas, por sua vez, ela também exige de nós um serviço fiel e desinteressado, para o qual também nos habilita especialmente. O Sacramento da Ordem é um grande mistério em relação a Cristo e à sua Igreja.

Se partirmos do vínculo especial a Cristo, conceberemos o ministério do sacerdote primeiramente como ministério para

Deus e, em vez de Cristo, poderemos ver, sob uma nova luz, as muitíssimas tarefas que, como sacerdotes, realizamos. Para que estas funções sejam deveras um ministério sacerdotal, deverão mergulhar as suas raízes mais profundas não no nosso compromisso e empenhamento pessoal pelos homens, mas, sim e preferencialmente, na nossa relação pessoal com Cristo, que é "pastor e guarda" das almas (1Pd 2,25). Só esta ligação do ministério sacerdotal com Cristo pode ser o centro dotado de sentido e importância na vida sacerdotal. A resposta a esta vocação consiste na decisão em favor de uma ligação pessoal que durará a vida inteira e de um serviço pessoal exclusivo. Nesta perspectiva, torna-se compreensível o discurso teológico de um caráter indissolúvel como efeito sacramental necessário do Sacramento da Ordem.

É claro que, aqui, não se trata de uma distinção de estados, que pretende estabelecer de algum modo uma diferença ideológica essencial entre os cristãos. Aqui, trata-se de uma "assunção particular" de um homem por Cristo e do consequente seguimento intenso de Cristo e da pertença a Ele. Esta pertença, que caracteriza toda a existência, exprime a nossa permanente dependência de Cristo. Com efeito, Ele toma a iniciativa: "Por minha iniciativa não posso declarar que pertenço ao Senhor. Primeiro Ele tem de tomar-me como seu; só então posso entrar neste ser tomado e tomá-lo também, procurar vivê-lo. Desse ponto de vista, a palavra "caráter" descreve o caráter antigo do serviço de Cristo ínsito no sacerdócio e, ao mesmo tempo, ilustra o que se entende pela sua sacramentalidade" (Joseph Ratzinger)[70].

---

70. Ibid., p. 140.

O sacerdote como representante de Cristo

O sacerdote age "na pessoa de Cristo-cabeça" (PO, 2). Esta convicção de fé parecerá a não poucos sacerdotes, que a aplicam diariamente com toda a clareza a si mesmos, demasiado sacral e exagerada. Mas, se quisermos que o ministério sacerdotal tenha sentido e disponha de uma justificação da sua existência, devemos nos agarrar à força espiritual desta convicção que, aliás, desde o início, está radicada no ministério apostólico. A propósito, devemos notar que a "representação de Cristo" não pode significar uma equiparação essencial e entitativa do sacerdote a Jesus Cristo, mas tão somente uma representação na atividade e na ação sacramental. Trata-se da ação "em lugar de Cristo", da presença de Cristo no ministério sacerdotal, em que Santo Agostinho pensa quando afirma: "Se Pedro batiza [...] ou até se Judas batiza, é Cristo quem batiza"[71]. O sacerdote não age em nome do Cristo ausente, mas põe a sua pessoa à disposição dele, para que o Cristo presente possa agir através do instrumento que é o seu sacerdote.

A convicção de fé de que um homem receba a capacidade de representar Jesus Cristo tem um alcance espiritual inefavelmente grande. O fato de poder operar e agir, na minha qualidade de homem indigno e débil, *in persona Christi*, em nome de Deus, deve encher-me de uma admiração humilde, de um espanto que só posso exprimir louvando a Deus e com toda a dedicação da minha vida. O que há de mais belo que o fato de poder agir em nome de Deus?

---

71. AGOSTINHO. *In Joan. tract.* [Comentário ao Evangelho de João], 6, 7.

O sacerdote como representante da Igreja

O Sacramento da Ordem nos une especialmente e para sempre a Jesus Cristo. Essa união inclui uma união especial à Igreja, que é a ligação duradoura e profunda de Cristo à sua Igreja. O sacerdote é o rosto perceptível da Igreja para os homens com quem se encontra. A representação de Cristo significa que o sacerdote também é sacerdote da Igreja.

Através do serviço sacerdotal, a vocação e a essência escatológica da Igreja são representantes como a missão permanente do povo peregrinante de Deus. Na sua qualidade de comunhão com Deus, na participação em Jesus Cristo no Espírito Santo, comunhão que abrange o espaço e o tempo, a Igreja não é só uma comunidade de fé, mas também uma comunidade salvífica. Ao mesmo tempo, ela também é uma oferta e uma mediação da salvação. A lei fundamental da solidariedade, da dependência mútua na salvação, do fato de existirem uns para os outros, inclui a dimensão da mediação da salvação, através da Igreja no ministério sacerdotal. O nosso ministério dará muito mais fruto se o – tantas vezes tematizado – "sofrimento por causa da Igreja" pudesse ser novamente entendido e dado a conhecer como sofrimento com a Igreja e pela Igreja, no sentido paulino da expressão.

Se os últimos decênios foram caracterizados pelo fato de descobrir o lado demasiado humano da Igreja, de remediar os erros do passado, agora é tempo de novamente realçar a ação divina presente na Igreja, de explicar e de dar novamente a conhecer o verdadeiro significado da Igreja no plano salvífico de Deus. Se nos limitarmos a criticar a Igreja não conseguiremos ganhar nenhum homem para a fé. Uma vez mais, devemos evidenciar o verdadeiro significado da Igreja no plano salvífico de Deus e a sua beleza.

Com este objetivo, a tão propagandeada oposição, entre Reino de Deus e Igreja, é pouco útil. Obviamente, o Reino de Deus é maior e mais extenso do que a Igreja. Mas, enquanto vivermos na esperança escatológica no cumprimento definitivo, devemos apresentar a Igreja como o lugar terreno da realização simbólica do Reino de Deus. A questão decisiva é a seguinte: Conseguiremos juntar Deus e a Igreja, apresentar a Igreja como o lugar principal do aparecimento de Deus no nosso mundo?

A frase "Deus, sim – Igreja, não!", difundida mesmo entre alguns representantes do clero, deve nos levar a refletir. É nosso dever apresentar e representar a Igreja, sobretudo a Igreja local – através da qual os homens estão efetivamente em contato "com a Igreja" – experienciável, como o espaço da presença e da ação de Deus. De fato, muitos homens identificam a Igreja com as pessoas que operam com mandato e tarefas oficiais numa Igreja local. Por isso, deveríamos aplicar com muita parcimônia a frase "O Espírito Santo sopra onde quer". Uma eclesialidade empenhada é um critério válido para reconhecer se o Espírito Santo não continuará abstrato, mas nos enche de entusiasmo pela Igreja concreta de Jesus Cristo.

Assim como Ele se identifica com a Igreja, também nos identificaremos com ela. A Igreja concreta, realmente existente, é o lugar que nos foi dado, onde hoje desempenhamos o nosso ministério como sacerdotes. Aqui, cada um deve tomar consciência da realidade. O bom êxito do nosso ministério exige que nos reconciliemos com os homens que vivem na Igreja e com as estruturas da mesma. O modelo da Igreja é o evento do Pentecostes, em que todos são uma só coisa na multiplicidade das línguas. Não há dúvida de que a unidade é o critério principal para discernir os dons do Espírito de Deus que são dados para a edificação da sua Igreja (cf. 1Cor 12).

O nosso ministério só poderá dar frutos se nós "cooperarmos" no conjunto de toda a Igreja. Somente quando estivermos dispostos a desempenhar o papel que nos foi entregue pelo Senhor na Igreja é que também seremos um sinal de esperança para todos. Um sinal do fato de que eu desempenho o meu papel é a alegria que irradio. De outro modo, só provoco desordem e perturbação, faço com que se irritem e semeio descontentamento. Um indício de que aceito o lugar que me foi designado por Deus é a tolerância para com todos os outros homens e serviços. O respeito, a estima e a atenção pela unicidade dos outros serviços fazem parte do testemunho que dou da minha fé. Mas desse testemunho também fazem parte a coragem de ensinar e de exortar no sentido da direção ensinada pelo Apóstolo Paulo a Timóteo (cf. 1Tm 4,11-16).

A unidade do ministério

O ministério apostólico da representação de Cristo deve ser prolongado no interior dos múltiplos ministérios e dons dos crentes. Dos dados bíblicos deveria ser evidente que, na origem, houve um único ministério apostólico de presidência. Que, depois, foi sendo especificado ao longo da história em ministério episcopal, ministério presbiteral e diaconato. "Na Igreja, o ministério é, no fundo, um único; não somente no seio de uma unidade sucessiva dos seus detentores, mas precisamente em si próprio" (Karl Rahner)[72]. A ordenação sacerdotal refere-se ao todo, uno e único, do ministério sacerdotal. O ministério contém concretamente um complexo de tarefas, deveres e funções; que, transmitido no Sacramento da Ordem, tem sido exercido de muitos modos não só no

72. RAHNER, K. "Theologische Reflexion zum Priesterbild von heute und morgen". In: HENRICH, F. (ed.). *Weltpriester nach dem Konzil.* Munique, 1969, p. 105.

decurso da história, mas também hoje, e precisamente sob a forma de bispo, de sacerdote diocesano e de sacerdote pertencente a uma ordem ou a uma congregação religiosa, no seio de uma paróquia ou do serviço de uma categoria, na pele de missionário ou de professor de Teologia etc. Perante esta multiplicidade da existência sacerdotal, o elemento vinculativo é o Sacramento da Ordem.

O ministério sacerdotal, que é único, prolonga, simbólica e testemunhalmente, o ministério apostólico, em virtude da missão divina e do encargo confiado pela Igreja. Abarca simbolicamente os três atos fundamentais da Igreja: pregação e testemunho; culto, sacramentos e orações; exercício da caridade e da comunhão fraterna, que estão presentes em todas as formas da Igreja e que devem ser exercidos por todos. Na sua qualidade de representação de Cristo, este ministério sacerdotal exerce, na sua unidade e multiplicidade, os três ofícios ou ministérios de Cristo, em que todos os fiéis participam, por força do seu sacerdócio e do ofício profético. Esta multiplicidade tem o perfil de um evento comunicativo a vários níveis, evento em que a unidade viva dos atos vitais da Igreja se apresenta de várias formas: liturgicamente, diaconicamente e organizativamente. A unidade na multiplicidade tem origem na referência, dos múltiplos deveres e tarefas, a Cristo, do serviço mútuo e do amor que une a Ele os que são diferentes. Estas dimensões requerem uma Igreja que seja uma comunidade orante e celebrante. No louvor do Senhor reconhecemos que Deus é maior que o conhecimento que dele temos e reconhecemos que o Espírito Santo é mais rico do que o carisma, que nós traduzimos em ato (cf. Gl 2,8; 1Cor 12,4-6). Ao professarmos em conjunto a nossa fé em Cristo (cf. 1Cor 12,3), reconhecemos e unificamos a possível multiplicidade dos ministérios e das diversas funções.

O ministério é transmitido e exercido nos três graus dos bispos, presbíteros e diáconos. A ordenação episcopal transmite a plenitude do ministério sacerdotal. Os presbíteros ou sacerdotes estão unidos aos bispos na dignidade sacerdotal e são ordenados, em virtude do Sacramento da Ordem, para pregar o Evangelho à imagem de Cristo, sacerdote eterno, para apascentar os fiéis e para celebrar o culto. Pelo Sacramento da Ordem, os presbíteros participam na missão mundial que Cristo confiou aos apóstolos. Os diáconos participam na missão e na graça de Cristo de modo especial e representam o Cristo que se fez servo de todos. Não recebem o sacerdócio ministerial, mas a ordenação transmite-lhes importantes funções relativas a serviço da Palavra, da liturgia, da cura de almas e da caridade. Todos os ministros representam de algum modo uma participação no triplo ofício de Jesus Cristo (cf. LG, 26-29).

O ministério torna-se sinal salvífico de Deus no mundo porque atualiza a sua proximidade salvífica, mas somente se torna assim se, nele, os atos fundamentais da fé se unificarem numa só imagem e num único sinal. Cada aspecto individual apresenta-se como dependente dos outros e os vários aspectos condicionam-se reciprocamente: a comunidade animada pelo amor praticado concretamente de modo criativo e fraterno, a comunidade animada pela fé da assembleia cultual e a comunidade animada pela esperança daqueles que vivem no tempo final já iniciado constituem, no seu conjunto, aquele sinal multiforme, sob o qual a dedicação de Jesus ao mundo se torna eficazmente presente. O ministério sacerdotal é um todo enquanto remete para a figura de Jesus Cristo. É importante que se estabeleça um equilíbrio harmônico entre todos os seus aspectos. Na verdade, aqui não se trata de fato de um *aut, aut* [*ou, ou*]: de Palavra ou sacramento, de ministério pastoral ou ministério cultual e sacramental, de governo da comunidade ou de cura de almas. Com efeito, os ofícios de Cristo não são nada exclusivos e, se bem compreendidos, não oferecem nenhuma base para esses modelos *aut, aut.* O mistério da pessoa de Jesus Cristo é inexaurível e realiza-se em múltiplas dimensões que estão profundamente unidas e se cruzam entre si.

Nem todos os sacerdotes precisam de exercer com igual intensidade e simultaneamente, no interior do presbitério e em cada momento, todas as funções para que foi habilitado pela ordenação. Nem sequer poderiam fazê-lo eficazmente, embora tenham a possibilidade de exercer especialmente um deles de vez em quando, consoante as suas capacidades e a necessidade. Mas faz parte de cada exercício do sacerdócio a pregação sob a forma de testemunho da vida e a participação na solicitude salvífica de Jesus Cristo a favor dos homens.

Todas as funções que hoje, no fim de um longo processo histórico, foram carreadas no ministério do sacerdote, sobretudo do pároco, podem naturalmente ser diferenciadas. Não deveríamos confundir os sistemas de apoio usados na pastoral com o essencial. A pergunta determinante é: Para que serve tudo isto? O sacerdócio não pode ser reduzido à paroquialidade, embora muitos sacerdotes sejam párocos. Segundo a concepção católica, o governo de uma comunidade é uma realização específica do sacerdócio ministerial. Para se estabelecer uma relação dinâmica entre elas, os múltiplos deveres e tarefas da atual figura do sacerdote exige uma ampliação missionária, teológica e espiritual da sua missão, um alargamento que ultrapasse a comunidade localmente limitada. O critério decisivo para se fazer algo deste gênero nos é oferecido pela finalidade da glorificação de Deus e pela solicitude pastoral e salvífica universal de Jesus Cristo em favor dos homens.

A fraternidade sacramental no presbitério

No decurso da ordenação sacerdotal não é apenas o bispo quem impõe a mão sobre o candidato, mas também todos os sacerdotes presentes impõem as suas mãos sobre o recém-ordenado, como sinal do seu acolhimento no seio do presbitério. Esse sinal do acolhimento deve continuar a fazer sentir os seus efeitos como uma rede, em cujo interior os sacerdotes permanecem unidos uns aos outros, apoiando-se mutuamente e remediando as fraquezas dos outros. O Sacramento da Ordem é a base da união dos sacerdotes entre si no presbitério: "Em virtude da comum sagrada ordenação e missão, todos os presbíteros estão entre si ligados em íntima fraternidade, que espontânea e livremente se deve manifestar no auxílio mútuo, tanto espiritual como material, pastoral ou pessoal, em reuniões e na comunhão de vida, de trabalho e de caridade" (LG, 28).

De fato, de todos os que participam no sacerdócio de Cristo brota uma fraternidade sacerdotal especial, análoga à comunhão que une entre si todos os batizados em Cristo. Entrar no sacerdócio ministerial significa inserir-se num "nós". A ideia sacramental, fundada na Eucaristia e simbolicamente representada no Sacramento da Ordem, é, de fato, por sua natureza, uma ideia comunitária. Quem vai até Jesus como convocado é colocado ao lado de outros discípulos. Jesus não convida um combatente individual, mas forma uma equipe, embora ela continue frágil e frequentemente demasiado humana. Dessa fraternidade sacerdotal fazem parte todos aqueles que receberam o Sacramento da Ordem e vivem numa Igreja local. Por isso, deve ser para nós uma coisa óbvia vivermos juntos, ligados por relações espirituais e fraternas. A nossa fraternidade sacramental aparece como um sinal visível de mensagem unificante do Evangelho desde que o pratiquemos realmente.

O caráter comunitário da união, do respeito e da cooperação recíprocos faz parte da estrutura essencial do sacerdócio ministerial na Igreja. Na prática, isso significa que se ajudam mutuamente nas necessidades, que aprendem com os lados bons dos outros e partilham generosamente os seus; significa que se esforçam por conhecer-se, compreender-se e respeitar-se uns aos outros. É importante que se encontrem formas práticas de atuação do intercâmbio e do estímulo recíproco. Dependemos uns dos outros, porque nos foi confiado o dever e tarefa de desempenharmos solicitamente o ministério salvífico. Por conseguinte, seria óbvio que a nossa relação mútua fosse a melhor possível. Em tudo isto deveríamos seguir a exortação do Apóstolo Paulo:

"Nada façais por ambição, nem por vaidade; mas, com humildade, considerai os outros superiores a vós próprios, não tendo cada um em mira os próprios interesses, mas todos e cada um exatamente os interesses dos outros. Tende entre vós os mesmos sentimentos, que estão em Cristo Jesus" (Fl 2,3-5).

Aqui o elemento decisivo é a forma humana e, ao mesmo tempo, cristã, da amizade dos sacerdotes entre si; uma amizade que se manifesta na hospitalidade e no apreço mútuos. A solidariedade e a convivência tornam-se experienciáveis na prática das simples relações humanas e cristãs. "Tu [...] fortalece os teus irmãos" (Lc 22,32). Essa obrigação confiada a Pedro é uma promessa e um dever que se impõe a todos nós, para que confirmemos mutuamente a nossa fé. Aliás, trata-se de uma promessa exequível, porque Jesus nos habilita em seu Espírito para que a cumpramos. As diversas opiniões teológicas não deveriam nos alienar uns dos outros nem nos dividir, visto que tudo o que nos une é a nossa busca de Deus e a solicitude pastoral. O presbitério de uma Igreja local deveria oferecer a cada um dos seus sacerdotes uma pátria espiritual e uma segurança interior porque, de fato, o presbitério é o lugar autêntico do sacerdote.

A qualidade espiritual da nossa vida sacerdotal também se manifesta no nosso modo de nos comportarmos com os párocos jubilados. O serviço sacerdotal exige que os sacerdotes jovens e idosos se encorajem e ajudem mutuamente, que cada sacerdote se sinta responsável por toda a Igreja local e pela Igreja universal. Além disso, a abertura à Igreja universal pode nos ajudar a ver as nossas preocupações em outra perspectiva, "sabendo que a vossa comunidade de 'irmãos', espalhada pelo mundo, suporta os mesmos padecimentos" (1Pd 5,9).

A vocação ao testemunho sacerdotal

No seu ministério do dia a dia, o ordenado é permanentemente colocado no campo carregado de tensões entre o mandato divino do seu sacerdócio, a vocação sacerdotal exige do homem mais do que ele, com as suas forças, pode fazer. Contudo, em virtude do sacramento recebido, ele pode conceber-se como um enviado por Cristo para tornar presente, na Palavra e no sacramento, a oferta salvífica de Deus que antecede toda a atividade humana.

Tudo o que este ministério testemunha é eterno, é o próprio Deus. Graças àquilo que ele testemunha, o sacerdote pode dizer que dá testemunho da glória de Deus. O sujeito deste ministério pode e deve dizer com o apóstolo: "Pois não nos pregamos a nós mesmos, mas a Cristo Jesus, o Senhor, e nos consideramos vossos servos, por amor de Jesus. [...] Trazemos, porém, este tesouro em vasos de barro, para que se veja que este extraordinário poder é de Deus e não é nosso" (2Cor 4,5.7).

A Ordem é um dom e, ao mesmo tempo, uma obrigação: a capacitação para representar Jesus Cristo também contém a obrigação de nos tornarmos cada vez mais semelhantes a Ele, para que a sua representação seja verdadeira; pois a exortação dirigida pelo Apóstolo Paulo a Timóteo também vale para todos os ministros da Igreja: "Não descures o carisma que está em ti, e que te foi dado através de uma profecia, com a imposição das mãos dos presbíteros" (1Tm 4,14; cf. 2Tm 1,6 e 1Tm 5,22).

É indiscutível que a recepção do ministério através do Sacramento da Ordem não equivale a uma elevação automática a uma maior dignidade ou perfeição moral, mas somente a uma habilitação ou capacitação, e a um envio para atuar em nome de Cristo. Mas falar e agir em seu nome também significa falar e agir como Ele falou e agiu, significa torná-lo presente não apenas mediante atos oficiais, mas igualmente com o testemunho da própria vida.

Cristo é santo, inocente e imaculado (cf. Hb 7,26). Ele não conheceu o pecado (cf. 2Cor 5,21). Se o ministério sacerdotal consiste em representar Cristo diante dos homens o mais fielmente possível, então o sacerdote deve esforçar-se por tornar-se, como seu representante, semelhante a Ele, sem que de modo nenhum a representação de Cristo dependa da santidade do homem.

Embora a validade e a eficácia da administração dos sacramentos não dependa da fé nem da integridade e da santidade morais do ministro, mas de Jesus Cristo, para agir como seu ministro primário, através dele na pessoa crente, contudo isto não pode nem deve significar que o ministro eclesialmente autorizado dos sacramentos não tenha nenhuma obrigação subjetiva de viver santamente.

A vocação à santidade é, ao mesmo tempo, uma esperança firme e segura. Temos todos os motivos para estar confiantes e para ter esperança. Porque é o próprio Senhor quem hoje realiza, através de nós, no seu Espírito, a sua obra salvífica: "Devemos possuir um olhar perspicaz para a contemplar, e sobretudo um coração grande para nos tornarmos instrumentos dela" (NMI, 58). Há sinais da santidade sacerdotal que transparecem em coisas muito simples: num coração que bate pelos homens, na capacidade de estabelecer contatos, na cordialidade, na bondade, na tolerância, no respeito e na credibilidade.

A condição para o bom êxito da vida é a reconciliação dos contrastes existentes em nosso íntimo. Devemos superar esses contrastes suportando-os e resolvendo-os mediante a dedicação radical ao seguimento de Cristo. Se entendermos bem o caminho do seguimento de Cristo, vislumbraremos a reconciliação dos contrastes experienciais da vida, com uma nova dedicação à missão universal. O ministério somente terá crédito quando a pessoa se identificar com tudo aquilo que faz. O sacerdote deve estar intimamente cheio de toda a força da sua pessoa e, desse modo, suportar tudo o que faz, prega e administra. A testemunha moderna da fé deveria assemelhar-se a um místico que busca Deus.

A nossa vocação e o nosso ministério são muito exigentes. Hoje, a existência sacerdotal deve ser um "sacramento", um sinal simbólico do evento salvífico e respectivamente, da presença especial do divino. Como símbolo, o ministério sacerdotal pretende condensar a realidade de Deus de maneira que os homens possam ter acesso a experienciar Deus. A ação sacerdotal deve manter aberta a dimensão transcendente da realidade, para que a experiência de Deus se torne possível. Este símbolo deve evitar que os homens percam a transcendência e sejam um sinal contra o esquecimento de Deus no mundo.

Obviamente, o ministério sacerdotal não foi instituído para que o sacerdote "providencie as suas necessidades espirituais", mas as dos fiéis. No entanto, ele só pode convencer e ser digno de confiança se também for plenamente espiritual. A nossa vocação é a de nos tornarmos ministros segundo o coração de Deus. É claro que nem sempre é fácil seguir Jesus Cristo. A nossa obrigação e tarefa é crescer sem descanso, espiritualmente e humanamente: todos devemos chegar a conhecer o Filho, para nos tornarmos todos homens perfeitos e podermos representá-lo tal qual é (cf. Ef 4,13).

A vocação à santidade é comum a todos os fiéis: "Todos os fiéis se santificarão cada dia mais nas condições, tarefas e circunstâncias da própria vida e através de todas elas se receberem tudo com fé da mão do Pai celeste e cooperarem com a divina vontade, manifestando a todos, na própria atividade temporal, a caridade com que Deus amou o mundo" (LG, 41). Não objetemos que isso apenas se aplicaria aos cristãos que vivem no mundo, porque, mesmo abstraindo do fato de falar expressamente de todos os fiéis, o Concílio Vaticano II afirmou continuadamente que na Igreja não só existem ministérios particulares, distintos uns dos outros, mas que também só há uma missão em que todos participam.

Uma espiritualidade do sacerdote, à altura dos tempos, caracteriza-se pelo ministério salvífico que lhe foi confiado. Quando se fala da vocação especial do sacerdote à santidade não se exclui que também os outros sejam chamados à santidade. Aqui, trata-se da nova qualidade da assunção particular concedida por Cristo no Sacramento da Ordem que, embora não tenha sido primariamente instituído para a salvação pessoal do sacerdote ordenado, deve trazer-lhe a salvação através do cumprimento do seu ministério de sacerdote. Por isso, a graça concedida no Sacramento da Ordem torna-se a forma determinante de todo o projeto da vida de um sacerdote.

O sacerdote santifica-se ao desempenhar o seu ministério salvífico a favor dos homens, e chega à santidade ao exercê-lo adequadamente. A sua santidade consiste em tornar possível que se experimente o amor pastoral perfeito de Jesus Cristo. O sacerdote enganar-se-ia se se transformasse num *supermanager* que mergulha inteiramente numa atividade pastoral frenética, e, por isso, ficasse incapaz de parar um momento para refletir. Ele deve dedicar-se ao seu ministério salvífico e subordinar-lhe tudo. Numa vida cristã verdadeira, o amor de Deus e o amor do próximo, a santificação pessoal e o apostolado nunca podem se separar, pois constituem um todo uno e coeso, condicionando-se reciprocamente.

Atualmente, a coisa mais importante é o ministério particular sempre exercido para a construção do corpo de Cristo e para a salvação do mundo. Se vivermos em íntima relação com Deus poderemos estabelecer uma relação permanente entre Deus e os homens, tornando possível a *communio*, isto é, a edificação da Igreja no seio de cada nova geração e a interligação de todos os homens nas diversas estruturas e diferentes espaços eclesiais de vida.

O apostolado eficaz é exercido por homens espirituais; dele fazem parte a irradiação de uma santidade pessoal, individual, e de uma perfeita união com Deus, e também a disponibilidade para dar-se completamente. O bom êxito do nosso ministério depende do aumento da energia e da força do nosso íntimo, graças ao Espírito de Cristo; isto permite que os homens com quem nos encontramos descubram a fonte da nossa energia. Os homens devem ter a possibilidade de perceber que Cristo habita em nós. Radicados no amor, e nele fundados, deveríamos ser capazes, juntamente com todos os santos, de medir e compreender o comprimento e a largura, a altura e a profundidade do amor de Cristo, que supera todo o conhecimento. Só poderemos encher os homens de entusiasmo por Cristo, se estivermos cheios de toda a sua plenitude (cf. Ef 3,14-19).

Se, no momento da consagração eucarística, eu posso, como sacerdote, dizer na primeira pessoa do singular "Isto é o meu corpo", aqueles que participam nela esperam poder perceber, ao menos às vezes, no rosto do celebrante algo de divino[73]. Como a dignidade do sacerdócio não é concedida porque merecida, mas é concedida como um dom a favor dos fiéis, cada sacerdote deve, com humildade, modéstia e reserva, dar lugar a Cristo.

Se a graça é o fundamento da vida cristã, então o sacerdócio é o Sacramento da graça: "Que tens tu que não tenhas recebido? E, se o recebeste, por que te glorias, como se não o tivesses recebido?" (1Cor 4,7). Nós experimentamos a graça como um dom gratuito de Deus. O comportamento adequado do homem como resposta à graça de Deus é uma abertura permanente. O derradeiro bom sucesso e a última felicidade da vida baseiam-se precisamente nesta passividade radical do sujeito. Assim como toda a vida cristã é viver em virtude da graça de Deus, assim também o sacerdócio não é mais do que uma radical existência na graça de Deus, um *existir recebendo.* Quem acolhe a graça de Deus é levado a exprimir a sua alegria em louvar a Deus. Isto significa que a essência mais profunda do ministério sacerdotal encontra a sua mais alta realização na liturgia.

No culto divino nos deixamos encher com os dons de Deus. O culto ou serviço divino é o *serviço prestado pelo próprio Deus* e pela sua graça à vida dos homens e, consequentemente, gratidão exteriorizada com toda a justiça pelos homens a Deus. O culto é uma celebração da fé, em que o Deus criador, redentor e aperfeiçoador da nossa vida é louvado e glorificado desinteressadamente.

---

73. Cf. VERWEYEN, H.J. *Warum Sakramente?* Ratisbona, 2001, p. 112-117.

O dom do sacerdócio

A recepção do Sacramento da Ordem é tão somente o início de uma caminhada com Cristo que ainda não foi concluída com a ordenação. A sua recepção é o começo de uma comunicação dinâmica com Deus, que deve ser levada por diante de maneira sobrenatural no seguimento de Cristo. Um exercício adequado do ministério sacerdotal só é possível como seguimento de Cristo, porque esse ministério exige o compromisso e o empenhamento da pessoa toda. Assim a pergunta de importância decisiva é: Estamos agradecidos pelo mistério e pelo dom do sacerdócio? Vemos a sua beleza e a sua dignidade? Devemos ter a coragem de deixar amadurecer e crescer em nós a nossa vocação, de sintonizar a nossa vida com a nossa fé. E só poderemos fazê-lo se não perdemos de vista o conjunto.

Estamos mergulhados numa situação carregada de tensão: entre o mistério de Jesus Cristo e o nosso mundo, no qual devemos dar uma forma experienciável. Sentiremos continuamente que as duas coisas divergem: a nossa relação pessoal com Cristo, em virtude de quem, em quem e por intermédio de quem operamos, e este mundo em que devemos agir. Vemos a nós próprios e o nosso mundo, para que somos enviados e em que devemos pregar o Evangelho, mas vemos demasiado pouco o Senhor que nos envia, que nos precede e que nos segue para poder agir através de nós e a fim de que atuemos em vez dele e em seu nome.

Cristo é o centro da vida cristã. O ministério sacerdotal existe para manter viva esta convicção de fé. Para que a nossa ação dê frutos, todo aquele que age por mandato da Igreja deve fazê-lo com conhecimento de causa e confiadamente: eu sou colaborador de Deus; realizo o seu trabalho e Ele opera através de mim, olhando com amor para o que eu faço e encorajando-me. O Deus vivo está comigo; por isso, também a minha vida e o meu ministério terão um bom sucesso. De fato, somos chamados por Deus e por Ele habitados para "exercer a sua pastoral" (Paul Michael Zulehner)[74].

Animados com esta confiança podemos ser, como sacerdotes, homens absolutamente naturais, homens capazes de ser e de estar prontos a ser não só muito cordiais, mas também conscientes das nossas fraquezas. Só nos tornaremos credíveis se, em virtude da ajuda de Deus, também permanecermos reconhecíveis como pessoas crentes. Um sinal neste sentido é a nossa serenidade cristã, que se funda na esperança escatológica. A realização do que se espera é obra de Deus, e não o resultado de uma atividade humana. A nossa fé em que Deus realiza o seu Reino nos protege da ideologia de que se deve criar um reino perfeito já aqui na Terra. Um modo verdadeiramente cristão de agir pode ser reconhecido por esta atitude cheia de uma serenidade não só comprometida e empenhada, mas também caracterizada pelo realismo cristão. Por isso, tal como fez Moisés no deserto, assim também nós seremos capazes de manter unido um pequeno grupo se confiarmos na promessa.

O ministério sacerdotal será sempre exercido na perspectiva de Jesus: difundir o amor entre os homens no seu Espírito. A nossa vida é o meio de transmissão da mensagem de Jesus hoje; assim, precisamos de saber se tornamos esta mensagem audível e experimentável, de modo que os homens com quem nos encontramos possam perceber a voz de Jesus Cristo. Ajudamos os homens a ver, para que possam ler hoje adequadamente a mensagem de Jesus? Conseguimos com o nosso ministério fazer com que Deus

---

74. Cf. ZULEHNER, P.M. & BRANDNER, J. "Meine Seele dürstet nach dir". In: Gottes-Pastoral. Ostfildern, 2002.

transpareça aos olhos dos homens? A competência decisiva consiste em fazer transparecer Deus. Se o mensageiro quiser pregar a mensagem convincente e credivelmente deverá transformar-se nela. Quem quiser verdadeiramente convencer, terá de, primeiro, estar convencido. Como sacerdotes devemos estar convencidos de que o nosso ministério é, no presente, um ministério dotado de sentido. Se, *como sacerdotes,* nos tornarmos supérfluos, também logicamente nos tornaremos supérfluos como homens. Mas nós temos a mais bela mensagem para os homens do nosso tempo: podemos pregar-lhes a salvação, dizer-lhes que foram e estão redimidos e que são chamados à liberdade dos filhos de Deus.

Do bom sucesso do ministério sacerdotal faz parte o constante discernimento dos espíritos. Portanto, necessitamos da coragem da autocrítica e da disponibilidade para discutir o nosso ponto de vista e de, até eventualmente, modificá-lo. A questão é saber se nos fixamos nas dificuldades realmente existentes e vividas do ministério sacerdotal, e se conseguimos extrair da nossa atividade pastoral a maior energia possível para a nossa vida espiritual. Cada ministério sacerdotal deveria tornar-se uma recordação e uma renovação do Sacramento da Ordem. É que a lembrança da ordenação faz com que se torne eficazmente viva a presença e a ação do sumo sacerdote Jesus Cristo.

A "cura d'almas" apresenta muitos e variados aspectos e é rica de facetas. É importante e decisivo que encorajemos os homens a desenvolver plenamente o seu cristianismo, e os ajudemos a pôr a sua vida em relação com Deus. "Para exercer este ministério, como também para os restantes ofícios sacerdotais, é conferido [à Igreja] o poder espiritual, que é dado para edificação. Na edificação da Igreja, porém, os presbíteros devem tratar com todos com grande humanidade, a exemplo do Senhor. Nem devem proceder para com eles segundo o agrado dos homens, mas segundo as exigências da doutrina e da vida cristãs, ensinando-os e admoestando-os como filhos caríssimos, de harmonia com as palavras do apóstolo: 'Insiste a tempo e fora de tempo, repreende, suplica, admoesta com toda a paciência e doutrina' (2Tm 4,2)" (PO, 6).

O serviço sacerdotal é um sinal de salvação, um sinal da presença contínua de Deus que dá e opera a salvação, um sinal visível da sua solicitude pastoral. Somente o conhecimento consciente que, como sacerdote, sou antes de tudo e sobretudo servo de Deus, pode infundir-me a certeza íntima e a força necessária. Essa certeza reforça a minha identidade sacerdotal e liberta em mim energias que me permitem dedicar-me ao meu ministério diante de Deus aos homens. O princípio de encarnação divino-humano que se funda na identidade da pessoa de Jesus Cristo também deve permanecer reconhecível na representação de Jesus Cristo mediante o ministério sacerdotal. O ministério da pró-existência baseia-se no fato de estar no seio da Trindade. Quem vê Jesus, vê o Pai (Jo 14,9). Por isso, Deus deve poder ser visto também no serviço sacerdotal. Assim como Jesus é, para os homens, "a imagem do Deus invisível" (Cl 1,15), assim também nós o devemos ser. Os nossos contemporâneos precisam de sacerdotes humanos e de homens sacerdotais.

É evidente que a íntima convicção de que estamos a serviço de Deus não fará, por si só, com que as situações do trabalho quotidiano se modifiquem; mas, apesar de tudo, conseguiremos vê-las a uma nova luz. O nosso ministério adquire uma nova qualidade; então, sentiremos uma nova energia que nos permitirá exercer o nosso ministério com serenidade e liberdade interior. Com toda a certeza não haverá só momentos felizes, mas também desilusões, incompreensões e derrotas. Não obstante, sabemos que vale a pena nos empenharmos de corpo e alma pela causa de Deus. Os homens perceberão que em nós existe uma viva convicção e uma força escondida. A fonte da nossa força é esta confiança inabalável de que, através do seu poder operante em nós, Deus pode infinitamente mais do que tudo quanto ousamos pedir e imaginar (cf. Ef 3,20). "Até a menor coisa que prestemos conta diante de ti, Tu a tornarás grande"[75]. Podemos desempenhar com serenidade e seriedade diante de Deus a missão que nos foi confiada. De fato, "a cada um de nós foi dada a graça, segundo a medida do dom de Cristo" (Ef 4,7), pois nos "basta a sua graça, porque a força manifesta-se plenamente na fraqueza" (cf. 2Cor 12,9).

Se refletirmos em tudo quanto de bem e de positivo há no nosso ministério e na Igreja, em vez de nos fixarmos nas carências e nas coisas não tão conseguidas, seremos capazes de superar a resignação. Todos conhecemos o hino *Die Sache Jesu braucht Begeisterte*, "A causa de Jesus precisa de pessoas cheias de entusiasmo". A convicção íntima de que eu vivo para a causa de Jesus, de que Ele está comigo e age através de mim, pode libertar em mim novas energias e motivações, já que "com o meu Deus saltarei muralhas" (Sl 18,30).

---

75. *Gotteslob*, p. 165.

6

A Eucaristia, centro do ministério sacerdotal

A glorificação de Deus é uma dimensão essencial do sacerdócio de Cristo; por isso, devemos refletir na realização do sacerdócio de Cristo, na Igreja, do ponto de vista da proximidade de Deus e da adoração de Deus. Então, muitas questões nos aparecerão a uma nova luz. A ideia do serviço sacerdotal, tal como a Igreja Católica o concebe, pressupõe uma visão sacramental ou mistérica da Igreja, e uma determinada concepção antropológica e ontológica do mundo, que vê nele um sinal de Deus. Segundo esta concepção, toda a vida do homem deve tornar-se um ato cultual. Evidentemente, ela exige que tenhamos um conceito aprofundado da essência do culto cristão como de um culto religioso que abraça toda a existência e a concebe como uma oferta da vida concreta (cf. Rm 12,1).

Liturgia e sacerdócio

O serviço de Deus é o conteúdo da vida e a finalidade do povo sacerdotal de Deus. "A glória de Deus é o homem vivo e a vida do homem é a manifestação de Deus" (Ireneu de Lião)[76]. O fim do êxodo

76. IRENEU. *Contra as Heresias*, IV, 20, 7.

bíblico é a adoração de Deus: "Deixa partir o meu povo, para que me sirva no deserto" (Ex 7,16; cf. 7,26; 8,23; 9,1). A mais alta realização do homem verifica-se na adoração de Deus: "O homem vivo é a verdadeira adoração de Deus, mas a vida só se torna vida real se receber a sua forma do olhar voltado para Deus. O culto serve precisamente para isto: oferecer este olhar e para, deste modo, comunicar a vida que se transforma em glória a Deus" (Joseph Ratzinger)[77]. A liturgia é considerada um exercício do ministério sacerdotal de Jesus Cristo (cf. SC, 7). Por isso, devemos descobrir ou redescobrir a essência da liturgia e o seu profundo significado para a pastoral e para a cura de almas, e avaliar com um novo olhar todas as atividades eclesiais a partir deste ponto de vista: "Pela liturgia da terra participamos, saboreando-a já, na liturgia celeste, celebrada na cidade santa de Jerusalém, para a qual como peregrinos nos dirigimos e onde Cristo está sentado à direita de Deus, ministro do santuário e do verdadeiro tabernáculo; por meio dela, cantamos ao Senhor um hino de glória com toda a milícia do exército celestial, esperamos ter parte e comunhão com os santos cuja memória veneramos, e aguardamos o Salvador, Nosso Senhor Jesus Cristo, até Ele aparecer como nossa vida e nós aparecermos com Ele na glória" (SC, 8).

A liturgia é o lugar por excelência da realização do sacerdócio de Cristo. Só à luz desta concepção aprofundada da liturgia é que podemos compreender a verdadeira colocação e o significado teológico do sacerdócio ministerial. De fato, na liturgia não se efetua unicamente a obra da redenção dos homens, mas também a verdadeira glorificação de Deus. A liturgia, no sentido amplo do termo, abrange toda a ação da Igreja, em que se glorifica a Deus. De fato, ela "é simultaneamente a meta para a qual se encaminha a

---

77. RATZINGER, J. *Der Geist der Liturgie*. Friburgo, 2000, p. 15 [trad. port.: *Introdução ao espírito da Liturgia*. Lisboa: Paulinas, 2001].

ação da Igreja e a fonte de onde promana toda a sua força. Na verdade, o trabalho apostólico ordena-se a conseguir que todos os que se tornaram filhos de Deus pela fé e pelo Batismo se reúnam em assembleia para louvar a Deus no meio da Igreja, participem no Sacrifício e comam a Ceia do Senhor. A liturgia, por sua vez, impele os fiéis, saciados pelos 'mistérios pascais', a viverem 'unidos no amor'; pede 'que sejam fiéis na vida a quanto receberam pela fé'; e pela renovação da aliança do Senhor com os homens na Eucaristia, e aquece os fiéis na caridade urgente de Cristo. Da liturgia, pois, em especial da Eucaristia, corre sobre nós, como de sua fonte, a graça, e por meio dela conseguem os homens com total eficácia a santificação em Cristo e a glorificação de Deus, a que se ordenam, como a seu fim, todas as outras obras da Igreja" (SC, 10).

A liturgia é a vinda, para o meio de nós, do vigário, a entrada na representação como se fora entrada na própria realidade. É verdade que participamos na liturgia celeste, mas essa participação nos é apresentada através de sinais terrestres que o Redentor nos indicou como espaço da sua realidade. "Na celebração da liturgia realiza-se, de algum modo, a passagem do *exitus* ao *reditus,* a saída torna-se retorno e a descida de Deus dá lugar à nossa ascensão. A liturgia introduz o tempo terreno no tempo de Jesus Cristo e na sua presença. Ela é o ponto de viragem no processo da redenção. O pastor põe aos ombros a ovelha tresmalhada e leva-a para casa" (Joseph Ratzinger)[78].

Só poderemos compreender a profundidade espiritual do sacerdócio ministerial se partirmos do significado pleno da Eucaristia[79]. A celebração da Eucaristia como atualização do sacrifício de

---

78. Ibid., p. 53s.

79. Cf. AUGUSTIN, G. "Das Sakrament der Eucharistie als die Fülle des Heilsmysteriums". In: PROBST, M. & AUGUSTIN, G. (eds.). *Wie wird man Christ?* Op. cit., p. 325-350.

Cristo também é um sacrifício da Igreja, e que o sacerdote representa duplamente Cristo. Na celebração da Eucaristia Cristo não somente se torna presente na sua missão para com os homens, mas também nos abre, na sua perene dedicação ao Pai, o caminho para Deus. Esta dedicação de Cristo é atualizada no tempo e no espaço pelo ministério sacerdotal na Eucaristia.

Cristo está presente como cabeça da sua Igreja; nesta sua qualidade, Ele é representado pelo sacerdote que, na medida em que atua em nome da Igreja, representa Cristo como cabeça da Igreja, como quem nos conduz ao Pai. Aqui manifesta-se uma dimensão essencial da representação de Cristo pelo sacerdote: os crentes só têm acesso ao Pai através do Sumo Sacerdote, Jesus Cristo. Representar esse Sumo Sacerdote *não apenas significa que o sacerdote está "diante" dos fiéis, mas que também está "com os fiéis"*, e que eles estão juntamente diante de Deus, louvando-o. A comunidade reunida para a celebração da Eucaristia é transformada, por meio do Espírito Santo, no corpo de Cristo, e torna-se em Cristo um dom sacrificial diante de Deus. É dever e tarefa do ministério sacerdotal representar este Cristo. Nessa obrigação, que consiste em "tomar consigo" os fiéis para conduzi-los ao Pai, Cristo está sempre presente como mediador na sua Igreja. Esta sua representação acontece na coexistência de todos, sacerdotes e fiéis, com a sua cabeça e na sua cabeça.

Se a liturgia terrena só encontra o seu verdadeiro sentido na sua ligação à liturgia celeste, e se ela é, como ação mediadora do Sacerdote eterno Jesus Cristo, o lugar da realização do seu sacerdócio, então a essência do ministério do sacerdote consiste em representar este Cristo atualmente operante.

Podemos considerar com boas razões que os ministérios e os serviços se foram desenvolvendo na Igreja num "contexto litúrgico"[80]. As denominações dos detentores do ministério – apóstolos, profetas, doutores, bispos, presbíteros e diáconos – foram outrora rapidamente submetidas a uma certa mudança, tendo por base a concepção da sua vida cristã específica. Mas todos eles eram de algum modo "liturgos" que desempenhavam o serviço diante de Deus mediante a oferta do sacrifício eucarístico ou através do serviço do Evangelho, ou servindo à mesa. O Apóstolo Paulo fundou o seu ministério mediante o "serviço litúrgico": ele diz-se um liturgo de Jesus Cristo para os pagãos, empenhado no serviço sacerdotal do Evangelho de Deus, para que os pagãos se tornem um dom sacrifical agradável a Deus e sejam santificados no Espírito Santo (cf. Rm 15,16). Diante deste pano de fundo da liturgia pode-se considerar que todos os detentores do ministério rapidamente assumiram funções sacerdotais para legitimarem o seu ministério e o seu serviço, tanto interno como externo.

Para a Igreja antiga teria sido inaceitável a ideia de que pudesse haver ministérios de algum modo configurados, que não se relacionassem estritamente com assembleias litúrgicas, onde originariamente haviam surgido. De fato, os limites da comunidade eram determinados pela assembleia eucarística (trata-se de um dado que pode fornecer incentivos importantes para uma nova organização da futura cura de almas). No período pós-apostólico, as funções dos profetas e dos doutores já foram rapidamente transpostas para o serviço realizado pelos bispos, pelos presbíteros e pelos diáconos, e nele integradas. A tríplice divisão do ministério torna-se normativa para toda a história da Igreja. O sacerdócio do bispo e o do presbítero não se distinguem substancialmente; por isso podemos falar de *um único* sacerdócio ministerial.

---

80. Cf. MARTIN, J. *Die Genese des Amtspriestertums in der frühen Kirche*. Friburgo, 1972.

Cristo é o ator principal e o Sumo Sacerdote que, antes de tudo, age na Eucaristia. "Assim como Cristo foi enviado pelo Pai, assim também Ele enviou os apóstolos, cheios do Espírito Santo, não só para que, pregando o Evangelho a toda a criatura, anunciassem que o Filho de Deus, pela sua morte e ressurreição, nos libertara do poder de satanás e da morte, e nos introduzira no Reino do Pai, mas também para que realizassem a obra de salvação que anunciavam, mediante o sacrifício e os sacramentos, à volta dos quais gira toda a vida litúrgica" (SC, 6). Para realizar plenamente esta obra da salvação, "Cristo está sempre presente na sua Igreja, especialmente nas ações litúrgicas" (SC, 7).

Na liturgia, o sacerdote representa Cristo e age em seu nome. Onde o sacerdote age *in persona Christi in nomine ecclesiae*, o testemunho dele a Deus torna-se oficial. Isto acontece na liturgia, sobretudo na Eucaristia. Na liturgia, o sacerdote não age em nome de Cristo ausente, mas põe a sua pessoa à disposição de Cristo, para que se estabeleça uma comunhão de ação, entre Jesus Cristo, o Sumo Sacerdote presente, e a sua Igreja, para a santificação do homem e para a glorificação do Pai celeste[81].

A liturgia, "meta para a qual se encaminha a ação da Igreja e a fonte de onde promana toda a sua força" (SC, 10), também é o lugar central, onde o sacerdote é sacramentalmente testemunha habilitada de presença de Deus[82]. Todos os serviços e tarefas devem tender para este centro e libertar dele energia. A liturgia deveria ser celebrada o mais dignamente possível, para que aqueles que nela participam saboreiem antecipadamente a perene liturgia

81. Cf. ADAM, A. *Grundriss Liturgie*. Friburgo, 1985, p. 15.

82. Cf. ibid., p. 10.

celeste, na qual, em última análise, a nossa celebração litúrgica mergulha as suas raízes.

A liturgia é o lugar onde, hoje, muitos percebem mais frequentemente o testemunho do sacerdote. Por isso, esse serviço deve ser realizado com muita seriedade e cuidado, para que os fiéis possam penetrar mais profundamente no mistério de Cristo[83]. Não se trata de realizar ações e gestos espetaculares, mas de pôr todas as suas capacidades e toda a sua energia a serviço dos homens diante de Deus.

O modo como o sacerdote celebra a liturgia é de importância decisiva para os fiéis. Uma celebração da liturgia que seja frenética ou vise mostrar a pessoa do sacerdote pode tornar um testemunho negativo e ser contraproducente para a pregação. A liturgia não deveria ser sobrecarregada com explicações e avisos, ou ser desfigurada com demasiada teatralidade. Na celebração da liturgia, o sacerdote deve superar a tentação iluminística de fazer da liturgia lugar da experiência da transcendência e da graça, um lugar da pregação da moral e da doutrinação. O respeito do sacerdote pelo mistério de Deus, na liturgia, e a gloriosa serenidade e devoção no decurso da celebração, são já pregações da presença de Deus. A questão decisiva é a de saber se o sacerdote consegue criar, com o seu serviço, uma atmosfera, para que os participantes na celebração encontrem uma via de acesso à realidade de Deus.

Todas as atividades pastorais permanecerão infrutuosas se o sacerdote não penetrar mais profundamente no espírito da liturgia e não for plasmado, como presidente da celebração litúrgica, pelo seu dinamismo espiritual. A liturgia é um acontecimento sobre-

---

83. Cf. PROBST, M. "Der liturgische Dienst des Priesters". In: AUGUSTIN, G. & RISE, G. (eds.). *Die eine Sendung* – In vielen Diensten. Op. cit., p. 261-276.

natural ao qual podemos nos abrir e dar espaço. No seio da ação humana quem opera no Espírito Santo é o Cristo presente. Quanto mais Cristo se tornar reconhecível e experienciável na liturgia, através do serviço sacerdotal, tanto mais o sacerdote se tornará testemunha da presença viva de Deus entre os seus fiéis.

A liturgia é a alma, a raiz, o centro e a realização da vida cristã. Ninguém pode ter dúvidas. Mas o centro ainda não é tudo, porque é só e precisamente o centro de um conjunto; por isso, a liturgia deve ser integrada no contexto maior dos atos vitais da Igreja: pregação, serviço e liturgia. A pregação sem diaconia é vazia e não credível, e sem liturgia seria somente uma pedagogia da fé. A diaconia sem pregação seria um mero trabalho social, um horizontalismo e imanência no mundo. A diaconia sem liturgia faria com que se perdesse de vista a especificidade da atividade caritativa cristã que, partindo do serviço prestado ao próximo, conduz ao louvor de Deus (cf. At 3,1–4,31).

A liturgia precisa da pregação para não se transformar num puro ritualismo da Igreja. No centro do culto não estão ações rituais, mas o diálogo eterno entre Deus e o homem. Nas suas *Confissões*, Agostinho afirma concisamente: [A minha mãe] visitava a tua igreja duas vezes por dia, de manhã e à tarde, sem nunca faltar, mas não para falar de coisas vãs e tagarelar [...], mas para ouvir as tuas palavras e dar-te a ouvir as suas orações"[84]. De igual modo, a liturgia precisa da diaconia, da abertura ao mundo, para poder permanecer viva e a serviço da vida.

A pregação, a diaconia e a liturgia devem integrar-se reciprocamente de tal maneira que já não sejam três coisas, mas uma

84. AGOSTINHO. *Confissões*, 5, 9, 17 [trad. port. e notas de Arnaldo Espírito Santo, João Beato e Maria Cristina de Castro-Maia de Sousa Pimentel. Lisboa: Nacional/Casa da Moeda, 2000].

única, e todas juntas constituam o tríplice aspecto da realidade única que é a Igreja. Só no seio de uma colaboração viva dos três atos fundamentais da Igreja é que a vida cristã cresce na fé, na esperança e na caridade.

À luz desta visão integrada dos atos vitais da Igreja, o Concílio Vaticano II apresenta a importância fundamental da liturgia para toda a vida da Igreja: "A Liturgia, pela qual, especialmente no sacrifício eucarístico, 'se opera o fruto da nossa redenção', contribui em sumo grau para que os fiéis exprimam na vida e manifestem aos outros o mistério de Cristo e a autêntica natureza da verdadeira Igreja, que é simultaneamente humana e divina, visível e dotada de elementos invisíveis, empenhada na ação e dada à contemplação, presente no mundo e, todavia, peregrina, mas de forma que o que nela é humano se deve ordenar e subordinar ao divino, o visível ao invisível, a ação à contemplação, e o presente à cidade futura que buscamos. A liturgia, ao mesmo tempo que edifica os que estão na Igreja, em templo santo no Senhor, em morada de Deus no Espírito, até à medida da idade da plenitude de Cristo, robustece de modo admirável as suas energias para pregar Cristo e mostra a Igreja aos que estão fora, como sinal erguido entre as nações, para reunir à sua sombra os filhos de Deus dispersos, até que haja um só rebanho e um só pastor" (SC, 2).

Nesta concepção global da vida e do ministério eclesial a liturgia permanece a fonte, o cume e a realização plena da vida eclesial. A vida espiritual dos cristãos tem necessariamente o seu ponto culminante na liturgia, pois é de lá que eles extraem a força para a sua vida. A liturgia e, especialmente, a celebração da Eucaristia, edificam a vida espiritual, alimentando-a, vivificando-a e aperfeiçoando-a.

Através da participação no sacerdócio de Cristo o povo de Deus é habilitado como "um sacerdócio santo, cujo fim é oferecer sacrifícios espirituais agradáveis a Deus, por Jesus Cristo" (1Pd 2,5), para oferecer "continuamente a Deus um sacrifício de louvor, isto é, o fruto dos lábios que magnificam o seu nome" (Hb 13,15). O sacrifício da Igreja não é, de modo nenhum, novo, como se ela pudesse realizar um novo sacrifício a par do de Jesus Cristo; mas só é novo na medida em que o povo de Deus se insere continuamente no único sacrifício de Cristo que está presente na Eucaristia. O culto cristão encontra justamente o seu fim nesta oferta, sendo a Eucaristia o símbolo real dessa oferta permanente de si no seio do amor fraterno, como também Paulo afirma quando, no contexto da sua narração da instituição (1Cor 11), ele apresenta a Eucaristia como a reiteração da verdadeira Ceia do Senhor. Além disso, ele adverte: "Por isso, vos exorto, irmãos, pela misericórdia de Deus, a que ofereçais os vossos corpos como sacrifício vivo, santo, agradável a Deus. Seja este o vosso verdadeiro culto, o espiritual" (Rm 12,1). Segundo o apóstolo, o cristão deve estar fisicamente à disposição de Deus, aprender a compreender e a fazer a sua vontade, a viver separado "do mundo" e a servir os irmãos e as irmãs com as obras do amor (Rm 13,1s.).

Se a liturgia deve permanecer viva, devemos nos empenhar para que a sua celebração se torne uma *conscie, pia, actuosa et fructuosa participatio,* uma celebração consciente. Por isso, necessitamos do Espírito Santo que nos vivifica (Jo 6,63). A obrigação e tarefa central do sacerdote consiste em fazer de maneira que a liturgia se torne o lugar do encontro com Deus e da experiência de Deus. A finalidade de tudo o que fazemos para a liturgia consiste em nos colocar em condições de glorificar a Deus através dela.

Eucaristia e sacerdócio

O plano salvífico de Deus, que visa "elevar os homens à participação da vida divina" (LG, 2), encontra a sua expressão concreta na *communio* dada, na comunhão entre Deus e o homem e na comunhão dos homens entre si. A alma da *communio*, o lado interior da *communio* eclesial, é a participação na vida de Deus em Cristo, e é o fundamento da existência da Igreja. A Constituição Dogmática sobre a Divina Revelação, do Concílio Vaticano II, cita solenemente a Primeira Carta de João: "'Anunciamo-vos a Vida eterna, que estava junto do Pai e nos apareceu: anunciamo-vos o que vimos e ouvimos, para que também vós vivais em comunhão conosco, e a nossa comunhão seja com o Pai e com o seu Filho, Jesus Cristo' (1Jo 1,2-3)". A Igreja prega e celebra os mistérios salvíficos para viver e vivificar essa comunhão e para fazer com que os homens participem nela, "para que o mundo inteiro, ouvindo, acredite na mensagem da salvação, acreditando espere, e esperando ame" (DV, 1).

A Eucaristia é o lugar central da participação na obra salvífica de Cristo, estando por isso no centro da vida cristã. Quanto mais realçarmos a profunda importância da Eucaristia para a vida e para a atividade da Igreja, tanto mais clara se tornará a sua importância na vida e no ministério do sacerdote. O sacrifício eucarístico como fonte e vértice de toda a vida cristã contém, de fato, "todo o tesouro espiritual da Igreja, isto é, o próprio Cristo, a nossa Páscoa e o pão vivo que dá aos homens a vida mediante a sua carne vivificada e vivificadora pelo Espírito Santo" (PO, 5; cf. LG, 11).

O mistério da Eucaristia constitui o núcleo do mistério da Igreja (JOÃO PAULO II. *Ecclesia de Eucharistia* [EE], 1). Através da Eucaristia, Jesus Cristo continua presente na Igreja, todos os dias até ao fim do mundo, e, através da Igreja, no mundo (Mt 28,20). A presença eucarística do Senhor influi incessantemente em toda a atividade da Igreja. Assim como a Igreja nasce, vive e age, por força do seu centro eucarístico, assim também o sacerdócio ministerial sacramentalmente habilitado se funda e fundamenta, como ministério da Igreja, na Eucaristia, vivendo dela, desenvolvendo-se nela e haurindo dela a força para agir. Tal como a Eucaristia é centro e ápice da vida de todos os crentes no seio da comunidade da Igreja, também e ao mesmo tempo ela constitui o centro e o ponto culminante da vida e do ministério sacerdotal. De fato, a Igreja crê e ensina que a Eucaristia é o fundamento identitário essencial e central do Sacramento da Ordem que, na verdade, foi instituído no momento da instituição da Eucaristia e juntamente com ela (cf. EE, 31).

O Concílio Vaticano II quer vivificar e desenvolver plenamente o vínculo existente entre a Eucaristia, a Igreja e o sacerdócio; vínculo que se funda e fundamenta na tradição viva da Igreja, porque é o sacerdote ordenado quem "realiza o sacrifício eucarístico, fazendo as vezes de Cristo e oferece-o a Deus em nome de todo o povo" (LG, 10). O ministério sacerdotal *in persona Christi* é, no seu verdadeiro significado, muito mais do que dizem as expressões "agir 'em nome' ou 'em representação'" de Jesus Cristo. Agir *in persona Christi* abrange uma identificação sacramental específica do sacerdote com o eterno Sumo Sacerdote, com o autor e o sujeito principal deste seu sacrifício. O ministério dos sacerdotes, que são habitados pela recepção da ordenação, evidencia, na economia da salvação estabelecida por Cristo, que "a Eucaristia, por eles celebrada, é um dom que supera radicalmente o poder da assembleia" (EE, 29).

Erra quem considerar que o poder de celebrar a Eucaristia, confiado exclusivamente aos bispos e aos sacerdotes, é uma diminuição da dignidade do sacerdócio comum, já que todos os fiéis, "por sua parte, concorrem para a oblação da Eucaristia em virtude do seu sacerdócio real" (LG, 10). Na comunhão no único corpo de Cristo, a Igreja, a salvação redunda na Eucaristia em medida superabundante em benefício de todos.

O Concílio Vaticano II viu no amor do pastor o vínculo que unifica a vida e o ministério do sacerdote: esse amor "flui sobretudo do sacrifício eucarístico, que permanece o centro e a raiz de toda a vida do presbítero" (PO, 14).

"Compreende-se, assim, quão importante seja para a sua vida espiritual, e depois para o bem da Igreja e do mundo, que o sacerdote ponha em prática a recomendação conciliar de celebrar diariamente a Eucaristia, 'porque, mesmo que não possa ter a presença dos fiéis, é ato de Cristo e da Igreja'. Desse modo, ele será capaz de vencer toda a dispersão ao longo do dia, encontrando no sacrifício eucarístico, verdadeiro centro da sua vida e do seu ministério, a energia espiritual necessária para enfrentar as diversas tarefas pastorais. Assim, os seus dias tornar-se-ão verdadeiramente eucarísticos" (EE, 31; cf. PO, 13; CDC, can. 90; CCEO, can. 378).

Por isso, em rigor, não existe nenhuma "missa privada". Mesmo que um sacerdote celebre sozinho, a Eucaristia é uma celebração do dom permanente de si feito por Jesus Cristo ao Pai, dom que está sempre e que é realizado na comunhão de toda a Igreja e de todos os santos como atualização da liturgia celeste. Esta convicção pode dar um sentimento de conforto aos muitos sacerdotes que nunca podem estar ativamente em serviço. Ao celebrar a Eucaristia, mesmo que eventualmente sozinhos, eles contribuem ativamente para a salvação e para a santificação do mundo.

Para a renovação da Igreja e do sacerdócio é extremamente importante que também nós, sacerdotes, descubramos continuamente a importância central da Eucaristia na nossa vida. O nosso amor à Eucaristia será para os fiéis um grande estímulo para que também eles descubram a sua grandiosa importância.

Eucaristia e Igreja

O Concílio Vaticano II ensina a conceber a Igreja como o Reino de Deus já presente no mistério, e a compreender novamente este mistério, a partir da Eucaristia: "Sempre que no altar se celebra o sacrifício da cruz, na qual 'Cristo, nossa Páscoa, foi imolado' (1Cor 5,7), realiza-se também a obra da nossa redenção. Pelo Sacramento do pão eucarístico, ao mesmo tempo é representada e se realiza a unidade dos fiéis, que constituem um só corpo em Cristo" (LG, 3).

A imagem da Igreja já é germinalmente visível desde as suas origens. A comunidade das origens perseverava no ensino dos apóstolos e na comunhão, na fração do pão e na oração (At 2,42), delineando assim aquela que teria sido a dinâmica do caminho da Igreja no decurso da história. Esse caminho começa com o envio do Espírito Santo, que se dá a uma comunidade unida à oração, e que tem no seu centro a Virgem Maria e os apóstolos (At 1,12-14; 2,1). O caminho da Igreja é o caminho a cuja frente está o Espírito Santo, o Espírito de Jesus. Esta Igreja torna-se visível quando ora. A oração da Igreja encontra o seu centro na "fração do pão". Desse modo, a Eucaristia mostra ser o centro da vida eclesial.

A Eucaristia é *koinonia* (*communicatio*) através da participação na vida de Deus: "A Igreja toda aparece como 'um povo unido pela unidade do Pai e do Filho e do Espírito Santo'" (LG, 4). É a união com Deus que faz dela o povo de Deus. A realidade, que o termo bíblico e patrístico *koinonía* tenciona exprimir, condensa-se na Eucaristia e na comunhão da Igreja por ela fundada. "A comunhão em e ao corpo de Cristo significa comunhão recíproca. Ela inclui, por natureza, a aceitação de si, o recíproco dar e receber, a disponibilidade e a partilha" (Joseph Ratzinger)[85].

O fundamento dos vários planos da *communio* reside na pessoa de Jesus Cristo e na comunhão com o Deus encarnado. A união entre a divindade e a humanidade em Jesus Cristo é o mistério e o fundamento de toda a comunhão entre Deus e os homens. A encarnação do Filho de Deus é a comunhão entre Deus e os homens. A Igreja, enquanto é e for Igreja, é corpo de Cristo. Se continuarmos a desenvolver este fundamento, compreenderemos que a Igreja nasce da Eucaristia, vive da Eucaristia e que, no fundo, a Eucaristia e a Igreja são inseparáveis.

Na Primeira Carta aos Coríntios, o Apóstolo Paulo propõe algumas ideias que desenvolvem a eclesiologia eucarística:

"O cálice de bênção, que abençoamos, não é comunhão com o Sangue de Cristo? O pão que partimos não é comunhão com o Corpo de Cristo? Uma vez que há um único pão, nós, embora muitos, somos um só corpo, porque todos participamos desse único pão" (1Cor 10,16s.).

Quando comemos pão nos tornamos o que comemos (Agostinho). O homem que recebe este pão é assimilado a ele, é assumido por ele, funde-se nele e torna-se pão como o próprio Cristo. "A comunhão eucarística tende para uma transformação total da sua vida. Com força abre todo o eu do homem e cria um novo nós. Por isso, a comunhão com Cristo revela-se também uma comu-

---

85. RATZINGER, J. "Weggemeinschaft des Glaubens". Op. cit., p. 61.

nicação com todos aqueles que lhe pertencem: nela, eu começo a fazer parte deste novo pão que Ele cria na transubstanciação da inteira realidade terrena" (Joseph Ratzinger)[86].

A Igreja não pode ser explicada de um modo horizontal e substancialmente sociológico, porque o fundamento da sua proveniência é a comunhão com Cristo: "A relação com o Senhor, a proveniência e a orientação para Ele é a condição da sua existência; pode-se até dizer: na sua essência, a Igreja é relação, uma relação fundada pelo amor de Cristo que, por seu lado, também funda uma nova relação mútua entre os homens"[87]. O amor de Cristo tornou-se, no mistério pascal, e de um modo único, uma realidade permanente; a Eucaristia é a atualização deste mistério.

Celebrar a Eucaristia, encontrar o Senhor e receber o seu amor, significa "entrar numa comunhão ontológica com Cristo, entrar naquela abertura da natureza humana a Deus que, ao mesmo tempo, é a condição da abertura mais profunda de cada homem ao outro. O caminho para a comunhão recíproca entre os homens passa pela comunhão com Deus. Portanto, para perceber o conteúdo espiritual da Eucaristia, precisamos compreender a tensão espiritual do Deus encarnado, pois só numa cristologia espiritual se torna acessível a espiritualidade do sacramento" (Joseph Ratzinger)[88].

Já Santo Agostinho tinha afirmado que são os sacramentos que edificam a Igreja na Terra. Os sacramentos tornam visível a Igreja e a sua comunhão. No seu escrito contra o maniqueu Fausto, ele faz derivar estas ideias, em que resume a função social dos sinais da salvação, de um princípio geral da psicologia religiosa,

---

86. Ibid., p. 69.
87. Ibid.
88. Ibid., p. 70.

que Santo Tomás de Aquino cita concordando com ele: "Portanto, os homens não podem unir-se sob nenhuma religião, seja ela verdadeira ou falsa, se não estiverem ligados por uma forma de partilha de sinais distintivos ou sacramentos visíveis; a força desses sacramentos tem um grandíssimo valor e, por isso, quem os despreza torna-se sacrílego. Portanto, sem impiedade não é possível desprezar o que é indispensável para a perfeita união com Deus"[89].

Segundo este raciocínio, os sacramentos não conferem à Igreja apenas um caráter visível, edificando-a, portanto, em certo sentido exteriormente, mas também e sobretudo asseguram a sua unidade íntima, porque eles são indispensáveis para a salvação eterna. Na Igreja não há nada mais concreto do que a concessão efetiva da graça através destes meios salvíficos.

Ao dar-se na Eucaristia, Cristo edifica incessantemente a Igreja como seu corpo. Através do seu corpo ressuscitado, Ele nos une ao Deus trinitário e uns aos outros: "A Eucaristia celebra-se nos diversos lugares, mas ao mesmo tempo é sempre universal, porque existe um só Cristo e um só corpo de Cristo. A Eucaristia inclui o serviço sacerdotal da *repraesentatio Christi;* por isso, a rede do serviço, a reciprocidade de unidade e multiplicidade que se manifesta já na palavra *communio.* Por conseguinte, não há dúvida de que se poderá afirmar que este conceito contém em si uma síntese eclesiológica que une o discurso da Igreja ao discurso de Deus e à vida de Deus e com Deus; uma síntese que retoma todas as intenções essenciais da eclesiologia do Vaticano II e as liga umas às outras relacionando-as de maneira adequada" (Joseph Ratzinger)[90].

---

89. AGOSTINHO. *Faust.* [Contra o maniqueu Fausto], 19,11. • TOMÁS DE AQUINO. *Suma Teológica*, III, q. 61, a. 1, *sed contra.* • TOMÁS DE AQUINO. *Suma contra os gentios*, 4, 56.

90. RATZINGER, J. "Weggemeinschaft des Glaubens". Op. cit., p. 114.

Neste conceito, todos conhecemos até demasiado bem as discussões relativas ao "direito dos fiéis" de participarem na Eucaristia. Mas, se observarmos honesta e autocriticamente as nossas celebrações eucarísticas, no seio das comunidades, podemos afirmar que é muito frequente celebrarmos a santa missa dominical em igrejas meio vazias; em muitas comunidades, os participantes são apenas uma pequena percentagem daqueles que poderiam participar na sua celebração! E pensemos nas nossas celebrações eucarísticas em dias de semana! Por isso, os nossos esforços não deveriam orientar-se no sentido de fazer com que aumentasse o número dos participantes na Eucaristia efetivamente celebrada?

Mas quem tem realmente "direito de participar na Eucaristia"? O fato de podermos participar nela não é um dom de Deus? Mas esse dom não corresponderá mais a um "santo dever" de participar nela? Somente poderemos edificar a Igreja se considerarmos que a celebração da Eucaristia é a sua raiz e o seu fulcro. Por isso, temos o dever irrenunciável de fazer com que nasça novamente nos fiéis um desejo vivo da Eucaristia, e que muitos recomecem a participar na sua celebração. Este é o primeiro passo na direção certa, que pode conduzir a uma revitalização da fé.

O testemunho sacerdotal a favor da Eucaristia e na Eucaristia não é um serviço prestado unicamente aos fiéis participantes, mas também um serviço à comunidade de toda a Igreja, que está sempre em relação com a Eucaristia. Ao celebrar a Eucaristia em comunhão com toda a Igreja damos testemunho da sua autêntica eclesialidade. "A liturgia nunca é propriedade privada de alguém, nem do celebrante, nem da comunidade onde são celebrados os santos mistérios." Por isso é muito importante que celebremos a liturgia da Igreja "como reflexo e testemunho da Igreja, una e universal, que se torna presente em cada celebração da Eucaristia" e que se identificam cada vez mais profundamente com a liturgia da Igreja. "O sacerdote, que celebra fielmente a missa, segundo as normas litúrgicas, e a comunidade, que às mesmas adere, demonstram de modo silencioso, mas expressivo, o seu amor à Igreja." O mistério da Eucaristia é demasiado sublime e grande "para que alguém possa permitir-se tratá-lo a seu livre-arbítrio, não respeitando o seu caráter sagrado nem a sua dimensão universal" (EE, 52). Cada sacerdote é sacerdote da Igreja universal, embora ele aja num determinado lugar.

A Eucaristia é a representação sacramental mais alta da comunidade da Igreja. De fato, ela é "o coroamento da vida espiritual e a finalidade de todos os sacramentos" (Santo Tomás de Aquino)[91]. Por isso, embora a Eucaristia seja sempre celebrada numa comunidade concreta, nunca pode ser a celebração de uma comunidade individual, porque esta recebe, com a presença da Eucaristia do Senhor, simultaneamente todo o dom da salvação e, desta maneira, demonstra ser, na sua forma visível individual, a imagem e a verdadeira presença da Igreja una, santa, católica e apostólica. Daqui segue-se que uma verdadeira comunidade eucarística nunca pode fechar-se com uma atitude de autossuficiência em si mesma, mas também deve ser aberta a qualquer outra comunidade eucarística.

Mediante a concepção da Igreja como comunidade eucarística podemos interromper cultural e espiritualmente a redução de conteúdo observável da "comunidade" em comunidades locais e para expandir as suas dimensões em direção à sua catolicidade. É evidente que, na atual situação pastoral da Igreja, há uma grande vantagem numa eclesiologia eucarística, para que o sacerdote se compreenda a si próprio e à sua posição no seio do povo de Deus.

---

91. TOMÁS DE AQUINO. *Suma Teológica*, III, q. 73, a. 3.

(Apesar disso convém, naturalmente, sublinhar que, como cristãos católicos, podemos celebrar a Eucaristia com todos os crentes católicos, independentemente do lugar em que nos encontremos. O reordenamento pastoral que está em curso em algumas Igrejas particulares pode ser visto como uma genuína catolicização das comunidades locais.)

Reconhecemos o valor específico da missão sacerdotal e o sentido profundo do ministério sacerdotal, na perspectiva universal da liturgia, sobretudo da Eucaristia, onde o anseio mais íntimo da criação encontra a sua completa realização na adoração de Deus, até que Deus seja tudo em todos (cf. 1Cor 15,28). No seu decreto sobre o ministério e a vida sacerdotal, o Concílio Vaticano II realça claramente que "é pelo ministério dos presbíteros que o sacrifício espiritual dos fiéis se consuma em união com o sacrifício de Cristo, mediador único, que é oferecido na Eucaristia de modo incruento e sacramental pelas mãos deles, em nome de toda a Igreja, até quando o próprio Senhor vier. Para isto tende e nisto se consuma o ministério dos presbíteros. [...] Por isso, o fim que os presbíteros pretendem atingir com o seu ministério e com a sua vida é a glória de Deus Pai em Cristo.

Esta glória consiste em que os homens aceitem consciente, livre e gratamente a obra de Deus perfeitamente realizada em Cristo, e a manifestem em toda a sua vida. Os presbíteros, portanto, quer se entreguem à oração e à adoração, quer preguem a Palavra de Deus, quer ofereçam o sacrifício eucarístico e administrem os demais sacramentos, quer exerçam outros ministérios em favor dos homens, concorrem não só para aumentar a glória de Deus, mas também para promover a vida divina nos homens. Tudo isso, enquanto dimana da Páscoa de Cristo, será consumado no advento glorioso do mesmo Senhor, quando Ele entregar o Reino nas mãos do Pai" (PO, 2).

Assim como o mistério da Igreja é concebido a partir da Eucaristia, assim também devemos compreender o ministério sacerdotal, em primeiro lugar e antes de tudo, a partir dela, porque é a Eucaristia que estabelece o vínculo permanente com a origem e com o futuro. Através da atualização e da participação, a Eucaristia provoca, no presente, a simultaneidade com o mistério pascal e com o banquete nupcial celeste. Nesta perspectiva, reconhecemos o profundo significado do sacerdócio ministerial.

Eucaristia e espiritualidade

Na fé cristã, o que é decisivo não são algumas boas ideias sobre a organização do mundo, mas a pessoa de Jesus Cristo. Para nós, Jesus é muito mais do que uma figura histórica: Ele é o artífice da salvação eterna (cf. Hb 5,9). Ele exerce o seu sacerdócio dando-se eternamente ao Pai. A Eucaristia é o caminho através do qual o amor superabundante, que se tornou visível na encarnação de Deus em Jesus Cristo, se comunica a nós.

Eucaristia: a salvação na sua plenitude

Jesus Cristo continua presente no meio de nós. Pela ação incessante que Ele desenvolve na sua Igreja visível e invisível está plenamente presente na história e transcende os limites dos anos e dos séculos. A sua presença viva e permanente faz da Eucaristia o que ela é.

A ação de Jesus para a salvação dos homens consiste não só em palavras, mas também em ações e fatos. Na sua morte na cruz, Ele dá-se sob a forma mais radical para redimir e salvar os homens. Com a instituição da Eucaristia, Ele conferiu a este fato, de uma dedicação cheia de amor, uma presença permanente: no pão e no vinho Ele se dá – o seu corpo, o seu sangue e a sua vida – pelos crentes. "A Eucaristia nos conduz ao ato oblativo de Jesus. Não é só de modo estático que recebemos o *Logos* encarnado, mas somos envolvidos na dinâmica de sua doação" (BENTO XVI. *Deus caritas est*, 13).

A Eucaristia não é apenas mais uma celebração litúrgica nem simplesmente um dos sete sacramentos, mas contém a síntese do núcleo da salvação[92]. Nela, o bem da salvação está presente em toda a sua plenitude, e ela é a expressão perfeita do amor infinito de Jesus Cristo. Na Eucaristia nos alegramos pelo dom da sua presença no meio de nós e, por isso, o celebramos; presença em que tudo se funda e fundamenta, de onde tudo parte e onde tudo se consuma. Jesus Cristo, em quem e por quem tudo se "consumou" (Jo 19,30). Ele é a "plenitude" da salvação.

Os múltiplos aspectos deste mistério da salvação estão resumidos na Constituição sobre a Sagrada Liturgia do Concílio Vaticano II: "O nosso Salvador instituiu, na Última Ceia, na noite em que foi entregue, o sacrifício eucarístico do seu Corpo e do seu Sangue para perpetuar pelo decorrer dos séculos, até Ele voltar, o sacrifício da cruz, confiando à Igreja, sua esposa amada, o memorial da sua morte e ressurreição: Sacramento de piedade, sinal de unidade, vínculo de caridade, banquete pascal 'em que se recebe Cristo, a alma se enche de graça e nos é concedido o penhor da glória futura'" (SC, 47).

---

92. Cf. AUGUSTIN, G. "Das Sakrament der Eucharistie als die Fülle des Heilsmysteriums". In: PROBST, M. & AUGUSTIN, G. (eds.). *Wie wird man Christ?* Op. cit., p. 325-350.

No decurso da Última Ceia, ao despedir-se dos seus discípulos, aludiu antecipadamente à sua morte na cruz, identificando-se com o pão partido. Esse pão, no qual Ele se coloca nas mãos dos outros, é o Pão vivo que concede a vida eterna a quem o come: "Eu sou o Pão vivo, que desceu do céu: se alguém comer deste pão, viverá eternamente" (Jo 6,51).

A Eucaristia é a atualização rememorativa da paixão de Jesus e do dom de si mesmo, por Ele feito. Nela realiza-se sacramentalmente a obra salvífica de Cristo mediante a atualização do *único* mistério pascal da sua paixão, morte, ressurreição e ascensão ao céu, mistério que também já inclui o seu retorno na glória. A comunhão com Deus nos é concedida sempre que assentirmos intimamente ao dom de si próprio, cheio de gratidão, feito por Jesus Cristo. Na verdade, todas as celebrações eucarísticas são sustentadas pelo sacrifício da cruz realizado de uma vez para sempre, que é sacramentalmente atualizado no banquete sacrificial na força do Espírito Santo. Ao realizar com fé, juntamente com Ele, o dom eterno de si feito pelo Filho, somos feitos participantes na comunhão do amor que há entre o Pai, o Filho e o Espírito Santo. Só na comunhão com Cristo podemos nos oferecer, com amor e gratidão, em sacrifício ao Pai. Na Eucaristia consuma-se a obra da nossa redenção (cf. SC, 1).

Para uma adequada espiritualidade eucarística é muito importante que desenvolvamos uma nova concepção cheia de fé de todo o conjunto da liturgia eucarística. É essencial para a nossa fé e para o nosso ministério, e sobretudo para a nossa vida de sacerdotes, que descubramos continuamente a riqueza deste dom e que tomemos consciência disso. Para chegar a uma renovação verdadeiramente eucarística da Igreja devemos refletir com fé sobre esse mistério e extrair as devidas consequências concretas. Quem poderá dizer que já a compreende plena e totalmente? Ela é um mistério inesgotável.

Se vivermos o pouco que compreendemos do mistério da Eucaristia e partirmos dos nossos limitados conhecimentos para dar testemunho da presença do Senhor, já fizemos muito. Se estivermos atentos, com uma fé cheia de confiança, despertaremos os nossos sentidos interiores e adquiriremos a capacidade necessária para perceber as dimensões mais profundas da realidade.

A presença real de Jesus Cristo

Na Eucaristia não celebramos a memória de um ausente, mas é o próprio Senhor que nela está presente como Sumo Sacerdote, e que revela a sua presença, salutar e salvífica, aos concelebrantes. A Eucaristia é o milagre da presença de Jesus Cristo no meio de nós. Ela é a celebração da presença pessoal de Jesus Cristo ressuscitado (Walter Kasper)[93]. O milagre da presença de Cristo é obra do Espírito Santo. A Eucaristia é, no seu todo, uma oração humilde e, ao mesmo tempo, poderosamente eficaz para implorar a vinda do Espírito Santo.

Os nossos dons do pão e do vinho, os sinais da nossa vida e da nossa dedicação, são transformados no Corpo e no Sangue de Cristo, para que, na virtude do Espírito Santo, entremos na comunhão de mesa com o Senhor ressuscitado. Na celebração da Eucaristia recebemos e louvamos Cristo como anfitrião, como autêntico dono de casa, que chama os seus a sentarem-se todos com Ele à mesa, porque nos convida para comer. A Eucaristia é um banquete que pertence ao Senhor e que promana dele. O banquete eucarístico é, específica e intensamente, o lugar da consuma-

---

93. Cf. KASPER, W. *Sakrament der Einheit* – Eucharistie und Kirche. Friburgo, 2004, p. 45-54 [trad. port.: *Sacramento da unidade* – Eucaristia e Igreja. São Paulo: Loyola, 2006].

ção da nossa salvação. Em primeiro lugar, isto significa lugar de alegria. Podemos nos reunir jubilosamente como filhos de Deus à volta da sua mesa. Tal como ocorre na encarnação do Verbo, o homem e Deus encontram-se. Portanto, no caso do banquete eucarístico, trata-se da habitação de Deus com os homens. A presença eucarística é a presença benéfica e salvífica permanente de Deus junto ao seu povo.

A presença eucarística é a presença real de Jesus Cristo nos dons do pão e do vinho. O pressuposto desta fé é a profissão de fé no fato de Deus estar real e vivamente presente em Jesus Cristo. A presença de Cristo concede à Eucaristia o seu valor salvífico e a sua beleza. Cristo vem ao nosso encontro para nos dar a sua comunhão e a plenitude da sua vida.

O próprio Jesus Cristo disse na Última Ceia: "Isto é o meu Corpo". A presunção de que estas palavras são verdadeiras constitui um grande desafio para a fé: "Não duvideis de que isto é verdade, pelo contrário aceitai com fé as palavras do Salvador que, sendo a verdade, não mente" (Santo Tomás de Aquino)[94]. A presença de Jesus Cristo sob os sinais do pão e do vinho é uma presença escondida. Aqui, não permanece velada somente a sua divindade, mas também está escondida a sua humanidade. O mistério da sua presença supera as capacidades de percepção dos nossos sentidos. Para encontrar a via de acesso a esta verdade escondida precisa-se dos olhos da fé. Só com uma fé cheia de confiança podemos reconhecer no sinal eucarístico visível a realidade invisível de Cristo: creio em tudo o que o Filho de Deus disse, pois nada é mais verdadeiro do que a palavra da verdade[95].

---

94. TOMÁS DE AQUINO. *Suma Teológica*, III, q. 75. a. 1, que remete a São Cirilo.
95. Cf. o hino *Adoro te devote*, de Santo Tomás de Aquino.

Trata-se de professar a nossa fé tal como o fez o incrédulo Apóstolo Tomé que, ao ver Jesus crucificado e ressuscitado, professou a sua fé. "Viu uma coisa e acreditou noutra. Viu o homem e, acreditando, confessou o seu Deus quando disse: 'Meu Senhor e meu Deus'" (Tomás de Aquino)[96]. Na Eucaristia professamos a nossa fé na presença escondida de Deus no meio de nós: "Na cruz só estava escondida a divindade, aqui também a humanidade está escondida. Ao acreditar e professar com fé uma e outra, procuro aquele que o bom ladrão arrependido procurou. Não vejo, como Tomé viu, as feridas, mas confesso a minha fé em ti como no meu Deus. Faz com que eu creia, espere e te ame cada vez mais". O pão partido alude simbolicamente ao Corpo de Cristo dado por nós na cruz. Ao mesmo tempo, este pão, que o Senhor tomou como seu Corpo, contém o que significa, isto é, a comunhão pessoal de vida com o Cristo crucificado. "O pão que partimos não é comunhão com o Corpo de Cristo?" (1Cor 10,16). Jesus se identifica tão intimamente com os dons do pão e do vinho, que eles o representam e tornam sacramentalmente presente. Ele apropria-se deste acontecimento tão íntimo para que a sua vontade de dar-se completamente se torne para nós sacramento presente. Podemos participar na sua vontade de entrega pessoal para assim sermos acolhidos na comunhão do Filho com o Pai.

O dom da sua vida feito por Jesus

A Eucaristia não é o simples memorial de um ato redentor que foi realizado há muito tempo. Na sua essência, ela é idêntica ao único e irrepetível sacrifício da cruz, consumado por Jesus Cristo, e apenas distinta e diferente dele por ser a sua atualização sacra-

---

96. TOMÁS DE AQUINO. *Suma Teológica*, II-II, q. 1, a. 4, ad 1.

mental no tempo e no espaço. Enquanto atualização sacramental do sacrifício da cruz, ela é permanentemente válida diante de Deus. De fato, na Eucaristia, Cristo exerce o seu sacerdócio eterno e o seu ofício eterno de mediador "porque permanece eternamente, possui um sacerdócio que não acaba. Sendo assim, Ele pode salvar de um modo definitivo os que por meio dele se aproximam de Deus, pois Ele está vivo para sempre, a fim de interceder por eles" (Hb 7,24-25).

O dom da sua vida feito por Jesus na cruz é a revelação da glória de Deus. No sacrifício de Cristo, o elemento decisivo não é a sua morte física, mas o cumprimento da sua missão na dedicação ao Pai como sinal do amor radical de Deus aos homens. É o dom de si próprio que qualifica a morte física de Jesus com um sinal visível do amor. A sua morte é salvificamente eficaz porque é a realização e a revelação histórica da vontade salvífica do Pai e da entrega do Filho oferecida por nós.

Seguindo o mandato de Cristo e a prática da Igreja antiga estamos convencidos de que na Eucaristia está realmente presente o sacrifício de si mesmo feito por Cristo na cruz: o dom de si mesmo em que se manifesta o amor de Deus: "'Isto é o meu Corpo, que é para vós; fazei isto em memória de mim'. [...] Todas as vezes que comerdes deste pão e beberdes deste cálice, anunciais a morte do Senhor, até que Ele venha" (1Cor 11,24.26). O anúncio da morte salvífica de Jesus Cristo faz da Eucaristia, no sinal sacramental do Corpo e do Sangue de Cristo, um sacrifício visível, porque Cristo é simultaneamente o sacerdote sacrificante, o dom sacrificial e o altar. Na Eucaristia torna-se para nós presente o dom da sua vida feito pelo Filho ao Pai e tornado manifesto no sinal da morte na cruz.

Portanto, o mistério pascal é único e irrepetível, não sendo de modo nenhum necessário mais nenhum sacrifício além do de Cristo: "De fato, com uma só oferta, Ele tornou perfeitos para sempre os que são santificados" (Hb 10,14). A unicidade do sacrifício da cruz de Jesus Cristo consiste no fato de o Filho encarnado de Deus ter efetuado a glorificação do Pai e a redenção dos homens. Este ato do dom completo de si mesmo é a realização do amor a Deus e do amor ao próximo.

O sacrifício efetuado por Jesus Cristo na cruz foi consumado por Ele num determinado momento da história e num lugar concreto; mas está numa relação direta com cada ser humano de todos os tempos e de todos os lugares, tornando-se diretamente nosso próximo e nosso contemporâneo, precisamente na Eucaristia como sua atualização sacramental. Pela nossa participação cheia de fé, participamos na vontade eternamente permanente do Filho de entregar-se ao Pai. Como o sacrifício de Cristo, o nosso sacrifício consiste no dom da nossa vida ao Pai em Cristo. É este o nosso agradecimento ao Pai, unido a Cristo e por meio dele, por tudo aquilo que recebemos dele e sobretudo pelo fato de Ele se ter dado a nós no seu Filho.

Por isso, a celebração da Eucaristia abraça o passado e o futuro; porque, de fato, quando celebramos este sacrifício, anunciamos a morte do Senhor até que Ele volte (cf. 1Cor 11,16). Na Eucaristia, Jesus dá diretamente a cada crente a sua proximidade e a sua amizade pessoal, tal como outrora a tinha dado aos seus discípulos no cenáculo, unindo-nos ao seu agradecimento: "Por todos os bens que recebemos, bendigamos o Criador do universo, pelo seu Filho Jesus Cristo e pelo Espírito Santo" (Justino Mártir)[97]. Para nós, o sentido do sacrifício consiste no fato de restituirmos com gratidão

---

97. JUSTINO. *Primeira apologia*, 67 [trad. port.: 4. ed. São Paulo: Paulus, 2013].

tudo o que recebemos de Deus. Este sacrifício da entrega de nós mesmos a Deus não nos é possível, a nós humanos, unicamente com as nossas forças; por isso nos unimos ao único Sumo Sacerdote, Jesus Cristo. Ele nos capacita com a graça para que o façamos e, assim, por meio dele e com Ele podemos nos dar completamente a Deus. "Portanto, uma vez que fomos justificados pela fé, estamos em paz com Deus por Nosso Senhor Jesus Cristo. Por Ele tivemos acesso, na fé, a esta graça na qual nos encontramos firmemente e nos gloriamos, na esperança da glória de Deus" (Rm 5,1-2).

Dar a vida significa renunciar a tudo, a ideias, a imagens e representações de Deus e à nossa própria vontade. A Eucaristia é o mistério que ultrapassa os nossos limites e nos abre a Deus. O dom profundo de si mesmo leva o crente a abrir-se e torna-o capaz de acolher a vinda, cheia de amor, de Deus, e a sua misericórdia infinita. Pelo dom total de si próprio, o ser humano é intimamente libertado e não experimenta só Deus e a sua presença, mas também, na presença de Deus, vive a comunhão íntima com todos os santos, com todos os crentes, com todos os homens, a união com toda a criação.

A atitude fundamental do dom de si próprio a Deus é a atitude de quem recebe e que, em comunhão com Jesus Cristo, se abandona cheio de confiança nas mãos do Pai. Deste dom de nós mesmos haurimos nova energia, coragem e também alegria íntima, para realizar, por meio de Cristo, com Ele e nele, novamente a missão da nossa vida.

Na Eucaristia, a Igreja oferece o sacrifício de Cristo e sacrifica-se com Ele (cf. SC, 48; EE, 13). O caráter sacrificial da Eucaristia constitui um estímulo para a nossa vida e nos guia para uma espiritualidade eucarística do dom de nós mesmos. Essa espiritualidade pode infundir em nós a força de viver o dia a dia sacerdotal com Jesus Cristo para a glorificação do Pai.

A nossa dedicação a Deus

Na oração eucarística atualiza-se o diálogo trinitário entre o Pai e o Filho no Espírito Santo para que possamos entrar cheios de fé nele. A nossa participação ativa na Eucaristia consiste em nos deixarmos inserir neste diálogo trinitário. Podemos participar na vontade de Cristo de dar-se ao Pai para, deste modo, sermos acolhidos na comunhão do Filho com o Pai. A expressão da nossa dedicação é a oração dirigida ao Senhor com fé, esperança e caridade, pois só Jesus Cristo pode nos dar essa graça. Trata-se da oração para obter o dom de viver sempre por força da presença de Cristo: "Concede-me que viva sempre de ti" (Tomás de Aquino).

Celebramos a Eucaristia como dom que fazemos da nossa vida, sempre que traduzimos em ato a nossa relação sacerdotal diante de Deus[98]. Isto acontece quando, através de Jesus Cristo, oferecemos sacrifícios espirituais agradáveis a Deus. Não devemos assistir a este mistério da fé como espectadores desinteressados e mudos (cf. SC, 48). Uma participação ativa na celebração da Eucaristia exige que revitalizemos a nossa fé no mistério da presença escondida de Deus. Ela preserva-nos do perigo de celebrar algo nosso, em vez de Deus e do dom da salvação.

A presença sacramental de Cristo na Eucaristia não depende de atividades frenéticas dos comensais reunidos, nem da forma variada ou não que damos à celebração. É sobretudo a presença es-

98. Cf. AUGUSTIN, G. "Priestertum Christi und Priestertum in der Kirche". In: AUGUSTIN, G. & KREIDLER, J. (eds.). *Den Himmel offen halten*. Op. cit., p. 205-245.

condida do Senhor que torna possível a comunhão convivial, que distingue a forma da celebração da Eucaristia de qualquer outra celebração profana, e que a torna única e singular. A Eucaristia é um acontecimento espiritual; portanto, não se trata em primeiro lugar de uma forma exterior de participação ativa; mas, antes de tudo, de uma participação íntima e consciente. Em cada atividade espiritual o principal não é a ação exterior, mas o dom de nós próprios, o fato de sermos fiéis ao nosso sacerdócio, através da adoração de Deus e da nossa dedicação a Ele. Na Eucaristia, o Céu toca a Terra para redimi-la e salvá-la.

A nossa ação litúrgica está ligada à liturgia celeste invisível. Devemos ser capazes de perceber o poder espiritual, a beleza, a santidade e o amor que estão representados na Eucaristia. A sua celebração faz com que desde já possamos intuir a beleza do Céu. A participação ativa nela é uma participação na beleza perfeita. Na sua celebração, o Pai vem até nós por meio do seu Filho no Espírito Santo, para que no mesmo Espírito Santo, pela mediação do Filho, cheguemos ao Pai. Através da nossa participação cheia de fé entramos neste movimento vivificante de Deus em direção aos homens e vamos com Cristo até ao Pai.

A participação na celebração da Eucaristia não se limita unicamente à recepção passiva dos dons da salvação, mas mergulha-nos ativamente no seguimento de Jesus Cristo. Recebemos a salvação na forma de dedicação ativa da nossa vontade e da nossa vida. Podemos unir-nos intimamente ao movimento do dom de si feito por Jesus ao Pai, no sinal do sacrifício da cruz. Através dele e nele temos acesso a Deus nosso Pai. Mas, enquanto oferecemos o sacrifício da fé e do dom da nossa vida entramos na relação filial de Jesus com o Pai. Jesus concede-nos que possamos participar em "um culto espiritual, para glória de Deus e salvação dos homens"

(LG, 34). A ação redentora realizada por Jesus Cristo não consiste unicamente no fato que Ele consumou num lugar e num momento determinados da história da salvação; mas também no fato de nos termos igualmente a possibilidade e sermos capacitados para receber hoje essa salvação.

No centro da celebração da Eucaristia não estão nem o sacerdote celebrante nem os fiéis, mas está o próprio Cristo. É Ele quem reza a grande oração de louvor, a oração eucarística de ação de graças sobre os dons. O sacerdote pronuncia as palavras da instituição na primeira pessoa do singular ("Isto é o meu Corpo"), para realçar que quem atua não é ele, mas o Senhor presente. Através da sua ação sobrenatural poderosa, o pão e o vinho são transformados no seu Corpo. Ele dá-se como alimento espiritual para a nossa peregrinação terrena. Na grande oração de ação de graças, sabemos que somos um só com o Senhor, presente ao longo da nossa caminhada em direção ao Pai celeste.

A Eucaristia é a oração de ação de graças dirigida a Deus Pai pelos bens da salvação; agradecimento e louvor com Cristo. Temos muitos motivos para agradecer a Deus. É um dom da graça podermos louvá-lo pela sua bondade. Não temos nenhum "direito" à Eucaristia, quando muito deveres em relação a ela. Aliás, nem sequer se trata propriamente de deveres, mas de acolhimento de um dom. Na Eucaristia podemos celebrar Deus e participar na sua vida através dessa celebração.

É importante que, na celebração da Eucaristia, não fixemos a nossa atenção nas capacidades e nos carismas do sacerdote que preside, mas sim no seu ministério sacramental e afastemos sempre o olhar da sua pessoa para dirigi-lo para Cristo. É claro que a liturgia deve ser e estar bem-organizada e de maneira atraente. Devemos, porém, celebrá-la com a certeza consciente de que, no fundo, o mais importante não é a forma que lhe damos nem as nossas palavras, mas a presença de Cristo que se dá e as suas palavras permanentes. Cristo é quem age. Ele é a coisa mais importante. Através do ministério ordenado, a Igreja viva na certeza de fé de que esta atividade do sacerdote é uma atividade oficial da Igreja, e que por detrás dela está sempre Cristo[99].

Toda a celebração da Eucaristia é uma ação de graças e, ao mesmo tempo, a súplica dirigida a Deus para que recebamos a plenitude da vida e do amor. Por isso, na santa missa vespertina de Quinta-feira Santa oramos: "Senhor nosso Deus, que nos reunistes para celebrar a Ceia santíssima em que o vosso Filho unigênito, antes de se entregar à morte, confiou à Igreja o sacrifício da nova e eterna aliança, fazei que recebamos neste sagrado banquete do seu amor, a plenitude da caridade e da vida".

A Eucaristia é participação na vida de Deus. Deve-se unicamente à nossa humana condição o fato de nem sempre nos apercebermos imediatamente da presença de Deus. O culto eucarístico pode ser muito "árido" e "aborrecido", nós podemos estar distraídos e duvidar. Apesar disso, é importante que, durante a celebração da Eucaristia, façamos um ato de fé, porque o decisivo é a participação espiritual, com fé e amor, no mistério eucarístico. "No sacrifício da missa pedimos ao Senhor que, tendo aceito a oblação da vítima espiritual, faça de nós uma 'oferta eterna'" (SC, 12).

Tudo o que se faz na Eucaristia acontece por meio de Cristo, com Ele e nele. Jesus Cristo fez com amor o dom de si mesmo ao Pai para a salvação do mundo. Por isso, também nós devemos nos abrir com todas as nossas forças à vontade do Pai e entrar numa

---

99. Cf. AUGUSTIN, G. "Das Weihesakrament als Kraftquelle des priesterlichen Lebens". In: AUGUSTIN, G. & RISE, G. (eds.). *Die eine Sendung* – In vielen Diensten. Op. cit., p. 31-69.

comunhão cheia de dedicação e de amor a Ele. A celebração da Eucaristia nos dará frutos espirituais se levarmos diante de Deus, como nosso dom pessoal, não somente os problemas da nossa vida, as nossas esperanças, as nossas necessidades, as nossas desilusões e os nossos sofrimentos, mas também tudo o que nos dá alegria, todos os sucessos e todas as coisas boas, apresentando-as com a mesma vontade de se dar que animou Jesus. Essa espiritualidade cheia de dedicação nos ajuda a assumir uma atitude interior que é realmente adequada a este mistério, uma atitude feita de dom e de entrega de toda a vida, de respeito e de adoração.

A Eucaristia como adoração de Deus

A adoração é a atitude adequada da criatura diante do criador. A humanidade sempre se esforçou por encontrar o caminho certo para adorar a Deus. Todas as religiões têm procurado uma via que lhes permita regozijar-se do Criador e encontrar satisfação na realidade e na origem de toda a vida.

A revelação cristã está convencida de que encontrou o caminho que leva o ser humano a adorar a Deus, na única maneira adequada. É este o sentido da santa missa: essencialmente, ela não é algo realizado pelo homem, mas tão só aquilo a que a nostalgia humana aspira: não somente procurar, mas sobretudo encontrar e rejubilar. Logo que compreendamos este significado central da santa missa, tornamo-nos gratos pelo dom da salvação. "Vós não precisais dos nossos louvores e poder glorificar-vos é dom da vossa bondade" (*Missal Romano*, "Prefácio comum IV"). A verdadeira adoração de Deus é uma entrega ilimitada de nós mesmos a Ele. Quando nos damos a Ele, readquirimo-nos no seio da presença de Cristo que tudo transforma. Toda a celebração da Eucaristia é adoração plena de dedicação e de glorificação de Deus, e acontece na linguagem litúrgica da doxologia., quer dizer, da exaltação, do louvor e da ação de graças. Na Eucaristia a Igreja celebra agradecendo e louvando a presença da morte e ressurreição de Jesus Cristo. Como Jesus Cristo restituiu tudo ao Pai, a Eucaristia é o perfeito sacrifício de louvor da criação e o lugar adequado da adoração a Deus.

Já Santo Agostinho afirmara que a adoração eucarística é adequada e necessária. O pão eucarístico nos é dado não só para que o comamos, mas também para que o contemplemos e adoremos: "Que ninguém coma aquela carne sem antes a ter adorado" porque pecaríamos, se não a adorássemos (Agostinho)[100]. Esta afirmação e profissão de fé do doutor da Igreja nos introduz na profundidade do mistério eucarístico. Pararmos e nos determos diante do "milagre de todos os milagres" mantém viva a consciência da grandeza e da incompreensibilidade do mistério da Eucaristia.

Trata-se de uma visão como a que ocorre na cena da transfiguração narrada pelos evangelhos sinóticos: "Transfigurou-se diante deles: o seu rosto resplandeceu como o Sol, e as suas vestes tornaram-se brancas como a luz" (Mt 17,2). Para nós, isto equivale à exigência de descobrir, na celebração da Eucaristia, o rosto transfigurado daquele em quem se reflete o mistério de Deus, e no ministério sacramental da Igreja, a presença de Deus que sara e vivifica. Adorar Jesus no Sacramento da Eucaristia significa reconhecer a própria verdade escondida no sinal do pão e do vinho. Reconheçamos que nós, criaturas, nos encontramos diante do nosso criador.

---

100. Cf. AGOSTINHO. *Comentário aos Salmos* (Sl 98,9).

Na adoração eucarística não pomos Cristo na nossa presença, mas *somos acolhidos no seio da sua presença.* Mas isto só poderá acontecer se nos abrimos e nos deixamos colocar na sua presença, que tudo transforma. Se pusermos conscientemente a nossa vida e tudo o que intimamente nos agita, na sua presença, aprenderemos a ver a nossa vida do seu ponto de vista. O Senhor presente na Eucaristia nos convida a "permanecer com Ele". A presença de Cristo muda e transforma a nossa vida e a nossa biografia.

Na adoração dirigimos o nosso olhar e o nosso coração para o Senhor presente no meio de nós. Através da hóstia consagrada contemplamos o céu aberto. Momentaneamente nos esquecemos das nossas preocupações, transformamos o nosso mundo, levamos toda a humanidade e todo o mundo à sua presença para mudá-los e renová-los. A adoração ajuda a superar o apego do homem ao aquém. A Eucaristia liberta-nos dessa fixação. Mediante a adoração do Senhor, obtemos algo que restabelece o equilíbrio na nossa vida quotidiana e obtemos simultaneamente um fundamento para a nossa vida. Nas obrigações da vida quotidiana há muitas coisas que tendem a ocupar a posição central e não raramente nos colocamos no centro dela. Ora, a adoração a Deus nos ajuda a avaliar tudo com a devida justeza. Na adoração é Deus quem está no centro; ela nos guia ao que é essencial e plasma a nossa vida quotidiana. Por isso, a adoração não é um mero contrapeso, mas antes um fundamento. Quem prende o seu coração a coisas terrenas, quem só procura a sua honra e a sua glória, reduz-se à escravidão. Ao contrário, a adoração e a justa veneração de Deus nos dão uma íntima liberdade e dilatam o nosso coração, porque nos permitem nos comportarmos com serenidade em relação aos homens e aos bens deste mundo.

A adoração eucarística é uma consequência do próprio mistério eucarístico e possui uma ligação, essencial e intrínseca, ao ápice da celebração da Eucaristia. Se o pão eucarístico não fosse digno de ser adorado a sua consumação não teria valor. A Eucaristia é mais do que um simples banquete em que comemos alguma coisa; porque esta celebração abre um espaço ao encontro vivo entre Deus e o homem, tornando assim possível uma viva união mútua. Quem vem ao nosso encontro e deseja tornar-se um conosco é o próprio Deus. Esse encontro e essa união só podem acontecer no seio de uma profunda adoração. Aquele que adoramos na Eucaristia é o Emanuel, o "Deus conosco", o "Deus para nós", que veio ao mundo para nós. Agora, Ele está presente no meio de nós para nos libertar e redimir. Quer quebrar as cadeias do erro, do egoísmo e do pecado, que nos mantêm prisioneiros. Vem a nós para libertar e transformar o nosso coração com o seu amor. Só poderemos recebê-lo com as devidas disposições se tivermos uma atitude humilde de adoração. Pois receber a santa comunhão significa adorar aquele que recebemos.

Nesta recepção adorante nos tornamos uma só coisa com Cristo que recebemos. Adoramos aquele que se digna nos receber. Somente na adoração poderá tornar-se possível um encontro profundo e autêntico com o Senhor. Deste encontro pessoal transformante promana a missão para agir no mundo de modo inteiramente novo!

Na adoração dirigimos o nosso olhar para Cristo e somos induzidos a nos abandonar confiadamente nas mãos daquele que pode satisfazer plenamente as expectativas do nosso coração. A adoração eucarística consiste em dirigir o olhar para Cristo, para obter dele uma nova orientação para a nossa fé e para a nossa vida. A Eucaristia exorta cada um de nós assim: "Mantém os olhos postos em Jesus, autor e consumador da fé" (Hb 12,2). Olho para Deus e Deus olha para mim.

O encontro adorante com o Senhor é a fonte da nossa verdadeira alegria. O Senhor Jesus Cristo está realmente próximo de nós. Ele, o "Deus conosco", nos garante que estará sempre com os seus: "Eu estarei sempre convosco até o fim dos tempos" (Mt 28,20). A certeza da sua presença e da sua amizade infunde em nós uma profunda alegria e um profundo entusiasmo para a vida. A alegria de testemunhar diante de todos os homens a sua presença forte e mansa constitui o nosso dever eucarístico para com o mundo moderno.

Comunhão eucarística: encontro com Deus

Na comunhão eucarística satisfaz-se o desejo humano original de encontrar Deus e de unir-se a Ele, porque a união perene com Deus é o objetivo da vida humana. A Eucaristia sobressai a todos os outros sacramentos pelo fato de não só conter a graça de Cristo, mas de conter o próprio Cristo inteiro. Por isso, na comunhão verifica-se a íntima união com Ele, união que se realiza plenamente mediante a fé e o amor. Ele está mais próximo de nós do que nós de nós próprios. Na celebração da missa esta comunhão nos é dada como prelúdio da comunhão definitiva com Deus.

Cada celebração da Eucaristia é uma das formas mais intensas do encontro Deus-homem. Pela mediação do Corpo de Cristo estabelece-se uma comunicação entre Deus e os homens. Deus vem a nós e nós vamos até Deus. Pelo Corpo e Sangue de Cristo recebemos uma renovada e cada vez mais profunda comunhão com Deus no amor. Cristo que, através da sua vida, morte e ressurreição, deu tudo por nós, dá-nos novamente por ocasião da comunhão eucarística.

Este encontro é um encontro generoso e que sara. O Corpo de Cristo que recebemos é o alimento espiritual, o remédio da imortalidade, em que se cumpre a união mística com Ele. A Eucaristia é o alimento ao longo da peregrinação da nossa vida. Os Padres da Igreja usaram a maravilhosa imagem da Eucaristia como "leite de Deus", para descrever o que acontece na comunhão eucarística. Eles veem no dom de si próprio, feito por Jesus na cruz e no alimento eucarístico, uma espécie de aleitamento. Cristo é a mãe que alimenta os seus filhos ao seu seio.

A celebração da Eucaristia visa a transformação da vida dos homens que a realizam[101]. Esta transformação do receptor da Eucaristia está muito bem expressa numa visão que Santo Agostinho teve, ainda antes da sua conversão, em que uma voz lhe dizia: "Eu sou o alimento dos adultos. Cresce e comer-me-ás, sem contudo me transformares em ti [...], mas tu transformar-te-ás em mim"[102].

Ao receber a comunhão não assimilamos simplesmente o Corpo de Cristo à nossa vida orgânica, mas somos precisamente nós que somos assimilados pelo organismo de Cristo. Isto realça a diferença fundamental, que existe entre o alimento quotidiano e o alimento eucarístico. Enquanto, no caso do alimento diário, o homem é o "adulto", o mais forte, porque absorve os alimentos em si e transforma-os no seu organismo físico até fazer com que se tornem uma parte da sua substância, no alimento eucarístico, o adulto, o mais forte, é Cristo, precisamente porque nós é que somos transformados nele, a nos tornamos, com Ele e entre nós, uma só coisa, sendo também Ele que plasma a nossa vida, em virtude da Eucaristia, de tal modo que ela pode tornar-se toda ela Eucaristia.

---

101. Cf. KOCH, K. *Eucharistie, Herz des christlichen Glaubens*. Friburgo, 2005, p. 60s.

102. AGOSTINHO. *Confissões*, VII, cap. 10.

Na comunhão, recebemos Cristo sob a forma de pão; mas, na realidade, é Ele que nos recebe nela. Na comunhão, não recebemos somente Cristo em nós, mas é Ele, o Deus da nossa vida, quem nos recebe completamente. Como é belo sermos recebidos por Deus! Na sua presença posso ser tal como sou. Essa presença transforma a vida: recebo um novo aspecto. Experimento a sua benevolência e a sua graça. Mas sermos recebidos por Ele é a graça de todas as graças, pois na sua presença posso descobrir a minha verdadeira grandeza humana.

No encontro pessoal com Cristo, na Eucaristia, recebemos o perdão dos nossos pecados, somos santificados no corpo e na alma, e nos tornamos uma nova criação na comunhão entre Deus e os homens no amor. A partir do momento em que Deus se nos dá completamente, tornamo-nos capazes de viver da sua presença, da presença de Deus que se nos torna mais íntimo do que nós próprios a nós mesmos (Agostinho)[103]. Dado que Deus vem a nós e habita junto de nós (cf. Jo 14,23), podemos professar, com o coração alegre, que vivemos por e para Deus, porque "já não sou eu que vivo, mas é Cristo que vive em mim. E a vida que agora tenho na carne, vivo-a na fé do Filho de Deus que me amou e a si mesmo se entregou por mim" (Gl 2,20).

A unidade que reina entre aqueles que celebram o banquete eucarístico é a unidade do Corpo de Cristo. O único pão, que Jesus dá, é de fato Ele próprio. Assim, através dele, que se dá, todos nos tornamos o seu Corpo. Agostinho formulou em termos clássicos esta fé: "Somos acolhidos no seu Corpo, tornamo-nos membros seus, e, por isso, somos o que recebemos". O único corpo eucarístico do Senhor funda a unidade; a comunhão eclesial e a

---

103. Ibid., III, cap. 6.

comunhão eucarística andam indissoluvelmente unidas. A comunhão eucarística dos fiéis com Cristo também é, ao mesmo tempo, uma comunhão dos crentes entre si, no seu corpo que é a Igreja. Ela não é uma livre-associação de pessoas que a pensam do mesmo modo, mas é uma realidade sacramental, porque nasceu na sala da Última Ceia e realiza-se em cada celebração eucarística (cf. EE, 1).

A celebração da Eucaristia não somente edifica a comunhão eclesial, mas também introduz cada vez mais profundamente nela. A Eucaristia é o Sacramento da comunhão eclesial; por isso, revigora-a e aperfeiçoa-a; além disso, a Eucaristia representa um vínculo invisível da vida na graça, tanto no plano da dimensão invisível da vida da graça como também no plano da dimensão visível da comunidade de fé. Ela é a representação sacramental suprema da comunhão na Igreja. Enquanto o Batismo é o início e o ponto de partida da vida cristã e da existência eclesial, a Eucaristia é já a sua plenitude e o ponto culminante. A comunhão eucarística constitui o fundamento da Igreja e o ápice da comunhão eclesial.

Envio no seguimento de Cristo

Na celebração da Eucaristia, Jesus revela que o mistério da sua vida consiste no serviço prestado por Deus aos homens, em que nos envia ao mundo para realizarmos o mistério da sua vida: "Quem quiser ser o primeiro entre vós, faça-se o servo de todos. Pois também o Filho do Homem não veio para ser servido, mas para servir e dar a sua vida em resgate por todos" (Mc 10,43s.). A Eucaristia é um envio a que percorramos com Jesus a sua vida, a que vivamos como Ele viveu, pelos seus. Viver cristãmente significa nos conformarmos incessantemente a Cristo e imitarmos o seu modo de existir pelos outros e para eles.

A Eucaristia nos envia a realizar o amor, a glorificar a Deus na nossa vida quotidiana. Isto acontece sobretudo na forma de amor ao próximo: "Nós amamos, porque Ele nos amou primeiro. [...] pois aquele que não ama o seu irmão, a quem vê, não pode amar a Deus, a quem não vê. E nós recebemos dele este mandamento: quem ama a Deus, ame também o seu irmão" (1Jo 4,19-21).

A celebração da Eucaristia nos habilita a viver conscientemente no seguimento de Cristo ao longo da nossa vida quotidiana e dá-nos força para fazê-lo. O recebimento da graça nos torna capazes de amar de fato: "Da liturgia, pois, em especial da Eucaristia, corre sobre nós, como de sua fonte, a graça, e por meio dela conseguem os homens com total eficácia a santificação em Cristo e a glorificação de Deus, a que se ordenam, como a seu fim, todas as outras obras da Igreja" (SC, 10). Na Eucaristia recebemos o amor de Deus corporalmente, para que possa continuar a operar em nós e, através de nós, no mundo.

A Eucaristia nos envia ao nosso próximo "porque, na comunhão sacramental, eu fico unido ao Senhor como todos os demais comungantes [...]. A união com Cristo é, ao mesmo tempo, união com todos os outros aos quais Ele se entrega. Eu não posso ter Cristo só para mim; posso pertencer-lhe somente unido a todos aqueles que se tornaram ou tornarão seus. A comunhão tira-me para fora de mim mesmo projetando-me para Ele e, deste modo, também para a união com todos os cristãos. Tornamo-nos 'um só corpo', fundidos todos numa única existência. O amor a Deus e o amor ao próximo estão agora verdadeiramente juntos: o Deus encarnado nos atrai a si" (DCE, 14).

Na Eucaristia, o duplo mandamento a Deus e ao próximo torna-se existencial e prático: "Fé, culto e *ethos* compenetram-se mutuamente como uma única realidade que se configura no encontro com a *agape* de Deus. Aqui, a habitual contraposição entre culto e ética simplesmente desaparece. No próprio 'culto', na comunhão eucarística, está contido o ser amado e o amar, por sua vez, os outros. Uma Eucaristia que não se traduza em amor concretamente vivido é em si mesma fragmentária" (DCE, 14).

A Eucaristia é, por sua natureza, missionária. "Quando Eu for erguido da terra, atrairei todos a mim" (Jo 12,32). Cristo liga esta promessa salvífica à sua morte sacrificial e a atualização sacramental deste sacrifício extrai dela a sua força de atração. Por meio da Eucaristia, muitos homens entram numa relação viva com Cristo, já que ela é uma forma única de pregação: o Apóstolo Paulo realça deste modo a capacidade convidativa da Eucaristia, o seu efetivo caráter querigmático: "Todas as vezes que comerdes deste pão e beberdes deste cálice, anunciais a morte do Senhor, até que Ele venha" (1Cor 11,26). Quando, na Eucaristia, agradecemos, louvamos e exaltamos a Deus, na realidade, trata-se do seguimento de Jesus e da nossa conformação a Ele que se nos dá em alimento até que nos tornemos, com Ele, uma unidade efetiva de intenções e de ações. O mistério da sua vida e da sua existência, para e pelos outros, para e pelo amor, torna-se o conteúdo da vida dos crentes. O sentido do seguimento consiste em acolher em nós as intenções de Jesus e em viver de tal maneira que a nossa vida se torne uma glorificação de Deus.

Neste encontro pessoal com o Senhor não é somente a nossa vida que se transforma, mas também amadurece a nossa missão no campo inter-humano, missão que está contida na Eucaristia e que pretende eliminar não só as barreiras e os obstáculos existentes entre nós e o Senhor, mas igualmente e sobremaneira as barreiras que separam os homens entre si. De fato, da íntima comunhão com o Senhor brota a força necessária para estabelecer uma comunhão entre os homens. A Eucaristia é uma celebração da reconciliação e serve à reconciliação.

Quem, ao receber a comunhão eucarística, experimentou a comunhão com Deus deve também compartilhá-la com o próximo. Cada celebração da Eucaristia é um envio ao mundo para cristianizá-lo. A força para transformar o mundo vem de Deus e nos é dada nesta celebração. O termo "missa" deriva de *ite, missa est* que, literalmente, significa *ide, foi enviada.* Com o mistério pascal de Cristo participamos na vida de Deus. Agora, devemos revitalizar e realizar este mistério que celebramos, precisamente na cotidianidade da vida.

A beleza da missão eucarística consiste no fato de ela nos solicitar e nos encorajar a viver a nossa vida quotidiana como caminhada em direção à santidade, isto é, como caminhada, animada pela fé, pela esperança e pela amizade íntima com Jesus Cristo, e para descobrir incessantemente Jesus como Senhor, caminho, verdade e vida. A amizade com o Senhor nos infunde de fato uma paz profunda e uma calma interior também nas horas sóbrias e nas duras provas da vida quotidiana. Quando a fé encontra noites escuras, em que não "ouvimos" nem "vemos" a presença de Deus, a certeza da sua amizade nos assegura, na realidade, que nada jamais poderá nos separar do seu amor (cf. Rm 8,39).

A antecipação da consumação celeste

O fato de sermos sacerdotes nunca é um acontecimento acabado, do passado, que ficou para trás, mas que requer que nos exercitemos continuamente nele. A celebração cheia de fé da Eucaristia é a fonte energética do nosso crescimento diário, porque ela é uma antecipação da realização da nossa vida. Sermos cristãos é um caminho animado pela esperança em direção ao cumprimento definitivo, no qual encontraremos sem véus o nosso Senhor atualmente velado. Neste encontro, entraremos na prometida comunhão definitiva com Ele. Todas e cada uma das celebrações da Eucaristia podem ser concebidas como um exercício no seguimento de Cristo apoiado pela graça. Trata-se de percorrer sacramentalmente juntos a via de Cristo para chegar à união sobrenatural do homem com Deus.

Faz parte da Eucaristia tender para a realização futura da salvação com o regresso de Jesus Cristo no fim dos tempos. Ela é verdadeiramente alimento para a vida eterna (cf. Jo 6,27). Jesus Cristo é o Pão que vem do céu e que nos dá a vida. Nele reconhecemos e recebemos a graça e a verdade, a vida de Deus (cf. Jo 1,16s.). Ele vive em nós e nós vivemos por meio dele, porque Ele é para nós o alimento divino ao longo da nossa caminhada para a vida eterna. Na Eucaristia, recebemos o que haveremos de ser por toda a eternidade, quando formos acolhidos no céu e participarmos com os exércitos celestes no banquete nupcial do Cordeiro; *communio,* comunhão, *koinonía*, comunhão dada, participação na vida de Deus. A nossa união com a Igreja celeste realiza-se da melhor maneira quando celebramos o louvor da majestade divina rejubilando juntos, especialmente na sagrada liturgia, em que a força do Espírito Santo faz sentir o seu influxo em nós através dos sinais sacramentais. Desse modo, glorificamos juntamente com todos aqueles que são resgatados de todas as tribos, línguas, povos e nações (cf. Ap 5,9) e foram reunidos na única Igreja, no único hino de louvor, ao Deus uno e trino. "Ao celebrar o sacrifício eucarístico unimo-nos no mais alto grau ao culto da Igreja celeste" (LG, 50).

A celebração da Eucaristia apoia e alimenta a esperança da fé cristã na consumação final. Ela exprime o desejo humano da visão direta de Deus, face a face. O Corpo de Cristo, aqui e agora ainda velado pelo sinal do pão, tornar-se-á visível sem véus (cf. 1Cor 13,12). A celebração, cheia de fé, da Eucaristia, apoiada pelo desejo do encontro face a face, dará os seus frutos espirituais, não somente como uma pregustação do banquete nupcial celeste, mas também como meio da graça e revigoramento ao longo da nossa caminhada para a visão definitiva de Deus.

7 Ministério e pastoral sacerdotal

O ministério sacerdotal e as funções que lhe são conexas existem para realizar um serviço a favor dos fiéis. "O ministério do presbítero existe em favor da Igreja" (JOÃO PAULO II. *Pastores Dabo Vobis* [PDV], 16; cf. CIC, 1547). Todas as vocações e todos os ministérios existem na Igreja para benefício do todo: "Cada um de vós ponha a serviço dos outros o dom que recebeu" (1Pd 4,10). Hoje, porém, na Igreja, o termo "servir" é usado muito inflacionariamente. Para sermos credíveis deveremos antes de mais nada considerar mais de perto o que constitui a especificidade do ministério sacerdotal e a natureza especial do serviço que ele presta no seio da Igreja: "O Filho do Homem não veio para ser servido, mas para servir e dar a sua vida em resgate por todos" (Mc 10,45). Nesta concepção que Jesus tinha da sua missão e da sua obra salvífica está a base da teologia e da espiritualidade do ministério sacerdotal.

A serviço da salvação dos homens

Os ministros ordenados da Igreja exercem unicamente o ministério que Cristo exerceu, em primeiro lugar, e que continua a exercer, através dela e da sua atividade, em toda a Igreja. O sacerdote tem a obrigação de representar, participando neste ministério de Jesus Cristo, a sua obra salvífica e torná-la atualmente experienciável. O ministério desempenhado na Igreja apenas será um ministério genuinamente eclesial se for uma participação no ministério que o Senhor da Igreja atualmente operante exerce a favor da humanidade. Só nele o ministério sacerdotal ganha o seu sentido. Cristo é, no seu Espírito, a fonte energética da atividade eclesial: "Sem mim, nada podeis fazer" (Jo 15,5). Estas palavras são não só uma obrigação, mas também uma promessa. Os servos de Jesus Cristo devem confiar somente nele, e podem confiar completamente nele; se o fizerem, darão muito fruto (cf. Jo 15,8).

Só através de um aprofundamento teológico e espiritual da natureza específica do ministério sacerdotal podemos modificar e transformar em disponibilidade, para se dar e para servir, a natural aspiração, presente em cada pessoa, de dominar e de apoderar-se. Segundo o Novo Testamento, o ministério pode ser apenas serviço (cf. Lc 22,25-27; Mt 23,8-11). Este ministério significa serviço prestado a Cristo e serviço prestado à comunidade dos crentes.

O dever e tarefa do ministério é edificar o corpo de Cristo. Todo o povo de Deus vive, como Igreja de Jesus Cristo, para Deus. Se a própria Igreja é uma Igreja que serve, então também o melhor modo de conceber o ministério é concebê-lo no sentido de uma diaconia. Portanto, os sacerdotes são *servos do Senhor que serve* e servos dos homens. Por isso, o ministério é uma tarefa que deve fazer realçar o próprio Cristo, na sua pessoa e no seu ministério.

O ministério sacerdotal incarna o ministério de Jesus Cristo, partilha-o, e através dele indica-se a ação salvífica de Deus. A atividade ministerial da Igreja é a mediação dos dons da salvação aos homens. Através do ministério sacerdotal, os fiéis podem chegar a compreender e a acolher a reconciliação realizada por Cristo.

Sem o ministério sacerdotal hoje não é possível dar a conhecer suficientemente a ação consumada por Cristo e o seu significado, e suscitar a fé nela. O sacerdote é o servo de Deus para exercer o seu ministério salvífico a favor dos homens. Por isso, o ministério faz parte da sacramentalidade da Igreja, sendo, portanto, indispensável para a existência sacramental dos fiéis. Este ministério encontra o seu fundamento e a legitimação da sua existência no serviço prestado à fé dos fiéis, pois é através do ministério sacerdotal que o próprio Cristo opera nos fiéis e lhes dá a graça e a força para viverem à luz da fé. O poder recebido no Sacramento da Ordem habilita os ministros ordenados da Igreja a desempenharem esta obrigação/tarefa da mediação "como mestres da doutrina, sacerdotes do culto sagrado, ministros do governo" (LG, 20).

Este serviço e o poder/potestade mediante o qual só ele pode ser exercido fundam a dignidade íntima e o verdadeiro significado do sacerdócio ministerial na Igreja. Só à medida que se apercebem desta unicidade e dignidade do sacerdócio é que os sacerdotes podem conceber também o seu ministério como dom de si mesmos, feito a Deus e à humanidade. O sacerdote é, de fato, o servo que deve levar Cristo, e não a ele próprio. Nisto consiste a dignidade, mas também o peso do ministério. Só o olhar voltado para Cristo nos poderá dar a força necessária para compreendermos os tesouros do Reino dos Céus, e para dá-los a conhecer, com a palavra e com a ação, aos homens de boa vontade, e ainda para tornar visível o invisível, e mostrar o que está escondido.

Com a sua pregação e o seu apoio o sacerdote pode tornar-se um *advogado do sentido de humanidade* no seio de uma sociedade frequentemente desumana, sempre que nele resplandeça algo da bondade e da filantropia de Deus e do novo sentido de uma humanidade do homem redimido. Por isso, ele pode procurar induzir os fiéis a darem o seu contributo, para que o Reino de Deus se torne já hoje uma realidade experienciável no seio da convivência livre e fraterna de todos os homens e no seio de uma sociedade caracterizada pela justiça, pela paz e pelo amor.

Da diaconia salvífica do sacerdote faz parte a imprescindível *transmissão da esperança cristã*, num mundo demasiadas vezes sem esperança. A esperança cristã nos capacita a continuarmos a amar, mesmo quando as tensões e os contrastes da existência e da sociedade humana não podem ser superados. A esperança cristã faz com que o homem não perca a esperança na justiça, na liberdade e na paz e nem mesmo em situações dominadas pela injustiça, pela falta de liberdade e pela falta de paz. A diaconia cristã exige que infundamos esperança mesmo onde e quando já não há nenhum motivo para esperar, e que amemos com um amor que inclua até o inimigo.

Da solicitude salvífica do sacerdote fazem necessariamente parte um *amor à verdade,* uma prática cultural e espiritual do amor ao próximo, para iluminar a razão e para transformar a cultura a partir do seu interior, tornando-a uma cultura cristã.

A serviço da glorificação de Deus

A glorificação de Deus é o ponto de viragem e o ponto fulcral do ministério sacerdotal. "Por isso, o fim que os presbíteros pretendem atingir com o seu ministério e com a sua vida é a glória de Deus Pai em Cristo. Esta glória consiste em que os homens aceitem, consciente, livre e gratamente, a obra de Deus perfeitamente realizada em Cristo e a manifestem em toda a sua vida. Os presbíteros, portanto, quer se entreguem à oração e à adoração, quer preguem a Palavra de Deus, quer ofereçam o sacrifício eucarístico e administrem os demais sacramentos, quer exerçam outros ministérios a favor dos homens, concorrem não só para aumentar a glória de Deus, mas também para promover a vida divina nos homens" (PO, 2). Todas e cada uma das funções podem concentrar-se aqui. No serviço da glorificação de Deus representamos Cristo, que diz ao seu Pai: "Eu manifestei a tua glória na Terra" (Jo 17,4).

Glorificar Deus no sentido de Jesus não significa oferecer dons exteriores, mas dar-se a si mesmo. O dom de si próprio feito por Jesus encerra em si toda a sua vida, que representa um dom perfeito de si a Deus para benefício de todos, a fim de que o seu Pai faça participar a humanidade inteira no seu Espírito do amor. "Não cessais de reunir para vós um povo que, de um extremo ao outro da Terra, vos ofereça uma oblação pura" (*Missal Romano*, "Oração eucarística III"). Desse modo, toda a vida humana se torna uma oferta cultual feita a Deus. Portanto, o sacrifício é um testemunho concreto, profissão de fé e serviço da caridade: "Por meio dele, ofereçamos continuamente a Deus um sacrifício de louvor, isto é, o fruto dos lábios que confessam o seu nome" (Hb 13,15). A glorificação de Deus através do dom da vida tem o seu ponto culminante na Eucaristia: "É pelo ministério dos presbíteros que o sacrifício espiritual dos fiéis se consuma em união com o sacrifício de Cristo, mediador único, que é oferecido na Eucaristia de modo incruento e sacramental pelas mãos deles, em nome de toda a Igreja, até quando o mesmo Senhor vier. Para isto tende e nisto se consuma o ministério dos presbíteros" (PO, 2). Como Paulo, também nós podemos hoje apresentar a razão do nosso ministério: tudo o que fazemos é "por vós, para que a graça, multiplicando-se na comunidade, faça aumentar a ação de graças, para a glória de Deus" (2Cor 4,15). O ministério sacerdotal existe para multiplicar a ação de graças a Deus no mundo.

Na finalidade da glorificação de Deus também se manifesta a ligação íntima do sacerdócio ministerial com o sacerdócio real de todos os fiéis. O ministério exercido a favor dos fiéis deve ter o seu centro na glorificação de Deus. Com efeito, o verdadeiro significado da denominação "comunidade sacerdotal", que se dá aos fiéis, não consiste no fato de ser uma organização ou divisão intraeclesial dos ministérios, mas consiste no fato de oferecermos a nossa vida "como sacrifício vivo, santo e agradável a Deus", como nosso culto espiritual (Rm 12,1). Pelo Batismo e pela Confirmação todos os fiéis participam no sacerdócio de Cristo. Eles traduzem em ato esse sacerdócio quando oferecem a sua vida como sacrifício espiritual a Deus, quando ouvem a sua mensagem e a proclamam com a sua vida, as suas palavras e as suas ações. Para promover este sacerdócio existe o sacerdócio ministerial.

A proclamação do Evangelho prepara a pessoa para a fé, indica-lhe o caminho da vida cristã e capacita-a para receber devidamente os sacramentos. Também os sacramentos a preparam para a *communio* com o Senhor na celebração da Eucaristia, que é a antecipação da comunhão escatológica com Deus. A esta comunhão com Deus deve conduzir a vida cristã quotidiana, e a partir desta comunhão com Deus deverá brotar a força para a vida quotidiana.

A solicitude pastoral deve conduzir todos para este centro. O ministério do governo da comunidade e da direção espiritual deve criar as condições ótimas para consecução da pregação e da santificação. A finalidade do ministério sacerdotal é abrir a todos, em todos os tempos e em todas as situações da vida, o horizonte de Deus tal como Jesus Cristo fez ao longo da sua vida terrena. Nós fazemo-lo animados pela fé de que é Jesus Cristo quem abre, na sua pessoa, o acesso à realidade de Deus. Ele é a porta (cf. Jo 10,9) através de quem Deus entra na nossa vida e através de quem nós podemos ir até Ele. Com a imagem da "porta" podemos indicar o ministério do sacerdócio único de Jesus Cristo, que continua, na atividade da Igreja e do sacerdócio ministerial. Como a porta, também o ministério dos sacerdotes se orienta em duas direções, de modo a servir o movimento de Deus em direção à humanidade e o movimento desta em direção a Deus.

Todos estamos em caminho para o Pai. Cristo caminha conosco ao longo desta estrada. O sacerdote representa Cristo que caminha conosco. Na celebração da Eucaristia concluímos a coleta com estas palavras: "Por Nosso Senhor Jesus Cristo, vosso Filho, que é Deus convosco na unidade do Espírito Santo". Este "por Nosso Senhor Jesus Cristo" é simbolicamente atualizado no ministério sacerdotal. Toda a vida cristã deve estar concentrada no sacrifício eucarístico de Cristo e nele ser aperfeiçoada. Deste modo, a vida cristã torna-se fecunda, através do ministério sacerdotal, no ponto culminante da vida de Cristo. À volta deste ponto central, roda toda a atividade sacerdotal. Na Oração eucarística II oramos: "Vos damos graças porque nos admitistes à vossa presença para vos servir nestes santos mistérios".

A serviço da evangelização

Hoje podemos constatar em muitos um grande e crescente interesse pela religião, embora esse interesse religioso, indubitavelmente verificável, ainda não os leve a aproximarem-se da Igreja. Nesta situação não nos será fácil pregar a alegre mensagem de Jesus Cristo e apresentá-lo como a salvação e a redenção para a humanidade.

Publicitar o caráter atraente da fé cristã, precisamente como fé eclesialmente estruturada, permanece uma obrigação e uma tarefa missionárias prementes do nosso tempo. É nosso dever ajudar o ser humano a encontrar Deus na sua vida. Uma das nossas obrigações sacerdotais é nos encarregarmos novamente de modo especial das pessoas que se dizem religiosas e, no entanto, participam muito raramente ou até quase nunca na vida litúrgica. É nosso dever permanente de sacerdotes criar, com o nosso ministério, o espaço aberto em que Deus possa fazer ouvir a sua voz.

Para uma pastoral missionária coroada com sucesso de permanente atualidade continua a ser válido, independentemente do lugar e do tempo, o conselho dado por Santo Ambrósio a Virgílio, bispo de Trento: "Antes de tudo, fica sabendo que te foi confiada a Igreja do Senhor"[104]. Já Santo Agostinho sabia que qualquer serviço prestado a uma alma começa com um encontro mais ou menos casual. Hoje, devemos utilizar todas as possibilidades que temos de nos encontrarmos com as pessoas e de entrar em contato com elas, sobretudo a ocasião de visitá-las para edificar e consolidar a Igreja.

Hoje devemos confiar mais na força da Palavra de Deus do que na explicação que damos dessa Palavra nas nossas pregações. A pregação não é a Palavra de Deus, mas tão somente a sua explicação e interpretação. O cristianismo não é uma religião do livro, porque é o próprio Jesus Cristo que está presente no seu centro como Pessoa viva. Se forem honestos consigo mesmos, todos os pregadores dirão que sabem que as suas pregações raramente são tocantes e que, pelo contrário, são frequentemente medíocres. A pregação não existe para difundir opiniões subjetivas, mas para propor, o mais objetivamente possível, a mensagem de Jesus, para

---

104. AMBRÓSIO DE MILÃO. *Ep.* 62 (Maur. 19), 2. • PL, 16, 1.024.

induzir os crentes à conversão do coração e para edificá-los espiritualmente, a fim de se sentirem encorajados a realizar o seu serviço no mundo.

Uma pregação tornar-se-á viva se deixar transparecer a atitude crente de fundo e o caráter eclesial do pregador. O mais importante não são as palavras e a retórica brilhante, mas o modo convincente e fiel com que fazemos ecoar a Palavra de Deus. As pregações que renunciam a fazê-lo, justificando essa renúncia com o fato de os ouvintes não compreenderem a linguagem eclesial, não oferecem o alimento sólido da Palavra de Deus, mas frequentemente só com papinhas doces. O resultado de uma prática do gênero é que o conhecimento da fé está diminuindo drasticamente.

De um lado, as pregações não devem reduzir-se a dar a conhecer opiniões subjetivas, a lançar acusações, a insultar, criticar e condenar, mas por outro lado nunca devem reduzir-se a uma ladainha de exortações genéricas e de bons conselhos não vinculativos. Devemos fazer tudo para que as nossas pregações não caiam no moralismo e na pedagogia moral. O sentido e a finalidade da pregação consistem em encorajar cada um de nós a acolher com alegria a mensagem salvífica de Jesus Cristo, com a diretriz e a orientação da sua vida e para haurir força da Palavra viva de Deus.

Se não concentrarmos a nossa pregação no essencial, mais cedo ou mais tarde acabaremos por desiludir os homens e privá-los do que realmente vale. Não se trata, sobretudo, de dar vida a uma comunidade "ativa", de desenvolver muitas atividades de grupo. De organizar funções religiosas "particularmente envolventes" em dias determinados, por mais importantes que elas possam ser, mas trata-se de guiar as pessoas a entrar numa relação mais profunda com Deus e de levá-las até mais próximo dele.

Por isso, devemos procurar opor o difundido e cada vez mais crescente analfabetismo religioso, e, às vezes, também devemos ter a coragem de ter pregações catequéticas e de expor e explicar novamente as bases da fé. Devemos pregar a mensagem de Jesus Cristo, em tempo oportuno e inoportuno, insistentemente, mas sem sermos invasivos. A mensagem que brota do centro da fé cristã é atraente e convincente. Isto não significa que não haja dúvidas em matéria de fé religiosa, mas que, se confiarmos em Deus, também essas dúvidas podem ser superadas.

Quando os outros veem por que razão vivemos, onde bebemos o espírito e a força para organizar a nossa vida, então também nós, com a nossa existência, damos a razão da nossa fé e nos tornamos missionários no nosso tempo.

O bom êxito do testemunho sacerdotal

A busca humana do encontro com Deus e da experiência de Deus permanece como o lugar e o campo da atividade sacerdotal. Mas a capacidade intrínseca do ministério sacerdotal para convencer pressupõe não só uma abertura vigilante, mas também a permanência na comunhão eclesial. Só uma visão teológica da Igreja, que integre os seus vários aspectos e apresente o mistério do sacerdócio de modo coerente, estará em condições de encorajar os sacerdotes a serem no seu ministério testemunhas do único plano salvífico de Deus em Cristo através da Igreja[105]. Essa perspectiva da Igreja pode conciliar as diversas concepções da fé e dar um novo impulso missionário.

---

105. Cf. AUGUSTIN, G. "Wiederentdeckung der Kirche in der Zeit der inneren und äusseren Diaspora". In: *Lebendiges Zeugnis,* 59, 2004, p. 170-184.

É muito importante que haja uma decisão existencial e espiritual de fundo a favor da Igreja concreta porque, para agir credivelmente em nome da comunidade eclesial, o sacerdote tem de amá-la apaixonadamente e identificar-se intimamente com ela, apesar de todo o joio que se possa ver claramente nela. Como poderão os homens entusiasmar-se pela Igreja se os representantes oficiais dela não irradiarem nenhuma alegria diante deles? Como poderemos esperar que os fiéis se sintam presos à Igreja se não conseguirem perceber e experimentar através do sacerdote o seu sentido e a sua necessidade?

As pessoas deixam-se convencer por um sacerdote apaixonado por Deus que se manifesta através de uma paixão viva pela sua Igreja. A credibilidade e a força de atração da Igreja dependem do fato de os seus representantes oficiais serem realmente homens religiosos e testemunhas da fé. Para o bom êxito do ministério sacerdotal precisa-se daquilo que sacerdotes bons e santos sempre fizeram na Igreja: impregnar as estruturas de espírito e encher o ministério de vida e de amor. O sacerdote existe para conduzir as pessoas a Deus; mas só poderá fazê-lo na Igreja, mediante a Igreja e com a Igreja, e com o ministério da Palavra de Deus, com a celebração dos sacramentos da fé, exortando a entrar e a permanecer na comunhão cristã de fé e de vida. A Igreja de Jesus Cristo precisa de sacerdotes não somente convencidos e convictos, mas também capazes de convencer; que se identifiquem com a sua forma atual, exerçam o ministério sacerdotal no espírito de Jesus como um ministério salvífico precioso e que também deem testemunho com alegria deste modo de viver.

A Igreja se mantém de pé ou cai por terra com aquele que tem a obrigação e tarefa de torná-la simpática, com a figura que a identifica e que a representa de modo verdadeiro. Para muitos homens e mulheres é realmente determinante a experiência concreta que fazem com os sacerdotes locais. Num tempo de desafios sempre novos exige-se um testemunho, precisa-se que o sacerdote dê um testemunho corajoso da fé e não alimente a dominante falta de coragem, mas antes infunda a confiança que os torna capazes de viverem à luz da fé e na alegria por Deus, e pelo fato de serem cristãos.

Os complexos problemas, perante os quais uma cultura secularizada impõe o dever e a tarefa da evangelização, são um desafio permanente que ainda precisa muito de sacerdotes entusiastas; por isso, é claro que temos a obrigação de tudo fazer para promover iniciativas específicas a favor das vocações sacerdotais. Ao contrário, a fixação na falta de sacerdotes é paralisante. A pergunta decisiva é: Como posso eu, aqui e agora, na qualidade de sacerdote, rasgar perspectivas capazes de favorecer a vida e a fé? Como posso eu conseguir levar homens e mulheres a porem-se a serviço de Deus e dos outros homens e mulheres?

O testemunho do sacerdote poderá resultar bem se o seu ministério e a sua vida formarem uma unidade viva e se se influenciarem e determinarem reciprocamente. O testemunho que convence é simples, transparente e interior. Ele apresenta a glória de Deus na pobreza e na fraqueza humana. Com a ajuda de Deus podemos fazer mais do que humanamente poderíamos esperar, porque somos homens de Deus, em quem habita e age o Espírito Santo.

Somente através da via do testemunho, através de uma "via profética", é que o sacerdote poderá chegar ao coração das pessoas. A sua autoridade espiritual de homem de Deus, a sua irradiação "pneumática" ou "carismática", o seu dinamismo de homem religioso e espiritual acabarão por convencer e atrair; porque não é a autoridade do nosso ministério que atrai, mas a nossa interioridade religiosa. É decisivamente importante sabermos se o testemunho oficial do sacerdote é justamente só isso – um "testemunho oficial" – ou se, ao contrário, é um testemunho propriamente seu, pessoal. A capacidade testemunhal do ministério mantém-se de pé ou cai no chão consoante a personalidade do ministro. Se o mensageiro quiser tornar-se mensagem e a testemunha oficial quiser tornar-se uma testemunha existencial e autêntica, têm de querer ser credíveis e convincentes. Convincente é um testemunho a favor do qual a testemunha se posiciona com toda a existência.

O testemunho sacerdotal mantém-se de pé ou cai no chão, consoante a qualidade convincente ou não de uma forma de vida. Dela depende não só a credibilidade do sacerdote, mas também a credibilidade da Igreja e a capacidade de convicção da pregação. A forma de vida do sacerdote será convincente se as pessoas que cruzam o seu caminho perceberam que ele, no seu ministério, segue Jesus Cristo e vive pela força e pela graça de Deus. Porque, de fato, o chamamento de Deus a que o represente, seguindo-o, e a que viva e aja em seu nome, a favor da comunidade dos crentes, visa toda a existência dos chamados. Como chamado e como enviado, o sacerdote é antes de mais e em primeiro lugar um homem que segue Jesus Cristo, que anda na escola de Cristo, que ensina a amar os outros e a agir a favor deles.

Da profunda união vivida com Cristo brota uma esperança indomável. O ministério sacerdotal só será convincente se carregar pessoalmente as cargas das almas e lhes indicar caminhos que transformam a vida. O testemunho sacerdotal deve encorajar os crentes a viverem até ao fundo o seu cristianismo e a pôr a vida em relação com Deus. Desse modo, o ministério sacerdotal une o céu e a terra, caminhos da fé e caminhos da vida, sobre os quais cada um experimenta alguma coisa do mistério de Deus. Se no seu ministério a confiança que brota da fé e da alegria do Espírito permanecerem invisíveis, o sacerdote será um sinal para todos e uma imagem de Jesus Cristo, bom pastor da Igreja.

O testemunho religioso sacerdotal só poderá ser convincente quando for acompanhado de cordialidade, de uma certa serenidade de espírito e de alegria cristã. Só poderemos "contribuir para a alegria" (cf. 2Cor 1,24) dos crentes e da humanidade se estivermos cheios de alegria, de confiança, de esperança e de fé em Deus, e as irradiarmos. A convicção íntima de que vivo pela causa de Deus e de que Ele caminha comigo e opera através de mim pode suscitar em mim novas energias! Então, o que *eu* faço não é nada decisivo, mas sim o que *o Senhor faz através de mim.*

Pastoral complementar

Só será possível uma pastoral coroada de sucesso a serviço da fé se a colaboração e a solidariedade de todos os que estão empenhados nela e trabalharem em nome da Igreja, nos diversos ministérios e funções, funcionarem bem. Os conflitos e as opiniões diferentes, embora humanamente compreensíveis, nascem frequentemente da falta de um consenso espiritual a propósito da missão e da tarefa da Igreja. Contudo, isso nos paralisa e impede de agir positivamente. O respeito pela competência dos outros nos torna capazes de nos acertarmos reciprocamente e de atingir, complementar e solidariamente, o fim comum para comunicar a salvação de Deus e edificar a Igreja de Jesus Cristo.

Desenvolver e alimentar uma cultura da comunicação espiritual é uma condição fundamental para que os vários ministérios da Igreja aprendam a ouvirem-se uns aos outros. Se, todos juntos, prestarmos atenção ao Espírito de Deus, encontraremos a força para resolver muitos conflitos humanos. Se, juntos, olharmos para Deus, Ele nos ajudará a ver não só a nossa força e os nossos sucessos, mas também os nossos limites e as nossas fraquezas, numa perspectiva certa.

Mas se, como indivíduos, permanecermos juntos à procura de Deus e nos mantivermos juntos no mesmo caminho, também a pastoral dará muitos frutos. A colaboração de todos quantos estão pastoralmente empenhados deveria dar vida a algo mais que uma equipe de trabalho. É distintivo dessa colaboração o seguimento de Cristo. O fim comum consiste em tornar visível e experienciável, com a palavra e com a ação, a Igreja como testemunha da salvação.

Na pastoral, poderemos e deveremos realçar diferentemente, consoante os nossos dotes humanos; um indivíduo introvertido e um pouco tímido poderá entrar numa via mais contemplativa, enquanto o que é extrovertido e cordial poderá percorrer uma via mais ativa.

Organizar, humana e espiritualmente, a casa de Deus e torná-la habitável é coisa que faz parte do ministério pastoral do sacerdote. A sua vida pode tornar-se muito mais "simples" se esclarecermos, honesta e autocriticamente, no que consiste exatamente a cura de almas sacerdotal. Já muito antes do Concílio Vaticano II, Karl Rahner tinha afirmado (1936) que "cada batizado" seria "um pastor consagrado": "Agora estamos em condições de dizer onde se realiza a consagração para a pastoral. É o Batismo que nos consagra fundamentalmente para ela. Ele é a efusão do amor a Deus e, por isso, a consagração, poder e mandato para a cura de almas. Cada aumento sacramental da graça, na Penitência e na Eucaristia, é um apelo renovado a que nos dirijamos aos nossos irmãos, e a que procuremos o seu ser mais íntimo, para o conduzirmos a Deus"[106].

---

106. RAHNER, K. "Weihe des Laien zur Seelsorge". In: *Schriften zur Theologie* [Escritos de Teologia] III. 7. ed., 1967, p. 313-328; aqui p. 323.

Se, neste sentido, existirem muitos homens e muitas mulheres pastores de almas, a especificidade da cura de almas sacerdotal consistirá no ministério da salvação. Esta concepção pode infundir um sentimento de alívio e de conforto em muitos sacerdotes, porque pensam que, com o ministério sacerdotal que desempenham na Eucaristia e na direção espiritual, já estão de tal maneira completamente desobrigados, que já não têm o dever de se dedicar a desenvolver as outras atividades requeridas pela "cura de almas". O sacerdote sentirá um sentimento de alívio e conforto se aprender a ver no ministério da salvação a verdadeira cura de almas que lhe foi confiada.

Concentrar-se neste ministério da salvação não significa descurar alguma coisa nem que a nossa importância se ressentiria com isso e que nos limitaríamos a "administrar os sacramentos", porque este ministério da salvação é, no seu sentido pleno, pregação e diaconia da salvação.

O dever e tarefa central do sacerdote consiste em preparar os irmãos para desempenharem o seu ministério (Ef 4,12). O sacerdote deve inspirar, motivar e capacitar os fiéis com a palavra, com o sacramento e através da graça de Deus, para que eles possam influenciar e plasmar cristãmente o ambiente em que vivem.

A Igreja só poderá ser testemunha da Boa-nova de Jesus Cristo se agir como um todo; por isso, será da máxima importância que nela os diversos carismas, ministérios e serviços ponham a sua complementaridade a serviço da missão de Jesus Cristo. Hoje só poderemos levar por diante a evangelização tão urgentemente necessária se colaborarmos uns com os outros e nos apoiarmos reciprocamente como comunidade testemunhal. O fim de toda a pastoral consiste em induzir as pessoas a haurir a confiança na profundidade da fé cristã para procurarem corajosa e humildemente o fim último da sua vida em Deus.

O sacerdote deveria exercer realmente a sua responsabilidade específica de força-guia da Igreja sem, contudo, se tornar autoritário. O amor pastoral de Jesus é o critério permanente do nosso modo de agir. Poderíamos simplificar muito mais a pastoral. "Pastoral simples" significa ver o ser humano tal como hoje realmente ele é, e não como gostaríamos que fosse. Às vezes, devemos estar dispostos a abandonar algumas concepções prediletas da pastoral dos últimos anos, embora isso nos seja mentalmente difícil. Devemos comunicar a todos a salvação segundo o pensamento de Jesus, fazendo um "verdadeiro serviço" em seu favor, mas sem esperar que todos se tornem imediatamente "membros ativos da comunidade". Porque recebemos de graça, de graça devemos dar (Mt 10,8).

A Igreja tem o dever de pregar, atualizar e comunicar a salvação de Jesus Cristo. Mas essa obrigação e tarefa é-lhe confiada como comunidade dos crentes. Ninguém pode cumprir sozinho esse dever; por isso existem nela vocações e ministérios ou serviços diferentes. Há uma legítima e ordenada divisão dos ministérios. Os sacerdotes não devem fazer o que é dever e tarefa específicos dos fiéis. Para se chegar a uma colaboração construtiva de todos são muito importantes uma diferenciação cuidadosa e um reconhecimento cheio de fé dos vários ministérios. Na sua estrutura a Igreja é essencialmente participativa porque vive da participação gratuita na vida de Deus. Esta estrutura participativa fundamental deve tornar-se reconhecível na pastoral.

Para chegarmos ao bom êxito de uma pastoral complementar decisiva e para tomarmos consciência dela, cada um de nós deve interrogar-se: Para que serve tudo isto? Para se chegar ao sucesso da colaboração é necessário que todos aceitem e interiorizem espiritualmente as convicções e as finalidades comuns. Esta comunhão na fé é a base da nossa comum essência eclesial, independentemente das vocações e dos diferentes ministérios. Os esforços para se chegar à *unidade do espírito* na Igreja são tão importantes quanto os fatos para se chegar à unidade das Igrejas e das comunidades eclesiais. A unidade na Igreja é o pressuposto fundamental da unidade das Igrejas.

A pastoral cooperativa não pode significar que se queira eliminar as diversidades dos ministérios. Ao querer nivelar tudo, essa pretensão está, desde o início, condenada ao fracasso. Só quem estiver disposto a diferenciar é que também poderá reconhecer e a aprovar a complementaridade. Não se deve confundir tolerância com indiferença ou arbitrariedade. Um bom sucesso na pastoral cooperativa pressupõe que tenhamos em conjunto uma concepção católica da eclesialidade da Igreja. Frequentemente surgem conflitos, porque entre as diferentes tradições cristãs há concepções diferentes sobre a Eucaristia e sobre a Igreja. Por isso, todos devem aceitar com fé a sacramentalidade da Igreja e o conteúdo conceitual que daí resulta sobre a Igreja e o ministério.

Deveríamos ter presente o que constitui o fundamento de um grupo bem conseguido de trabalho: o pleno respeito pela vocação dos outros, a tolerância para com aqueles que pensam diferentemente de nós, o reconhecimento da multiformidade e da diversidade. A diferenciação requer lealdade, uma lealdade que caracteriza o comportamento de todos. Se nos encontrarmos benevolentemente e nos interessarmos uns pelos outros, então a confiança aumentará.

A colaboração nunca estará completamente isenta de conflitos nem é preciso que esteja. Mas é indispensável que haja disponibilidade para resolver, pacífica e dialogicamente, os conflitos humanos no espírito de Jesus. Não se trata de impor a nossa opinião, mas de criar as melhores condições para que a mensagem de Jesus possa ser transmitida. Um processo de reconciliação e de entendimento abre novas perspectivas para se trabalhar, motivando um apreço mútuo, na glória de Deus.

O olhar conjunto voltado para Cristo pode nos ajudar a ver o fim de toda a pastoral: "Aproximando-vos dele, pedra viva, rejeitada pelos homens, mas escolhida e preciosa aos olhos de Deus, também vós – como pedras vivas – entrais na construção de um edifício espiritual, em função de um sacerdócio santo, cujo fim é oferecer sacrifícios espirituais agradáveis a Deus, por Jesus Cristo" (1Pd 2,4-5).

Se nos fixarmos unicamente nas pessoas, nas suas faculdades e nas suas competências, não conseguiremos resolver nenhum conflito; só aumentaremos os problemas e as dificuldades. Mas se, ao contrário, voltarmos o olhar para Deus, conseguiremos ver na perspectiva certa os conflitos diários que inevitavelmente vão surgindo na convivência e na colaboração dos homens. Uma ação pastoral exercida no espírito da fraternidade cristã é percebida como testemunho a favor do Reino de Deus.

Se o espírito da fraternidade cristã for vivo em todos os interessados, a colaboração também infundirá alegria. Dela fazem parte o respeito e a confiança, o respeito pela competência de cada um e a vontade comum de pôr tudo a serviço do Senhor. Se a obra a que nos dedicamos juntamente com os outros enche a nossa vida e lhe confere o seu profundo significado, então a colaboração pastoral das pessoas assume o rosto de uma verdadeira comunhão.

Se nos limitarmos a adotar, simples e indiferenciadamente, mecanismos e métodos de trabalho da economia, da política ou da dinâmica de grupo, o pároco poderá transformar-se num moderador, num burocrata ou num capataz. Desse modo, o seu perfil cultural e espiritual perder-se-á com relativa facilidade. Mas nenhuma estrutura, puramente exterior, pode criar uma comunhão. A comunhão deve nascer simultaneamente, a partir de dentro e de fora, do alto e de baixo; predisposições e ocasiões, motivação espiritual e convicções íntimas devem convergir umas nas outras. "A vida cria a ordem; mas a ordem não cria a vida" (Saint-Exupéry).

8

Desafios e auxílios da forma sacerdotal de vida

Num dos aniversários da sua ordenação sacerdotal, Santo Agostinho enumera tudo o que se poderia esperar dele: "Corrigir os indisciplinados, fortalecer os pusilânimes, apoiar os fracos, confutar os opositores, manter afastados os malignos, estimular os negligentes, travar os litigiosos, encorajar os desanimados, pacificar os contendores, ajudar os necessitados, libertar os oprimidos, mostrar aprovação aos bons, tolerar os maus e animar todos"[107]. "Ao contrário, pregar, mostrar que estão errados, repreender, acalentar um mais alto nível de fé, pensar em cada indivíduo é uma enorme carga, um grande peso, uma incomensurável fadiga." "Por que tenho de prestar contas sobre os outros? O Evangelho apavora-me. De fato, não deixaria que ninguém me superasse nesta segurança da quietude absoluta; pois nada melhor nem mais doce do que olhar para o interior do depósito divino, ignorando todo o ruído exterior; isto é que é doce e é bom; pelo contrário, pregar, convencer que estão errados, repreender, fomentar um mais alto nível de fé e pensar em cada indivíduo separadamente é uma grande carga, um grande peso

107. AGOSTINHO. *Sermo* 340, 3.

e uma fadiga imensa. Quem não quereria afastar-se de tamanho afã? O Evangelho apavora-me!"[108]

Modo de se comportar em relação às estruturas pastorais

Todos nós conhecemos demasiado bem o *stress* pastoral descrito por Santo Agostinho. Mas poderíamos evitar uma grande parte dele se tivéssemos a coragem de adotar uma relação diferente com algumas estruturas eclesiais e de torná-las mais ágeis.

Hoje, ouvimos muito frequentemente lamentações pelo fato de a nossa vida pastoral diária se movimentar entre estruturas e estar cheia de atos administrativos. É claro que a Igreja precisa de todas as estruturas necessárias ao cumprimento razoável da sua missão salvífica. A sua estrutura fundamental e irrenunciável é a estrutura sacramental, que lhe pertence de modo permanente. Todas as outras estruturas são sistemas auxiliares e de apoio. É óbvio que podemos instituir muitos comitês, conselhos, colisões, delegações, todos eles destinados a apoiar a nossa pastoral, de modo a podermos cumprir adequadamente os tempos da nossa missão salvífica. Mas não podemos nos esquecer de que essas estruturas auxiliares são e estão histórica e localmente condicionadas, embora aqueles que as criaram e hoje as administram as considerem indispensáveis para todos os tempos.

Um olhar atento para a história da Igreja nos dará uma perspectiva de ação. Muitas estruturas nasceram por causa da situação eclesial do seu tempo, mas depois desapareceram. Seríamos interiormente mais serenos se tivéssemos em conta o fato de muitas estruturas atuais só terem surgido nos últimos decênios. Na situa-

108. Ibid., 339, 4.

ção missionária atual, podemos perguntar: Hoje, de que estruturas precisamos para desempenhar a nossa missão salvífica? Quais são as estruturas que apoiam efetivamente a nossa solicitude salvífica de conduzir pessoas para Deus e quais no-lo impedem? Além disso, devemos ter presente que todas as estruturas são administradas por pessoas e que, portanto, se quisermos, também podem ser organizadas humanamente. As estruturas existem para as pessoas e não as pessoas para as estruturas.

É claro que a Igreja precisa de estruturas adequadas à consecução do seu dever e da sua tarefa salvíficos. A sua estrutura fundamental é sacramental, e é como que congênita. Todas as outras, que foram nascendo consoante as necessidades do seu tempo, tendo muitas delas já desaparecido, existem para apoiar essa estrutura sacramental fundamental. Mas se os sistemas de apoio tomarem a dianteira e puserem em discussão ou obscurecerem a estrutura fundamental da Igreja, então dever-se-á distingui-las e diferenciá-las. A vitalidade da fé não brota das estruturas, porque é da vitalidade da fé e da Igreja que nascem algumas estruturas para regular e organizar essa vitalidade.

No fundo, na Igreja não há nenhum problema estrutural; porque, ao contrário do que hoje frequentemente se afirma, o problema não está no fato de "as estruturas atuais já não se adequarem ao nosso tempo", mas porque, às vezes, os homens que as configuram e administram – e lhe dão um rosto – não estão animados por um profundo entusiasmo por Deus. A Igreja não deve girar ao redor de si mesma, mas unicamente à volta de Deus! Uma Igreja que gira em torno de Deus também encontrará a força de servir os homens; é evidente que esta "Igreja" não é uma entidade abstrata, mas o conjunto de todos os fiéis e cada um deles individualmente. Por isso, em virtude da fé, cada um deles pode ir ao encontro dos outros e pôr-se ao seu serviço.

Quem é sincero e faz autocrítica deve perguntar a si próprio: Quem nos bloqueia? Todos devemos ter – e cada um de nós também – uma fé tão grande que, autocriticamente, saibamos deixar de culpar uma Igreja abstrata. Devemos não só quebrar alguns modelos que têm bloqueado o seu próprio pensamento, ao longo dos últimos decênios, mas igualmente superar a fixação paralisadora sobre as questões da organização e das estruturas eclesiais. Em vez disso, devemos novamente retomar a perspectiva a partir do centro da fé, começando assim a amar com simplicidade a Deus e as pessoas, e dar o melhor de nós mesmos na situação em que vivemos, sem nos preocuparmos demasiado com o que os outros fazem ou deveriam fazer.

Quando corremos o risco de nos afogar na desordem do quotidiano frequentemente nem sequer nos atrevemos a desejar algo maior e mais sublime, isto é, a verdade da vida, o caminho que conduz a Deus. Mas se agirmos, tendo por base a vasta perspectiva católica, temos a possibilidade de encontrar soluções eficazes para enfrentar os desafios hodiernos da pastoral.

Todos nós temos um motivo razoável para esperar, porque estamos convencidos de que realmente a última palavra será do próprio Deus. É este o verdadeiro sentido e a mensagem real da fé cristã que devemos anunciar. Cristo, a luz do mundo, dá-nos a certeza de que a sua luz vencerá a escuridão deste mundo e sobre os nossos corações gélidos. A esperança cristã dá a resposta ao medo de que, no fundo, a nossa vida e todo o mundo poderiam não ter nenhum sentido.

Como sacerdotes e teólogos da Igreja devemos continuamente admitir a pobreza do nosso espírito para nos tornarmos capazes de confiar à ação do Espírito Santo pelo menos uma parte tão grande do governo da Igreja quanto a que pretendemos reservar para nós; mas também faz parte disso a disponibilidade para distinguir algumas coisas e para autocriticamente pôr em discussão algumas atitudes, como a expressa nas palavras: "A Igreja oficial bloqueia tudo; por isso, à partida, não terei qualquer sucesso".

Se formos honestos, poderemos afirmar: de fato, tenho toda a liberdade e todas as possibilidades necessárias para ser cristão e sacerdote no verdadeiro sentido destes termos. Quem me impede de amar a Deus e de existir para o próximo? Quem me impede hoje de glorificar a Deus e de comunicar a todos a sua salvação? Quem não perceberá que faço bem ao ajudar efetivamente segundo as minhas possibilidades os pobres e os fracos, e estar pastoralmente próximo das pessoas que me procuram e que hoje precisam de nós como Igreja?

Modo de se comportar em relação às normas eclesiais

Na nossa atividade pastoral devemos pregar, antes de mais, a misericórdia de Deus. Para isso devemos ser pastoralmente prudentes e juntar e combinar a arte da epiqueia [do grego *epikeia,* racional/razoável] com uma sadia razão humana. Frequentemente surgem problemas porque alguns insistem na tentativa de encontrar soluções de princípio e se recusam a aceitar certas fragilidades e fraquezas da sua vida. Tudo se torna terrivelmente difícil, quando prevalece a atitude segundo a qual toda a Igreja deveria orientar-se tendo por base as minhas ideias e a situação individual da minha vida. Mas, ao contrário, deveria ser o indivíduo quem se orientaria segundo a Igreja e deixar que a sua situação pessoal fosse resolvida no quadro de tudo o que é pastoralmente possível.

Para a maior parte das questões da vida, a profundidade e a vastidão da fé católica dispõem de caminhos acessíveis e de boas possibilidades e auxílios, sempre que os interessados mostram alguma abertura, compreensão e boa vontade. Graças à bondade e à grandeza de um coração crente, unidas a uma sã razão humana e a uma prudência pastoral, podemos estar pastoralmente ao lado de todas as pessoas de boa vontade.

Devemos ter a coragem de deixar por resolver alguns problemas individuais da nossa história pessoal e da história dos outros, e confiá-los às mãos de Deus com a serenidade da fé descrita na parábola do trigo e do joio. Há um tempo para semear e um tempo para ceifar. Entre um e outro é preciso ter paciência e uma atitude de fundo cheia de confiança (cf. Mt 13,24-30).

Abertura cultural e profundidade espiritual

O sacerdote é chamado a ser um autêntico servo de Cristo; quer dizer, nas suas palavras e nos seus atos deve representar Jesus Cristo e tornar experienciável a sua salvação. Quanto mais conseguirmos, como sacerdotes, harmonizar a nossa vida com a nossa pregação, tanto mais autêntico será o nosso testemunho e tantos mais frutos dará o nosso ministério. Não só ganharemos pessoalmente em autenticidade e credibilidade, se vivermos em constante familiaridade com Deus, mas também assim nos verão os outros que partilham a nossa fé.

Por isso temos de identificar a nossa vida com o nosso ministério, embora hoje esta identificação não seja nada simples e requeira uma grande disponibilidade para passarmos cada vez mais para segundo plano e, desse modo, participarmos com uma dedicação voluntária e livre no mistério da morte e da ressurreição de Cristo, como um sacrifício vivo que é agradável a Deus (cf. Rm 12,1).

A clara e verdadeira identidade do sacerdote não tem nada a ver com as qualidades negativas que marcam o chamado *clericalismo*, porque são um problema humano que, em variados modos e graus, se encontra em todos os seres humanos. Mas quando essas qualidades negativas aparecem num sacerdote ofuscam o testemunho da sua vida e constituem um obstáculo à sua pregação. "Deus já se humilhou e o homem ainda continua soberbo"[109]. Esta afirmação de Santo Agostinho merece que cada um de nós – que desempenha um ministério sacerdotal na Igreja – a tenhamos constantemente presente diante de nós para sermos cada vez mais humildes pastoralmente.

Podemos observar continuamente que, em alguns dos nossos confrades, prevalece a tendência para se colocarem no centro. Neste contexto vemos frequentemente juntar argumentos pseudoteológicos para demonstrar que um pároco deve fazer sempre tudo pessoalmente. Desse modo, ultrapassam-se os limites existentes entre realidade liturgicamente bem delimitados à partida e autorrepresentação, entre poder/potestade do ministério e poder pessoal, tornando-os indistinguíveis. Ora, estes modos comportamentais, humanamente desagradáveis, são justamente criticados por todos, especialmente quando são apresentados por confrades que são fautores de uma teologia sobretudo tradicional, mas se comportam humana e espiritualmente de maneira muito contraditória. O efeito negativo consiste no fato de se transpor indiferenciadamente esta experiência para toda a Igreja, com um consequente dano para a credibilidade de todos.

Devemos nos interrogar criticamente: Esforço-me por representar Cristo e por agir autenticamente em nome da Igreja, ou

109. Ibid., 142, 6.

represento-me a mim próprio e imponho isoladamente as minhas opiniões?

Santo Agostinho escreveu a um bispo donatista: "É muito belo subir a uma abside elevada, com uma almofada na cátedra, com fileiras de religiosas a cantar e a acolher-te; mas de que te servirá tudo isto quando compareceres diante do tribunal de Cristo?"[110] Ou: "Daqui posso muito bem ver-vos chegar e ir embora, mas não vejo o que pensais nos vossos corações e o que fazeis nas vossas casas, e, contudo, sou o vosso epíscopo [guardião, vigia]; mas, se o Senhor não vigiar sobre nós e não guardar as nossas casas, em vão vigia a sentinela. [...] Para fazermos ouvir melhor a nossa voz, colocamo-nos num ponto um pouco mais alto, mas lá muito mais alto seremos julgados e sereis vós quem nos julgará. Ensinar é coisa perigosa, ser discípulo é mais seguro. O ouvinte da palavra está mais seguro do que quem a propõe". Por ocasião de uma ordenação episcopal, a pregação consistia habitualmente num panegírico não tanto sobre a pessoa, mas sobretudo sobre o ministério que se preparava para exercer. Também Agostinho se atém a este costume. Mas quer falasse por ocasião do aniversário da sua ordenação quer como panegirista para outra comunidade, o seu tema principal era sempre a grande responsabilidade do ministério. Ele começou uma dessas alocuções, pronunciada numa ordenação episcopal, pouco depois de 411, com estas palavras comoventes: "Pela generosa misericórdia de Deus, hoje foi ordenado para vós um bispo. Por isso devemos dizer alguma coisa para nos exortarmos a nós mesmos, para instruí-lo e para vos ensinar. Um homem que preside a uma comunidade deve, antes de tudo, saber que é um servo de muitos; não deve pensar que isto diminui a sua

---

110. Para as páginas seguintes, cf. VAN DER MEER, F. *Augustinus* – Der Seelsorger. Colônia, 1951, p. 273-275.

dignidade nem de modo nenhum pensar que não será digno dele servir muitos. Um dia, entre os discípulos de Nosso Senhor Jesus Cristo, entre os nossos apóstolos, pelo terreno da carne, infiltrou-se a busca da honra e da estima, e o fumo da autoexaltação nublou a sua vista. De fato, lemos no Evangelho que eles se puseram a discutir para estabelecer qual deles seria o maior. Mas o Senhor, como um médico, cortou este tumor, pôs diante de si um menino e disse: se não vos tornardes como as crianças, não podereis entrar no Reino dos Céus". Na mesma pregação esclarece com simplicidade e clareza quanto é inútil ser bispo somente de nome. "Que adianta a um infeliz chamar-se Félix [*Feliz*]? Se olhares para um desventurado chamado Félix e lhe disseres: vem cá, Félix; vai para ali, Félix; levanta-te, Félix; senta-te, Félix; por mais que repitas o seu nome, ele é sempre infeliz. Ora, algo semelhante acontece quando se chama bispo a alguém, mas ele não o é. O que lhe confere a honra do nome senão um aumento de culpa? Mas quem traz o nome de bispo e não o é? Aquele que se compraz mais com a honra do que com o proveito do rebanho de Deus; quem, neste vértice do serviço ministerial, procura mais o seu interesse do que o de Jesus Cristo. Chamam-lhe bispo, mas não é bispo; para ele é um nome vazio. Contudo, apercebes-te de que os homens não lhe chamam de outro modo. Viste o bispo? Cumprimentaste o bispo? De onde vens, do bispo? Para onde vais, ao bispo? Portanto, para que seja aquilo que lhe chamam, que ouça não a mim, mas comigo: ouçamos juntos; juntamente condiscípulos, na única escola, aprendamos de Jesus Cristo, o único mestre que, entretanto, tem a sua cátedra no céu, enquanto antes, na terra, teve a sua cátedra na cruz. Ele ensinou o caminho da humildade." ("Ele, o nosso Criador, vem humildemente como criatura para o meio de nós; aquele que nos criou tornou-se para nós: Deus antes de todos os tempos, homem no tempo para libertar o homem do tempo!") Além disso, ao explicar a epístola do dia (a imagem do bispo ideal de 1Tm 3), Agostinho afirma, nova e insistentemente, seguindo o texto: "Quero ser bispo (poderá alguém dizer). Oh! Quem me dera ser bispo! Quem te dera que fosses! Esse vai atrás do nome ou da substância? Se procura a substância, deseja um nobre trabalho; mas se visa apenas o nome, pode tê-lo, mesmo fazendo o mal, mas com muito mais grave dano. [...] Novamente reclamas para ti o nome e dizes: sou bispo, por isso sento-me na cátedra. Mas também um espantalho guarda a vinha!" (Agostinho não se esquece de prevenir os seus fiéis contra o escândalo de um predecessor indigno e de lhes mostrar, tendo por base a disciplina eclesial, que o ministério não depende da dignidade do ministro, como ensinavam os donatistas. O pão continua a ser pão, mesmo num prato de barro. Pensa na despensa de onde ele veio e não olhes só para o prato grosseiro. E aquele que te é apresentado provém sempre da despensa de Deus. Nenhum bispo, mesmo que seja ladrão, dirá desta cátedra: rouba! Mas dirá sempre e só: não roubes porque há disso na despensa de Deus.) "O Senhor e Bispo dos bispos fez com que a vossa esperança não se mantivesse de pé ou caísse com um homem. Em nome do Senhor vos digo como bispo: não sei como sou e muito menos o sabeis vós! Neste momento posso saber, em certa medida, o que sou; mas como poderei saber o que serei amanhã? Pedro ousou prometer: seguir-te-ei até à morte. Mas Ele, o médico que escrutava as veias do seu coração, respondeu: Darás a vida por mim? Em verdade te digo: antes que o galo cante, me negarás três vezes."

Desse modo, Agostinho atreveu-se a falar do primeiro ministério da Igreja, das tentações que ele contém e da incapacidade do ser humano de comportar-se sempre dignamente. Ele podia permitir-se fazê-lo porque não vivia numa estufa. Esta consideração autocrítica pode ter alguma coisa a dizer a cada um de nós.

A arte de combinar a substância espiritual da fé com um sentido convincente de humanidade continua a ser uma obrigação para toda a vida. Nós, sacerdotes, somos parte da nossa respectiva sociedade e filhos do nosso tempo. Cada um de nós tem as suas qualidades positivas e também algum lado negativo que, às vezes, acaba por ocupar tanto espaço na nossa vida e no nosso comportamento que obstaculiza a fecundidade do nosso ministério sacerdotal e nos torna pouco credíveis. Essas qualidades negativas são: um comportamento autoritário, um certo ar de superioridade, a tendência para nos mostrarmos, o delírio de onipotência, a fixação em nós mesmos, a busca permanente do louvor e do reconhecimento e a incapacidade de cooperar. Mas, ao contrário, a maturidade humana e o crescimento espiritual fazem com que nos apercebamos, sincera e autocriticamente, desses modos comportamentais e com que trabalhemos sem descanso, para que eles não tornem estéril e ineficaz o nosso testemunho.

As qualidades positivas de um sentido convincente de humanidade não são senão um desenvolvimento de um verdadeiro humanismo cristão: razão humana sadia, modéstia natural, sentido da medida, respeito por tudo o que existe, disponibilidade para nos melhorarmos, recusa do fanatismo e do fundamentalismo de todos os gêneros, abertura de espírito e magnanimidade que brotam das profundezas de uma fé vivida.

Deus é a meta da peregrinação da Igreja através do tempo. Com esta meta diante dos olhos percorramos, na sequência de Cristo, o caminho da salvação. Ao longo desta via cada um de nós pode avançar mais à direita ou à esquerda tendo por base a experiência da sua vida, dos seus dotes e da sua situação. Mas o que é verdadeiramente importante não é de que lado caminhamos, mas a meta comum e a atitude com ela consequente da nossa vida: ao longo desta caminhada não apenas não estou sozinho, mas também permito que os outros avancem nela a seu modo. Quem só olha sempre para os outros e para o seu modo de caminhar desaprovando-os deixa de ver a meta. Por isso, devemos aprender a ver com magnanimidade, tolerância e respeito, a experiência da fé dos outros como um enriquecimento. Em tudo isso, o ponto de orientação em que devemos nos apoiar é o centro da estrada, pois vamos por onde formos, devemos ter consciência de que sempre haverá pedras, tanto à esquerda como à direita, em que poderemos tropeçar e cair. Por conseguinte, é importante que não percamos de vista o centro da via católica.

A coisa mais importante de todas não é o número dos sacerdotes que existem num determinado lugar, mas as suas qualidades e a sua capacidade de irradiar espiritualmente. Só mediante uma competência cultural e espiritual poderemos exercer credivelmente o nosso ministério, irradiar confiança em Deus, tornar a Igreja atraente e, desse modo, ganhar as pessoas. Por isso, se conseguirmos combinar a abertura cultural e a profundidade espiritual, se estivermos radicalmente sólidos na fé e nos comportarmos, aberta e simultaneamente, ligados às pessoas e aos seus problemas, poderemos ser portadores de esperança para quem nos foi confiado.

Consequentemente, só poderemos ser livres se soubermos amar, se não existirmos "para nós", mas para os outros e pensarmos neles. A vida espiritual, profunda e genuinamente cristã, de modo nenhum conduzirá ao isolamento porque prolongar a encarnação de Deus não significa apenas prolongar a missão do Filho de Deus na Terra, mas também comunicar à humanidade a vida de toda a Trindade e enchê-la dessa vida. O Espírito Santo, o Espírito do amor, só poderá educar o amor se puder suscitar, animar e divinizar uma vida feita de pertença recíproca.

Fraqueza humana e santidade da vida

A concepção donatista do ministério, segundo a qual a santidade do ministro determina a eficácia das suas ações, foi naturalmente superada na teologia do ministério. No entanto, continua permanentemente atual a consideração da forma existencial vivida do testemunho pessoal prestado a Jesus Cristo, sendo por isso de importância decisiva para a credibilidade do testemunho do ministério.

A Igreja como sinal do Reino de Deus só poderá fornecer a prova da sua verdade mediante o testemunho da vida dos seus membros, sobretudo daqueles que a representam oficialmente. Faz parte da autenticidade da vida sacerdotal, no seguimento de Cristo, empenhar-se seriamente para estabelecer uma concordância entre a atividade oficial e a vida espiritual. Diz-se que os sacerdotes são "pessoas espirituais"; por isso, eles devem sê-lo verdadeiramente. De fato, diante dos homens, nós somos a sua única carta de recomendação que está inscrita no nosso coração, e que pode ser lida e compreendida por todos (cf. 2Cor 3,1-3).

Da santidade da nossa vida depende substancialmente a fecundidade da nossa ação. É muito grande a influência que a qualidade da vida apostólica do sacerdote exerce na qualidade do seu ministério sacerdotal; por isso, exige que, perante a nossa fraqueza humana, alimentemos uma confiança ilimitada: por mais baixo que possamos cair, acabaremos por cair sempre nas mãos de Deus. É a força de Deus que age em nós: "Não é que sejamos capazes de conceber alguma coisa como de nós mesmos; é de Deus que provém a nossa capacidade. É Ele que nos torna aptos para sermos ministros de uma nova aliança, não da letra, mas do Espírito; porque a letra mata, enquanto o Espírito dá a vida" (2Cor 3,5-6).

A nossa pobreza humana é justamente o lugar da revelação da força de Deus no mundo. É precisamente no sinal daquilo que é intramundanamente fraco que Deus dá testemunho de si mesmo como aquele que é absolutamente diferente do mundo. Desse modo, Ele permite que reconheçamos que não pode ser medido pelos critérios do nosso mundo, mas que, ao contrário, está para além de todas as ordens mundanas de grandeza. Em suma, só a verdade e o amor é que são verdadeiramente grandes.

A santidade cristã não é mais do que uma conduta sob a *promessa de Deus,* segundo *o ditame do Evangelho.* Embora a vocação à santidade seja feita obviamente a todos os cristãos porque é universal, o sacerdote deve servir de modelo; isto é, com a sua vida deve testemunhar que cada cristão pode tender para a perfeição. Um sacerdote é um mestre de santidade, especialmente na prática das "virtudes teologais" da fé, da esperança e da caridade.

Por isso, não deverá esquecer-se de que, como pregador da Boa-nova, tem de, antes de pregar, viver o que prega. Desse modo, a sua vida tornar-se-á o espelho do seu testemunho do amor divino e da sua misericórdia. Se for viva em nós a paixão apostólica pela salvação da humanidade, eles acabarão por descobrir na nossa vida e na nossa ação o testemunho do Evangelho. O segredo de uma vida bem conseguida é: dar tudo, gastar-se por Deus e pela humanidade.

Um bom pastor é um pastor segundo o coração de Deus. O sentido da nossa aspiração à perfeição consiste unicamente em nos tornarmos pastores, segundo o coração de Deus. Já que fomos chamados a ser bons pastores, é preciso que a presença de Deus assuma a forma humana através de nós, pois nela deve tornar-se visível algo da beleza da vida que é vivida em união com Cristo para agradar a Deus.

O ministério sacerdotal tem um alcance espiritual inesgotável para a vida pessoal do sacerdote, porque o nosso ministério é pessoalmente, para cada um de nós, o lugar da experiência da graça. Através do exercício fiel do nosso ministério espiritual diário e também da oração por nós mesmos podemos permanecer no caminho da santidade.

A oração existencial

Já no seu tempo, Santo Agostinho gemia continuamente por causa das aborrecidíssimas tarefazinhas da cura de almas e dos deveres de toda a ordem de que tinha de ocupar-se na sua vida quotidiana. Lamentou-se continuadamente pelo fato de isto prejudicar a sua vida de oração. Numa carta dirigida ao Padre Eudóxio e aos seus monges, que viviam numa ilha solitária no Mar Tirreno, confessou que muito frequentemente sentia inveja do seu silêncio claustral, pelo fato de eles poderem viver no meio das ondas do mar muito mais tranquilamente do que ele no seu gabinete. "Por isso, exortamo-vos, pedimo-vos e insistimos [...] que vos lembreis de nós nas vossas santas orações, que acreditamos elevais com maior vigilância e atenção, enquanto as nossas são interrompidas e ofuscadas pela confusão e pelo tumulto dos assuntos terrenos. Ainda que nós, pessoalmente, não nos ocupemos deles, a quem nos exige que caminhemos a seu lado uma milha e a quem devemos acompanhar em mais duas, assaltam-nos com tantos assuntos desses que dificilmente conseguimos respirar. Mas estamos plenamente convencidos de que aquele, perante quem chegam os gemidos dos prisioneiros [...] nos libertará de todas as angústias"[111].

É justamente porque a pastoral pode ser estressante na vida quotidiana, e nos custar muito esforço, que precisamos da força da oração para perseverar. A oração existencial desempenha um papel de fundamental importância na vida sacerdotal. Quando se descura a oração, a esperança enfraquece, surge um sentimento de impotência que leva à resignação. Quando não se vê a importância da oração na vida sacerdotal, acabam por dominar a preocupação com a organização e o interesse por todas as outras coisas que se vão impondo com pressa e frenesim.

A oração é, portanto, uma grande ajuda para reconhecermos com maior clareza muitas coisas e termos diante dos nossos olhos aquilo que é essencial e importante. Ela nos ajuda a não nos deixarmos cair na inércia, a não perder a paixão e a impedir que a nossa fé seja suplantada pela pusilanimidade e pelo joio: "Se o sal se corromper, com que se há de salgar? Não serve para mais nada, senão para ser lançado fora e ser pisado pelos homens" (Mt 5,13). Esta exortação de Jesus vale sobremaneira para cada um de nós, porque devemos agir em seu nome.

Muitos crentes, e até muitos sacerdotes, ainda se lembram de terem visto, nos sacerdotes, homens de oração. Viam-nos a prepararem-se na oração para a celebração da Eucaristia; e, no fim, recolherem-se novamente em oração para agradecer. Hoje, na sacristia, assistimos a uma grande azáfama: uns fazem isto, outros aquilo, e alguém verifica se está tudo no seu lugar; no fim da missa, temos de nos desparamentar o mais depressa que pudermos para cumprimentar o maior número de pessoas, embora a maioria

---

111. AGOSTINHO. *Epistula*, 48, 1. • PL, 33, c. 148. Cf. tb. Mt 5,11; Sl 79(78),11.

dos participantes da missa não esperem ou não sintam nenhuma necessidade de falar conosco.

O ministério sacerdotal, sobretudo a celebração da Eucaristia, é a mais elevada forma de oração, mesmo para nós, sacerdotes. Por isso, é muito importante que concebamos o nosso ministério como uma oração e não somente como um "trabalho". A Eucaristia é o lugar da oração rezada não apenas por nós próprios, mas também pelos outros: a oração em representação vicária dos fiéis que nos estão confiados é a mais elevada forma da cura de almas.

Na comunhão dos santos

A participação na vida de Deus é o fundamento de toda a santidade. Se considerarmos toda a nossa caminhada pastoral, na perspectiva da santidade, como João Paulo II, na sua Carta Apostólica *Novo Millenio Ineunte*, exorta que façamos (cf. NMI, 30), veremos que se fundamenta na espiritualidade eucarística: a Eucaristia nos santifica e, por isso, não poderá chegar à santidade quem não se alimentar da Eucaristia: "Assim [...] também quem de verdade come a minha carne viverá por mim" (Jo 6,57).

Podemos aprender melhor a caminhar nesta via na escola dos santos, porque a vida e a espiritualidade dos santos são um *locus theologicus:* Deus nos fala nos santos (cf. LG, 50) e a sua experiência espiritual ilumina o mistério de Deus (cf. DV, 8). Se, à sua luz, caminharmos na sua peugada, sentiremos o auxílio da sua intercessão a favor do nosso ministério.

A confiança na comunhão dos santos pode ser uma fonte de energia no ministério sacerdotal diário. Os numerosos santos nos acompanharão do céu com as suas orações de intercessão. Todos os fiéis, com quem oramos ao longo da nossa vida e, sobretudo, com quem celebrámos a Eucaristia, especialmente os que nos acompanharam no leito de morte, não nos esquecerão no Paraíso.

Se confiarmos nas intercessões dos santos, sentiremos a sua ajuda no nosso ministério pastoral, porque também eles se preocupam muitíssimo com a edificação da Igreja. De igual modo, a fila dos nossos confrades presbíteros defuntos que já estão na pátria celeste, que ofereceram uma vida pelo crescimento da Igreja e se empenharam na sua edificação, intercederá por nós junto de Deus no além da morte.

Uma boa espiritualidade sacerdotal também exige que cada sacerdote escolha um ou mais santos como seu(s) modelo(s) inspirador(es). Assim como cada um tem temperamento e capacidades diferentes, assim também, na história e no presente, encontraremos santos que correspondem melhor ao nosso temperamento e às nossas capacidades.

Unidos a Maria, Mãe de Deus

Se, no fundo, a tarefa do sacerdote consiste em levar Deus à humanidade e conduzir a humanidade a Deus, então, e sobretudo, *Maria é o modelo de cada sacerdote.* Ela é o ícone da Igreja eucarística: "Se quisermos redescobrir em toda a sua riqueza a relação íntima entre a Igreja e a Eucaristia não podemos esquecer Maria, Mãe e modelo da Igreja" (EE, 53). A profunda relação que existe entre Maria e a Igreja, entre a Eucaristia e Maria, conduz-nos ao centro de uma espiritualidade mariana do sacerdote. No processo para nos tornarmos conformes a Cristo podemos frequentar a escola de Maria e fazer com que ela nos ajude.

Muitos sacerdotes e inúmeros fiéis encontraram e sentiram em Maria, e em venerá-la, alegria e consolação, ajuda e força. De fato, "toda a sua grandeza foi resumida nesta expressão: 'Mãe de Deus'; ninguém pode dizer sobre ela nada maior, nem mesmo que tenha tantas línguas quantas as folhas e os fios de erva, as estrelas do céu e os grãos da areia do mar. Também devemos refletir no nosso coração sobre o que significa ser 'Mãe de Deus'". Foi Martinho Lutero quem escreveu isto, enquanto se dirigia para a Dieta Imperial de Worms, em 1521. Durante essa viagem, ele escreveu um comentário sobre o *Magnificat*[112], afirmando que Maria é um exemplo em quem podemos confiar e que deveria e desejaria ser o exemplo mais perfeito da graça de Deus para incitar todo o mundo a confiar, a amar e a louvar a graça divina.

Ele exprime com delicada sensibilidade a orientação que Maria nos dá para nos conduzir a Deus: "O que pensas que lhe será mais agradável do que o fato de, assim, através dela, chegares até Deus e aprenderes com ela a confiar e a esperar nele?" Por isso, será precisamente na sua figura, e na sua existência, que descobriremos e também veremos o sentido e a grande vocação da nossa vida. E com palavras do apóstolo, afirma: "Pela graça de Deus, sou o que sou, e a graça que me foi concedida não foi estéril" (1Cor 15,10).

Santo Agostinho vê em Maria a graça no estado puro, a glória de Deus, que nela e através dela se tornou visível: "De onde te veio isto? Até parece que estou fazendo uma pergunta indiscreta à Virgem, podendo mesmo esta minha petulância causar algum embaraço à sua reserva. Noto que a Virgem se vai perturbando; contudo, eis que responde e adverte-me: Perguntas de onde me vem isto? Vou dar-te a conhecer o meu bem, ouve a saudação do

---

112. LUTERO, M. *O magnificat*. Petrópolis: Vozes, 1968.

anjo e reconhece que em mim está a tua salvação. Acredita naquele em quem creio. Queres saber de onde me vem isto? Deixa que o anjo te responda. Diz-me, anjo, de onde vem isto a Maria? Ele já o disse na saudação: 'Ave, ó cheia de graça!'"[113]

Agostinho formulou numa frase já clássica o que, no fundo, isso deve significar: "Portanto, que a sua misericórdia se torne uma realidade nos nossos corações. A Mãe trouxe-a no seu seio, tragamo-la no coração! A Virgem foi fecundada pela encarnação de Cristo; que o nosso íntimo seja fecundado pela fé em Cristo. Ela deu à luz o Salvador; queiramos nós dar à luz um hino de louvor. Não nos é lícito permanecer estéreis; devemos dar frutos para Deus". Que Maria, modelo da verdadeira sabedoria, nos ajude a ser verdadeiros buscadores de Deus, capazes de louvá-lo na simplicidade do coração.

Assim como Maria deu Jesus ao mundo, assim também o sacerdote é chamado a fazer o mesmo. Só poderemos desempenhar essa tarefa se escutarmos, como Maria, a Palavra de Deus, a acolhermos e deixarmos que se torne carne em nós; porque a missão sacerdotal é dar forma à Palavra de Deus, para tornar Jesus Cristo audível e experienciável através da nossa vida, independentemente do tempo e do lugar. Uma autêntica devoção mariana torna-se visível na nossa abertura a Deus e na nossa disponibilidade em acolher a Palavra de Deus em nós. Agostinho afirma que Maria concebeu Cristo no seu coração mediante a fé, antes de concebê-lo no seu ventre, para depois poder dá-lo com alegria ao mundo. Se a missão mais bela e mais importante da Igreja consiste em dar Deus aos homens, então podemos, sem dúvida, qualificar a missão sacerdotal como uma tarefa mariana. O sacerdote pode dar Jesus

113. AGOSTINHO. *Sermo* 291, 6 (conclusão).

Cristo ao mundo em nome da Igreja. Tal como a Virgem Maria deu Deus ao mundo, assim também nós, como sacerdotes, somos chamados a dar, em nome da Igreja, Deus a todos com quem nos vamos encontrando.

É claro que a devoção mariana está diretamente ligada à profissão de fé no mistério de Jesus Cristo. Se imaginarmos que na sua pessoa reconhecemos apenas um homem excepcionalmente dotado, não teremos nenhum motivo para venerar a sua Mãe. Na história e no presente podemos observar este fenômeno: onde não se pratica uma sã devoção mariana não só desaparece a vitalidade da Igreja, mas também se ofusca a profissão de fé na humanidade da divindade de Cristo. Mas onde se reconhecer a divindade e a humanidade da pessoa de Jesus Cristo, também será possível ver em Maria a Mãe de Deus.

Já Santo Agostinho celebrou Maria como uma criatura incomparável pela sua fé, porque como mãe virgem "assemelha-se muito à Igreja". Aquele que "é o mais belo de todos os filhos dos homens" fez com que sua esposa, a Igreja, se assemelhasse a sua Mãe, porque fez dela a nossa mãe e a conservou virgem". E, graças à sua fé, Maria é, como imagem da Igreja, a despenseira das graças. "Pela sua fé ela foi muito grande; mas muito maior pela sua fé do que pela sua maternidade. Por isso, também foi venerada pelo seu Filho, quando Ele afirmou, respondendo ao louvor expresso por uma mulher no meio da multidão: 'Felizes, antes, os que escutam a Palavra de Deus e a põem em prática', enquanto o Espírito Santo fez com que Isabel a aclamasse: 'Feliz de ti que acreditaste'. Quem terá sido a filha mais fiel, na fé de Abraão, do que aquela que acreditou na promessa, fiel na fé daquele Abraão que acreditou e lhe foi contado como justiça, e com quem, segundo quanto ela diz no *Magnificat,* se sentia unida? Através da fé desta virgem, a carne de

Cristo veio ao mundo; por isso, ela não foi uma 'carne do pecado', embora Ele tenha vindo unicamente na carne do pecado"[114].

Como mãe de Jesus, Maria é em Cristo a mãe da sua Igreja, a mãe de todos os seus membros, a *mãe dos sacerdotes.* Se confiarmos a nossa vida de sacerdotes ao coração de Maria e pusermos o nosso sacerdócio sob a proteção materna da mãe de Jesus, ela estará ao nosso lado e intercederá por nós, para que possamos agir em nome do seu Filho. Maria também é venerada como *Rainha dos apóstolos.* Os apóstolos oraram com ela, não porque já tinham o Espírito Santo, mas porque tinham medo, estavam desesperados e não sabiam como tudo iria acabar. Porque necessitavam do Espírito de Deus, estavam reunidos para orar. Nesta situação orante foi-lhes comunicado o Espírito de Deus. Por isso, também nós hoje só poderemos receber o Espírito de Deus reunidos como Igreja orante.

Cada sacerdote que pratica uma sã e boa devoção mariana sentirá pessoalmente muita força e fecundidade para o seu ministério. Uma devoção mariana equilibrada poderá fazer com que tomemos consciência de que a graça de Deus opera em nós e torna-se experiencial através do nosso ministério sacerdotal, malgrado a nossa fraqueza humana. Se deixarmos amadurecer em nós uma visão orgânica da relação existente entre a bem-aventurada Virgem Maria e o ministro da Igreja, reconheceremos o profundo significado da devoção mariana na vida sacerdotal. A veneração da Virgem representa um meio, que está substancialmente a serviço da orientação das almas para Cristo para, desse modo, uni-las ao Pai no amor do Espírito Santo. Maria nos ajuda a manter o nosso olhar voltado para o céu aberto, a fim de já hoje podermos ser suas testemunhas.

---

114. Ibid., 95, 7.

9

Solicitude com o presbitério: sermos sacerdotes juntos

"Recomendo-te que reacendas o dom de Deus que se encontra em ti, pela imposição das minhas mãos" (2Tm 1,6). Esta exortação de São Paulo a Timóteo, a induzi-lo a reavivar a graça que lhe foi comunicada com a imposição das mãos, tem uma importância fundamental na vida e no ministério do sacerdote na Igreja. Como esta graça recebida na ordenação não se destina em primeiro lugar à santificação da pessoa do sacerdote, mas à edificação do corpo de Cristo, todos na Igreja devem fazer com que ela cresça e transpareça na vida e na ação da pessoa do sacerdote.

O serviço a prestar ao presbitério

Na ordenação sacerdotal, o bispo ora assim: "Agora, Senhor, concedei também, à nossa fragilidade, estes cooperadores, pois deles carecemos no desempenho do sacerdócio apostólico" (*Pontifical Romano*). No decurso da oração ele pede aos seus sacerdotes que o respeitem e lhe obedeçam, e eles prometem. Deste modo ele assume uma obrigação pastoral especial, quer dizer, o dever de "confirmar os irmãos". Juntamente com os outros sacerdotes que constituem o presbitério, o sacerdote age sob mandato do bispo (cf. LG, 18-29). Entre o bispo e os seus sacerdotes existe uma correlação mútua fundada na ordenação sacramental: "Por isso, constituem um só presbitério e uma só família, de que o bispo é o pai. [...] As relações entre o bispo e os sacerdotes diocesanos hão de fundar-se sobretudo nos vínculos de caridade sobrenatural. [...] Além disso, mantenham-se unidos entre si todos os sacerdotes diocesanos" (CD, 28).

O bispo necessita do seu presbitério, exatamente como será impensável um presbitério sem o seu bispo. A colaboração e a solidariedade dos confrades no ministério sacerdotal, em comunhão com o bispo, constitui uma rede que dá segurança, tranquilidade e uma casa a todos. Graças a esta base, fundamento e vínculo ao presbitério torna-se possível obviar a algumas debilidades ou, pelo menos, atenuá-las. Cada um poderá captar alguma coisa da solicitude do pastor e médico das almas, Jesus Cristo. Por isso, o presbitério pode se tornar uma força importante e determinante de uma Igreja local.

Nesta base teológica e sacramental, a solicitude com o bem-estar global dos sacerdotes assume uma prioridade e um valor posicional. Como "representante de Jesus Cristo", o bispo é o pastor e médico dos sacerdotes, pois na qualidade de bom pastor e médico das almas assume o cuidado pelos seus confrades. "Por causa desta comunhão, no mesmo sacerdócio e ministério, os bispos devem estimar os presbíteros, como irmãos e amigos, e ter a peito o bem deles, quer o material, quer sobretudo o espiritual. Recai sobre eles, muito particularmente, a grave responsabilidade da santificação dos seus sacerdotes" (PO, 7).

O bispo pode delegar em alguns sacerdotes uma parte da missão e da tarefa de cuidar dos seus confrades no sacerdócio[115], que sejam capazes de tratar das suas próprias feridas e das dos outros, de confirmar os seus confrades, de dar uma imagem positiva da Igreja e do ministério sacerdotal e que, em nome do bispo, assumam a tarefa de promover e apoiar de cada sacerdote. Por isso, a pastoral junto dos sacerdotes é a expressão da solicitude do bispo para com os seus confrades no sacerdócio e pode ser concebida como "uma ponte" lançada entre o bispo e os seus padres.

O presbitério como rede de ligação e de ajuda

"Cada sacerdote [...] está unido aos outros membros deste presbitério, na base do Sacramento da Ordem, por particulares vínculos de caridade apostólica, de ministério e de fraternidade" (PDV, 17; cf. LG, 28; PO, 8). E também está inserido na *ordo presbyterorum* que constitui aquela unidade que pode conceber-se como uma verdadeira família, não por vínculos da carne e do sangue, mas por força da graça da ordenação (PDV, 74). A fraternidade sacerdotal e a pertença ao presbiterado são qualidades distintivas dos sacerdotes. No decurso da ordenação sacerdotal, esta sua pertença recíproca é eloquentemente expressa pelo rito da imposição das mãos de todos os sacerdotes presentes.

O presbitério deve ser o lugar privilegiado onde o sacerdote poderá encontrar auxílio para superar as limitações e as debilidades humanas hoje particularmente sentidas. Se o presbitério for nu-

115. Por causa da necessidade da salvaguarda do *forum internum* o bispo deve encarregar alguns sacerdotes para serem pastores dos seus confrades. A *Regra de São Bento* pode oferecer uma útil orientação nesse assunto. Cf. BASILIUS STEIDLE. *Die Benediktsregel*. Beuron, 1980, 27, 2; 46, 6.

meroso não será possível cultivar um contato igual com todos. Por isso, será importante que se constituam no seu interior algumas comunidades sacerdotais menores. De fato, cada sacerdote deve esforçar-se por viver o seu sacerdócio não isolada nem autorreferencialmente. Temos de promover a comunhão fraterna, dando e recebendo – de sacerdote a sacerdote – amizade cordial, participação sentida, hospitalidade, *correctio fraterna,* conscientes de que a graça da ordenação "eleva as relações humanas, psicológicas, afetivas e espirituais entre os sacerdotes; uma graça que se expande, penetra, se revela e concretiza nas mais variadas formas de ajuda recíproca, não só espirituais, mas também materiais" (PDV, 74).

Como sacerdotes, somos chamados a ser amigos de Cristo. Esta amizade com Cristo, que cada um de nós se esforça por viver, torna-se viva através da amizade recíproca. Se constituirmos, vivermos e experimentarmos como presbitério uma comunidade dos amigos de Cristo, esta experiência infundirá em nós força, esperança e confiança ao longo da nossa caminhada, ajudando-nos a resolver os problemas da nossa vida e do nosso ministério que nos impõe que preguemos a alegre mensagem de Jesus Cristo, oportuna e inoportunamente.

A capacidade de cultivar e de viver amizades amadurecidas e profundas nos dá serenidade e alegria no exercício do ministério sacerdotal e constitui um apoio decididamente importante no meio das dificuldades e um auxílio para o nosso crescimento sacerdotal. O fato de os sacerdotes se dedicarem especialmente aos confrades que se encontram em dificuldade e que necessitam de compreensão, de ajuda e de apoio, é um sinal de caridade pastoral (cf. PO, 8). A unanimidade de mente e de coração realçada pelas conhecidas palavras dos Atos dos Apóstolos (4,32) gera entre os confrades aquela amizade espiritual que é o distintivo de um bom presbitério.

Essa unanimidade apoia-se na firme convicção de que foi o serviço de Deus, e não a simpatia humana ou uma escolha pessoal, que nos uniu a todos. Quando, finalmente, um dos seus mais velhos amigos se tornou catecúmeno, Santo Agostinho lembrou-se da bela definição da amizade que Cícero tinha dado – *rerum humanorum et divinarum cum benevolentia et caritate consensio* – e afirmou: "O entendimento nas coisas divinas está na base do entendimento nas coisas humanas. Até agora tem faltado à nossa amizade a coisa mais importante: eu não te possuía em Cristo; agora possuo-te completamente"[116].

A célebre "inveja clerical", que se difundiu entre os sacerdotes de variadas formas, prejudica o nosso testemunho a favor de Cristo. Frequentemente, podemos observar em nós a tendência para dramatizar os erros e as dificuldades dos confrades, a fim de podermos aparecer sob os holofotes. Mas falar mal dos outros não é maneira de realçar as nossas capacidades e os nossos dotes. Muitas vezes, não agiremos segundo os nossos interesses para conservarmos posições de poder e de influência? Ou não será que vemos rivais nossos na pessoa dos outros, em vez de os considerarmos confrades, a quem estamos unidos, e a Deus pelo vínculo sacramental da ordenação? É absolutamente importante que aprendamos a reconhecer e a apreciar o bem, o belo e os sucessos dos nossos confrades, e a nos alegrarmos com isso, para apoiar os débeis e nos apoiarmos reciprocamente, para que o nosso ministério a serviço de toda a Igreja seja fecundo.

Só unidos poderemos, como discípulos de Cristo, representar, convincente e credivelmente, a sua Igreja diante dos outros, desde que nos esforcemos por estabelecer um consenso espiritual entre

116. AGOSTINHO. *Ep.* 258, 1 e 2. • PL, 33, c. 1.071-1.072.

nós. É importante que no presbitério aprendamos a nos ouvirmos mutuamente, a nos alegrarmos sem inveja com o bem e a nos confirmarmos reciprocamente na fé. Muitas vezes podemos observar uma difusa tendência para catalogar rapidamente os nossos confrades como liberais ou conservadores, como pré-conciliares ou pós-conciliares, como inexperientes nas coisas do mundo ou como abertos ao mundo, inserindo-os nos grupos correspondentes. A tudo isso juntam-se os conflitos geracionais, em que os confrades mais jovens marginalizam os mais idosos, ou, então, os mais velhos lamentam-se dos mais novos. Tudo isso torna difícil uma mudança espiritual sincera e aberta e, sobretudo, constitui um obstáculo ao testemunho a favor da vastidão católica da fé.

Se o sacerdote extrai a sua identidade unicamente da comunidade, da comunhão ou da função atual, existe o perigo de que, com uma mudança de comunidade e de lugar, ele se sinta desenraizado e deslocado. Quem está enraizado na casa de Deus, na Igreja, experimenta um sentimento de tranquilidade e, portanto, de segurança interior. Todos precisamos desta certeza interior e desta confiança para exercermos bem o ministério sacerdotal. A condição necessária para isso consiste no fato de nos sentirmos bem no íntimo do nosso coração, mediante a reconciliação conosco próprios e com a situação da nossa vida.

É motivo de grande encorajamento e, ao mesmo tempo, uma consequência lógica da missão que nos foi confiada por Cristo o fato de nós, sacerdotes, nos encontrarmos benevolentemente uns aos outros e nos aceitarmos reciprocamente com um grande sentido de estima da grata consciência daquilo que nos une e do fim a que somos mandados como enviados de Cristo. Cada um de nós pode contribuir para que a nossa convivência no presbitério se torne uma genuína atmosfera fraterna.

A exortação do apóstolo – "com humildade, considerai os outros superiores a vós próprios, não tendo cada um em mira os próprios interesses, mas todos e cada um exatamente os interesses dos outros" (Fl 2,3-4) – pode constituir uma útil orientação para a nossa convivência no seio do presbitério. Esta diretriz também pode e deve valer, quando subsistirem entre nós diferenças humanas, teológicas e pastorais que tornam mais difícil o nosso testemunho religioso. Com efeito, sabemos que a força do Sacramento da Ordem apoia e cimenta a nossa comunhão na fé e na missão que nos foi confiada.

Solicitude pelo bem-estar dos sacerdotes

Na sociedade e na indústria tende-se, sobretudo, para investir na formação dos dirigentes e para motivá-los: competência, desenvolvimento pessoal, espírito de colaboração e de equipe – *corporate identity* – não são unicamente um *slogan,* mas uma realidade experimentável. Cada um reconhece a necessidade de ter dirigentes motivados e satisfeitos a fim de poder ativar o maior número de forças laborais. Os nossos sacerdotes são sempre, e não só teologicamente, os dirigentes principais e o "rosto da Igreja" local. Independentemente de todas as colaborações de que dispõem, eles têm de, ainda e sempre, carregar o peso principal da cura de almas. Eles são o nosso capital principal.

Quando, na nossa Igreja, consideramos os sacerdotes como as forças diretivas, para evitar mal-entendidos devemos partir do núcleo e da essência do sacerdócio de Jesus Cristo. Só há um sacerdote, Jesus Cristo. A vocação do sacerdote é pôr à disposição de Jesus a sua boca, as suas mãos, as suas palavras, os seus gestos e a sua capacidade. O sacerdote conduz os homens a Deus e traz Deus para mais perto dos homens. Por causa desta dupla função podemos justamente ser levados a considerar os sacerdotes uns meros dirigentes. Naturalmente, a direção exercida pelo sacerdote não pode ser concebida como uma "autoridade exercida de cima para baixo" ou como um "comportamento elitista"; mas, sim, como uma atitude de serviço. A função diretiva sacerdotal só pode ser concebida de modo radicalmente cristocêntrico. Esta exigência teológica distingue a direção sacerdotal de todas as outras formas e políticas de direção. O sacerdote não é um organizador da cura de almas ou um *manager* encarregado de coordenar.

Segundo Walter Kasper, o serviço diretivo sacerdotal consiste em "construir uma comunidade por mandato, na força e segundo a medida de Jesus Cristo. É, precisamente, o que acontece quando ela se alimenta na mesa da Palavra e da Eucaristia, quando se purifica e santifica, se prepara para desempenhar um papel de serviço no mundo, se coordena nos carismas que operam no seu interior e se mantém unida com todo o corpo eclesial"[117].

O dever e a tarefa de "representar Cristo" não nos foram confiados pela nossa dignidade pessoal. Ele exige que também cresçamos de maneira inteiramente pessoal nesta função e ajamos consequentemente com ela, para também nós adquirirmos uma certa dignidade e capacidade de governo. A eficácia do ministério sacerdotal depende da medida em que consegue representar Jesus Cristo. Por isso, o sacerdote deve tornar-se "semelhante" a Cristo, o que não é possível sem a ajuda e o apoio da Igreja.

Se, para tudo o mais, se usam na Igreja o tempo, as energias, o pessoal e os bens materiais, por muito mais razão se deverá investir no seu pessoal mais importante não somente com palavras,

---

117. KASPER, W. *Theologie und Kirche*. Vol. 2. Mogúncia, 1999, p. 138.

mas com fatos. Os sacerdotes têm de poder desempenhar o seu ministério sentindo que não são deixados sozinhos e descurados. Na verdade, eles exercem o seu ministério num tempo difícil com milhares de obstáculos: mudança da imagem do sacerdote no nosso tempo, quantidade sempre crescente de trabalho por falta de sacerdotes, comunidades que esperam cada vez mais dele e uma crescente secularização da cultura.

No fundo, as organizações pastorais e as formas estruturais da cura de almas só terão êxito se os sacerdotes – que devem saber onde estão estas ideias – puderem constatar palpavelmente que há quem trate do seu bem-estar. O sábio comportamento do patriarca Jacó mostra claramente a necessidade de se cuidar dos confrades: se eu obrigar os meus rebanhos a caminhar demasiado, nem que seja só um dia, todos morrerão (cf. Gn 33,13). Não é só importante assegurar a sobrevivência das comunidades, mas também devemos fazer tudo para garantir a sobrevivência do sacerdote (cf. G. Greshake)[118]. Só com sacerdotes motivados, convencidos e missionariamente orientados, será possível assegurar, durante muito tempo, a edificação do corpo de Cristo numa localidade concreta. Por isso devemos criar as condições teológicas e pastorais para que possa amadurecer nos nossos confrades uma certeza íntima que lhes permita empenharem-se motivadamente na edificação do Reino de Deus.

---

118. Gisbert Greshake explica muito bem que a fixação numa concepção unilateralmente sociológica da comunidade poderá santificar muitos sacerdotes, porque devem cuidar de uma multiplicidade de paróquias que já foram independentes, mas que agora estão localmente expostas a pressões; além disso, são bloqueadas por grupos de interesse. Cf. GRESHAKE, G. *Priester sein in dieser Zeit*. Friburgo, 2000, p. 212-234.

Pastoral sacerdotal

Numa situação difícil de mudança, os nossos confrades devem poder experimentar que são ajudados com uma *pastoral sacerdotal*. A cura de almas, em relação aos sacerdotes, na sua qualidade de expressão da solicitude do bispo, considera a situação humana, psíquica, espiritual, teológica e pastoral de vida e de trabalho e, ao mesmo tempo, tem igualmente em conta o fato de que a sua imagem vai mudando. Ela visa estabelecer a união e a comunhão entre os sacerdotes, procura alimentar a sua vida espiritual, mantendo-se atento aos seus irmãos mais frágeis, mais idosos e doentes, esforçando-se por lhes fornecer ajudas eficazes em situações de crise.

Desse modo, a pastoral sacerdotal presta um serviço essencial a favor dos nossos sacerdotes, de maneira análoga ao que a indústria moderna faz pelos seus dirigentes. Ela pode desprender-se das perspectivas espirituais e contribuir para fazer com que estas se tornem pessoalmente suas. Ela é um contributo para o desenvolvimento integral dos sacerdotes como forças diretrizes da nossa Igreja, para o desenvolvimento humano e espiritual da sua personalidade, para a busca da competência e da especificidade do ministério sacerdotal numa sociedade e numa Igreja em fase de mudança.

Por conseguinte e diferentemente de tudo o que considero opiniões correntes, a pastoral a favor dos sacerdotes não consiste em "atuar como bombeiros" em situações de crise, em visitar os confrades enfermos, em manter vivos os contatos com os irmãos aposentados, embora tudo isso se deva fazer, já que faz parte da pastoral sacerdotal. Mas ela supera estes aspectos individuais e também vai muito além de colóquios terapêuticos, de supervisões, de intervenções em momentos de crise, da prática do aconselhamento ou do acompanhamento espiritual por mais importante que tudo isso seja e por mais úteis que alguns dos seus elementos e do seu conhecimento sejam para ela.

A pastoral sacerdotal é essencialmente uma comunhão e uma companhia de viagem positiva, inspiradora, edificante e motivante, animada pela fé que visa agir profilaticamente. Isto significa que, antes de tudo, se deve mostrar interesse ativo pelas situações de vida e de trabalho do indivíduo e infundir-lhe confiança. Numa situação de crise o interessado deve poder sentir muita confiança e muita disponibilidade para se dirigir voluntariamente, ao pastor de almas dos sacerdotes, para que ele o ajude.

Dado que a pastoral sacerdotal é por sua natureza de tipo individual e requer muita anonímia, neutralidade e discrição, não podemos medir quantitativamente os seus sucessos. Mesmo tendo claramente presentes diante dos olhos os objetivos a atingir, podemos "cozer só pãezinhos". A simpatia, a antipatia, as orientações teológicas e as situações humanas desempenharão sempre um grande papel. Por isso, o serviço prestado por um pastor de almas dos sacerdotes só pode conceber-se como uma oferta e basear-se numa voluntariedade absoluta. À partida, nunca se deveria limitar este ministério a uma determinada região nem a pessoas de determinada idade ou a grupos especiais, porque a confiança mútua não poderá desenvolver-se num só dia.

Também na pastoral sacerdotal vale a regra: "Não esperes que venham. Vai tu!" Um contato regular, através de encontros pessoais, a hospitalidade e sinais de interesse pela vida e pelo ministério de cada um são pressupostos necessários para o seu bom êxito. Para se conseguir tal desiderato, o pastor de almas dos sacerdotes precisa de tempo, de forças e de condições ambientais para poder convidá-los a morar temporariamente consigo, a descansar recreando-se e a experimentar a sua hospitalidade.

Relativamente às outras formas de pastoral, a pastoral sacerdotal está numa situação especial única, porque a situação de vida, de fé e a competência especializada do sacerdote são realmente singulares. É muito importante e decisivo que o sacerdote veja e reconheça espontaneamente a utilidade espiritual e a necessidade da direção espiritual. "Para contribuir para o melhoramento da sua espiritualidade é necessário que os presbíteros recebam eles mesmos a direção espiritual. Colocando nas mãos de um sábio colega a formação da sua alma, a partir dos primeiros anos de ministério, crescerão na consciência da importância de não caminhar sozinhos pelos caminhos da vida espiritual e do empenho pastoral. Recorrendo a este meio eficaz de formação, tão experimentado na Igreja, os presbíteros terão plena liberdade na escolha da pessoa a quem confiar a direção da sua vida espiritual."

Se quisermos ser realistas deveremos admitir que a confiança pessoal pode, em qualquer momento, ser posta em discussão. De fato, as maledicências, as suspeições, a antipatia, a inveja e a sensação de não se receber o desejado reconhecimento e uma plena atenção nos tornam descontentes, e perturbam a relação de confiança sem que o interessado possa defender-se, porque nisto lidamos sempre com o *forum internum.* Apesar de tudo, o pastor de almas dos sacerdotes pode fazer muito para que se verifique uma autêntica mudança de perspectivas e o horizonte se alargue até abraçar o todo, levando a afastar o olhar de si mesmo para orientá-lo para Jesus Cristo e os homens vivos na sua Igreja.

Em última análise, o pastor de almas dos sacerdotes deve fazer-se "tudo para todos", sem perder a sua identidade nem renunciar aos seus pontos de vista teológicos, para conseguir "verdadeiros sucessos". Se se dedicar à sua tarefa com empatia, com discrição e com grande paciência, poderá ajudar muitos confrades. Para ele, o confrade é sempre um homem que está com a sua biografia a serviço de Deus e dos homens dentro da Igreja. Por isso, não se trata de resolver todos os problemas, mas de ajudar fraternamente a vê-los na perspectiva da fé e, também, de encorajar a viver confiadamente, com a ajuda de Deus, em companhia de algum problema insolúvel.

É possível reconhecer antecipadamente alguns problemas, ajudar a sair da frustração, da resignação e do isolamento; infundir esperança, estar utilmente ao lado e descobrir os aspectos positivos da vida e do ministério sacerdotal. O fato de consolidar a união com o bispo e entre os sacerdotes, de cultivar um sentido de pertença mútua e de estabelecer uma relação reconciliada com a Igreja concreta e com as suas estruturas tem um efeito salutar.

Do exercício da pastoral sacerdotal fazem parte uma reflexão contínua, a questão do perfil e da competência do ministério sacerdotal no nosso tempo e também a assimilação cultural e espiritual de uma imagem espiritual e humana do sacerdote, que permite ver o lado divino e o lado humano do mistério pessoal de Jesus Cristo. A pastoral sacerdotal pode apoiar utilmente uma pastoral vocacional tão urgentemente necessária porque hoje os jovens só se decidirão a tornar-se sacerdotes se lhes parecer atraente serem sacerdotes na nossa Igreja.

Por isso, o fortalecimento das vocações existentes é um pressuposto para o bom êxito de uma pastoral vocacional. A imagem ministerial do sacerdote deve aparecer novamente como uma imagem dotada de sentido e cativante. Uma vez mais, os sacerdotes devem poder recomendar aos jovens a sua ocupação de ministério como uma possível escolha profissional. Se consolidarmos e motivarmos os sacerdotes na sua vocação, também eles acabarão por agir como multiplicadores e começarão a entusiasmar outros para esta vocação, e a fazer propaganda a seu favor. Desse modo, torna-se realidade a regra antiga, segundo a qual cada um deve preocupar-se com ter sucessores que tomem o seu lugar. "Uma exigência insuprimível da caridade pastoral – de cada sacerdote – é a solicitude que o sacerdote deve ter para encontrar – com a graça do Espírito Santo –, por assim dizer, alguém que o substitua no sacerdócio" (PDV, 74).

Os melhores propagandistas do ministério sacerdotal são os sacerdotes convictos e capazes de entusiasmar.

Pastoral vocacional

Nos últimos decênios o tema da vocação tem sido feliz e notavelmente ampliado, pois com a recepção do Batismo e da Confirmação todos os cristãos são chamados e convidados por Deus a anunciar, seguindo Jesus Cristo, a Boa-nova. Todos são chamados. Graças a esta consciência, na Igreja têm surgido diversos ministérios pastorais. Este desenvolvimento levou a que a vocação sacerdotal tenha positivamente abraçado todas as atividades pastorais. É necessário levar a sério e favorecer este desenvolvimento.

Todavia, convém que no interior desta pastoral vocacional geral se delineie uma vocação pastoral específica a favor da vocação ao sacerdócio, não só porque o número dos sacerdotes vai dolorosamente diminuindo, mas sobretudo por causa da centralidade do ministério ordenado para a própria Igreja. De fato, a identidade sacramental da Igreja mantém-se de pé ou cai com o ministério ordenado. O fato de hoje serem poucos os jovens que estão dispostos a dedicar-se ao exercício do ministério conferido com o Sacramento da Ordem diz respeito a todos os fiéis, devendo tornar-se uma instância fulcral de todos os membros da Igreja. E o sacerdote, como membro dirigente da Igreja, deve dar um contributo indelegável.

Na Igreja Católica, quando se discute sobre a falta de sacerdotes, os motivos dessa falta são vistos e avaliados de vários modos e também são universalmente conhecidas as diversas propostas de solução. Diante da falta de sacerdotes e da crise geral da fé, assistimos a uma grande perplexidade e a uma resignação muito difundida. Mas, por causa da sacramentalidade da Igreja, não podemos aprovar a situação atual; porque, de fato, hoje temos necessidade de sacerdotes que queiram exercer este ministério a favor do seu próximo nas atuais condições de admissão ao seu exercício.

Quando cotejamos as várias análises da crise e as propostas de solução temos a impressão de que a questão subjacente – frequentemente não expressa, mas nem por isso menos importante – ainda não foi apresentada nem resolvida com a devida seriedade. Por outras palavras: Será que hoje Deus chama realmente menos do que outrora, ou não seremos nós que, por várias razões, obscurecemos o verdadeiro sentido e a beleza do ministério conferido pelo Sacramento da Ordem? Neste contexto, devemos nos interrogar: Como sacerdote, o que posso fazer para entusiasmar os jovens e atraí-los para o ministério sacerdotal? Os nossos confrades darão respostas variadas a esta pergunta. Todavia, é importante que, neste diálogo, se fale da nossa convicção religiosa e da alegria que sentimos por termos sido chamados. Esse testemunho prestado à nossa fé poderá servir para que muitos ou alguns de nós se dediquem especificamente à missão e à tarefa pastoral das vocações sacerdotais.

Apesar da falta de sacerdotes em algumas Igrejas locais, podemos nos considerar afortunados pelo fato de os cristãos católicos de boa vontade, sempre que efetivamente precisam do ministério sacerdotal da Igreja, poderem geralmente encontrar um sacerdote sem ter de procurá-lo demasiado longe. Quando efetivamente se quer, há sempre e em toda a parte uma possibilidade de participar na Eucaristia. O nosso verdadeiro problema não é a falta de celebrações da Eucaristia, mas de sabermos motivar hoje os nossos fiéis a participar nas numerosas celebrações eucarísticas em igrejas quase vazias. Talvez devamos falar do "santo dever" de participar na Eucaristia em vez de falar no "direito à Eucaristia". Portanto, o que dizer das nossas celebrações eucarísticas durante a semana [nos dias feriais], frequentadas por muito poucos fiéis?

A sentida falta de sacerdotes poderia ser uma ocasião para fazer crescer na Igreja a consciência que ela não está centrada no sacerdote ou na comunidade, mas, pelo contrário, em Cristo e na Eucaristia. É tempo de revitalizar e aprofundar a fé, para que todos os fiéis descubram na Igreja o seu lugar específico, e configurem, missionária e diaconalmente, a Igreja de Jesus Cristo.

A falta de sacerdotes não é nova na história da Igreja. Contudo, numa situação fundamentalmente missionária da Igreja, hoje sentimos essa falta mais claramente do que em situações nas quais um território era capilarmente impregnado de cristianismo católico. De onde devem provir os sacerdotes, nas Igrejas locais, em que o número de cristãos empenhados diminuiu muitíssimo? Mas também devemos estar conscientes de que esta falta de fiéis já existia quando ainda era suficiente o número de sacerdotes. Por isso, devemos estar prontos a analisar o verdadeiro motivo do reduzido número de sacerdotes.

Encontramo-nos num beco sem saída, pois muitos estão convencidos de que a alteração das condições de admissão ao sacerdócio será a única solução de todos os problemas. Por outro lado, não parece que esta mudança aconteça num futuro próximo. O que queremos fazer? Esperar juntos de mãos dadas? Ou dispostos a mudar de opinião e a aceitar que o caminho atual da Igreja é a via ao longo da qual o Espírito Santo quer, hoje, nos conduzir? Se conseguirmos aceitar isto, estar correspondentemente convencidos e agir de igual maneira e convincentemente, Deus dará à sua Igreja os sacerdotes necessários.

A interminável discussão sobre o celibato, apoiada sobretudo por pessoas que não estão obrigadas a observá-lo, não ajuda os homens que hoje querem tornar-se sacerdotes. Devemos valorizar com grande alegria e gratidão o fato de não só a maioria dos católicos, mas também cristãos das mais diversas confissões, até mesmo não crentes, apreciarem muitíssimo a específica forma de vida dos sacerdotes católicos autenticamente praticada.

A nova formulação da pastoral vocacional específica para vocações sacerdotais deve ter bem presente o conjunto da fé católica: a renovação, o aprofundamento e o fortalecimento da fé, a disponibilidade para agir missionariamente, a aprovação cheia de fé e a íntima disponibilidade espiritual para descobrir, na forma atual da Igreja, a sua força e beleza testemunhal escatológica, a necessidade de se tender para uma nova visão do ministério ordenado sacramental e de empenhar-se no êxito da vida e do ministério dos sacerdotes do nosso tempo, e de formular a pastoral vocacional numa perspectiva nova, espiritual. Os sacerdotes são missionários enviados por Cristo. Dever-se-á ter em conta este compromisso missionário também no campo da pastoral vocacional. Para se criar uma atmosfera em que as vocações possam florir precisamos de uma renovação e de um aprofundamento da fé. A oração pelas vocações sacerdotais deve tornar-se novamente uma instância prioritária dos sacerdotes. O próprio Senhor nos recomendou, expressa e insistentemente, que orássemos por elas (cf. Mt 9,37-38).

Quando e onde o homem chega ao limite das suas possibilidades, é justamente aí e então que Deus começa a operar. Assim, por que não deveríamos confiar plenamente nas suas possibilidades e na orientação do Espírito Santo, com a esperança firme de que o Dono da messe enviará à sua Igreja todos os operários de que ela precisa? Esta confiança foi assim expressa por Gertrud von Le Fort: "O limite do homem é sempre a porta de entrada de Deus". Deus é o dador de todos os dons e só Ele pode dar as vocações à Igreja. Mas devemos preparar o terreno para que hoje o Espírito Santo possa suscitar novas vocações. Podemos promover uma nova sensibilidade ao tema da vocação sacerdotal para que os jovens possam considerá-la uma opção válida quando escolherem a sua profissão. A futura vocação só poderá nascer se aqueles que atualmente a abraçaram a viverem de maneira convincente e testemunhal, e fizerem uma propaganda ativa a seu favor. A nossa pergunta fundamental é: Como posso suscitar alegria pela sua vocação naqueles que hoje a seguem, de modo que possam confirmar os seus irmãos na fé? Só a convicção de um apóstolo como Paulo poderá estar na base disto. Mas é Deus quem nos torna capazes de ser sacerdotes, pois só Ele é quem nos dá essa faculdade (cf. 2Cor 3,1b-6).

10

Chamados à alegria

Um convite a abraçar o sacerdócio

O entusiasmo por Deus é a fonte da alegria cristã. "Entusiasmo" significa termos o Espírito de Deus em nós. É o impulso impresso pelo Espírito Santo que une os corações, que os aquece e os leva a agir e a infundir neles a sua força e a sua alegria. Nada de grande nem de corajoso se faz sem entusiasmo. Foi o entusiasmo que fez com que os discípulos do Batista descobrissem o Messias em Jesus e os levasse a segui-lo (cf. Jo 1,35-42). Foi o entusiasmo que levou a multidão a sentar-se aos pés de Jesus a ouvi-lo (cf. Jo 6,2.10). E é sempre o entusiasmo que faz com que os apóstolos vão pelo mundo inteiro, e que leva Pedro e João a dizer: "Quanto a nós, não podemos deixar de afirmar o que vimos e ouvimos" (At 4,20). E foi para testemunhar esse entusiasmo que o autor dos Atos dos Apóstolos escreveu a propósito dos primeiros cristãos: "A multidão dos que haviam abraçado a fé tinha um só coração e uma só alma" (At 4,32).

Entusiasmo por Deus

Se levarmos a sério o sentido pleno do termo "entusiasmo" – o Espírito de Deus em nós – saberemos que o entusiasmo interior é um dom do Espírito. Deus está presente em nós de modo correspondente ao seu modo essencial de ser, que consiste em comunicar a sua vida e comunicá-la em nós e através de nós. Deus é amor e o amor tende, por sua natureza, a extravasar e a comunicar a vida. Que não haja nenhuma fecundidade sem amor nem nenhum amor sem fecundidade. Deus não é nem pode ser o "eternamente solitário dos mundos". Não tentemos dar falsas imagens de Deus, suscitando pessoas espiritualmente solitárias, que se fecham ao exterior, ou criando comunidades isoladas, uma espécie de "coletivos apartados" que caminham nos incertos espaços de uma espiritualidade problemática! A Igreja – e o sacerdote como seu representante – não pode senão abrir-se, abrir-se cada vez mais, porque é *diffusiva sui*[119]. A comunidade eclesial só vive a sua vida comunitária na medida em que difunde amor e dá vida. O seu entusiasmo – a vida trinitária nela, a fonte da vida – deverá até fazer com que brote dela esta fecundidade indomável.

Atualmente, exige-se uma pastoral do entusiasmo realizada com entusiasmo. Parece que foi exatamente isto que o Apóstolo João escreveu aos primeiros cristãos: "O que nós vimos e ouvimos, isso vos anunciamos, para que também vós estejais em comunhão conosco. E nós estamos em comunhão com o Pai e com seu Filho, Jesus Cristo. Escrevemo-vos isto para que a nossa alegria seja completa" (1Jo 1,3-4). Esta fé na Palavra de Deus, esta comunhão, esta alegria e esta vida são, no seu conjunto, a comunhão cristã que não pode nascer sem entusiasmo, mas que pode gerar entusiasmo.

A Igreja não pode viver nem crescer sem entusiasmo, porque é impossível dar vida a uma comunidade se não se lhe infundir um certo elã. Ela alimenta-se de entusiasmo e vive dele. O entu-

---

119. *Por sua natureza* a Igreja se difunde [N.T.].

siasmo não pode ser substituído por manifestações barulhentas de alegria, pelo êxtase apaixonado ou místico. Existe um entusiasmo sóbrio, comedido, contido, silencioso e nada romântico, a *sobria ebrietas,* a "embriaguez sóbria" que é dom do Espírito (Santo Ambrósio de Milão).

Certas caricaturas sentimentalmente exuberantes do entusiasmo prestaram um mau serviço a este fator essencial da vida cristã e das atividades cristãs. Já nem ousamos falar de entusiasmo com medo de sermos considerados "exaltados", mas também não pretendemos dizer que o entusiasmo cristão deve renegar todas as manifestações exteriores, todas as explosões de alegria. As contínuas aclamações que se fazem ao longo do ano litúrgico, quando proclamamos *Aleluia* e *Hosana,* são uma demonstração do permanente entusiasmo que está no coração da Igreja. A liturgia não é mais do que a expressão do entusiasmo da comunidade: é Deus quem canta em nós ao Deus que mora nos milhões de seres humanos que compõem a Igreja.

O entusiasmo está muitíssimo longe de ser uma excitação puramente humana, porque é a obra da Palavra de Deus no coração dos homens em quem ela acende o amor.

O sacerdote, pregador da Palavra de Deus, deve ser um semeador de entusiasmo. Por isso, o primeiro resultado da sua pregação – seja qual for o seu gênero – consistirá sempre em elevar os homens, em induzi-los com a força do Espírito Santo a considerarem-se reciprocamente e a unirem-se uns aos outros. A Palavra de Deus assim pregada só poderá conduzir à comunhão.

É dever e tarefa de todos os dias encher os homens de entusiasmo por Deus e pela Igreja, mantendo sempre vivo esse seu entusiasmo. Como todas as realidades vivas, também o entusiasmo pode viver, crescer e morrer. Mas, se morrer, também a alma da Igreja estará em perigo de se extinguir.

O fermento e o sal só vivem misturados na massa. Ao contrário, tornam-se insípidos e degeneram se permanecerem sozinhos. Assim também uma Igreja que não se abre, que não se esforça por crescer, por comunicar a sua vida aos outros, por irradiar alegria e amor, acabará por estiolar.

O entusiasmo por Deus não é uma música das esferas celestes. Precisa, por assim dizer, de uma "corda humana" para tocar e fazer vibrar. Só um ser humano pode entusiasmar outro ser humano. O Filho de Deus confiou a seres humanos a missão/tarefa de pregar e de promover o seu Reino. Ele quer que a sua Palavra seja pregada por vozes humanas, que penetre no coração das pessoas e encontre nelas um eco. O seu Espírito é a fonte do entusiasmo, pois é Ele quem o suscita; quando, porém, não está presente, só há sucedâneos do entusiasmo. Mas o Espírito divino não remove a natureza criada e comporta-se como um artista que acaricia as cordas do seu instrumento; pode ser genial, pode até ser divino, mas precisa das cordas para produzir os sons que as pessoas ouvirão.

Portanto, no nosso ministério deveríamos descobrir, em primeiro lugar, as cordas que o Espírito Santo pode fazer vibrar. É este o segredo da edificação da comunidade, o ponto fulcral de todas as atividades sacerdotais.

Alegria no ministério sacerdotal

A alegria de quem sabe que é de Deus gera a alegria pela vocação. A alegria é um fruto do Espírito Santo e ilumina a modéstia da vida e a monotonia da quotidianidade. Devemos cultivar permanentemente esta alegria, porque o cansaço pode extingui-la, o excesso de zelo pode fazer com que nos esqueçamos e a incessante discussão sobre a sua identidade e as suas perspectivas futuras podem ofuscá-la.

Só poderei atrever-me a percorrer o caminho da alegria se confiar na graça de Deus que me sustenta e apoia, e dá a salvação em todas as situações da vida. Na verdade, "sabemos que tudo contribui para o bem daqueles que amam a Deus" (Rm 8,28). Só a graça do "Deus que chama" pode infundir a força necessária para evitarmos as pedras de tropeço disseminadas ao longo do caminho da minha vida, porque "com o meu Deus saltarei muralhas" (Sl 18,30).

A alegria permanente brota da convicção íntima de que estou seguindo Jesus, de que Ele caminha comigo e de que ela me dá serenidade e liberdade interior. Depois, essa convicção transforma-se na fonte energética da minha missão apostólica junto dos homens. Um testemunho da alegria confere à nossa vida uma grande força de atração, sendo por isso fonte de novas vocações e uma ajuda para perseverar. A nossa decisão de seguir Cristo só se tornará verdadeira se os nossos olhos brilharem e os nossos rostos se mostrarem distendido, relaxados e vivos. Essa alegria nasce durante a caminhada, que é difícil, mas possível, quando acompanhada pela oração: "Sede alegres na esperança, pacientes na tribulação, perseverantes na oração" (Rm 12,12).

"Só Deus nos concede a verdadeira felicidade", escreve Santo Agostinho numa carta endereçada a Macedônio[120]. "Alegrai-vos sempre no Senhor! De novo o digo: alegrai-vos! [...] O Senhor está próximo" (Fl 4,4-5). Segundo esta afirmação paulina, o motivo da alegria é a presença de Deus. Porque Deus está próximo e está

---

120. AGOSTINHO. *Ep.* 155. • PL, 33, c. 666.

presente no nosso ministério temos razão para nos alegrarmos. A nossa vida e o nosso ministério terão bom êxito se descobrirmos o sentido mais profundo e o sabor de uma alegria cristã que é diferente de quaisquer outras alegrias.

A verdadeira alegria consiste em estarmos conscientes de que Deus nos concedeu a sua graça, e a todos os outros homens (cf. Lc 2,12.14). A alegria nasce da certeza da fé de que a nossa existência foi tocada e cheia por um grande mistério, o mistério do amor de Deus. Quem só pensa no seu próprio bem e se fixou em si mesmo e nos seus problemas nunca viverá uma alegria interior. O homem que existe para os outros homens, que dá alguma coisa ao outro, haverá de encontrar a alegria interior. Quando, no nosso ministério, nos damos sobretudo e antes de tudo a Deus, também lançamos o fundamento da nossa verdadeira alegria.

Estamos ao seu serviço. Se percebermos autenticamente o alcance desta convicção religiosa, teremos uma razão séria para esperar a sua ajuda a fim de exercermos esse serviço segundo a sua vontade. A alegria pelo nosso ministério aumenta quando estamos verdadeiramente conscientes de que na nossa vida e no nosso ministério é o próprio Deus quem trabalha, em cujo nome podemos agir como sacerdotes e de cuja presença salvadora e saradora damos testemunho.

Para podermos realmente viver a alegria precisamos não só de homens e de coisas, mas também de amor e de verdade; precisamos da certeza de que Deus está próximo de nós, que aquece o nosso coração e pode satisfazer as nossas mais profundas aspirações e dar a última resposta às nossas expetativas. A alegria é muito mais do que uma simples atmosfera alegre, porque é um dom do Deus presente. Somos chamados a existir na sua presença; consequentemente, somos chamados à alegria, porque Ele faz com que a sua presença contínua no mundo seja visível e experienciável em nós e por meio de nós.

A alegria é um dom do Espírito Santo. Podemos recebê-la dele, mas devemos criar as condições humanas a fim de que a graça possa ganhar terreno na nossa vida e nos dar uma tranquilidade serena. Ninguém pode fazer a alegria, mas podemos recebê-la unicamente como um dom e uma graça de Deus; por isso devemos nos abrir para que essa graça possa crescer em nós.

Às vezes nos encarregamos de todos os problemas, solúveis e insolúveis, da Igreja e do mundo; e assim destruímos a nossa alegria. É claro que devemos nos interessar pelos problemas da Igreja e levar a sério as dificuldades das pessoas, como nos ensinou o Concílio Vaticano II. As alegrias e as esperanças, as tristezas e as angústias das pessoas de hoje, especialmente as dos pobres e de todos aqueles que sofrem, também são as alegrias e as esperanças, as tristezas e as angústias dos discípulos de Cristo. E não há nada de genuinamente humano que não encontre eco no coração da humanidade (cf. GS, 1).

Porém, às vezes, podemos observar que, já no primeiro semestre como estudantes de Teologia, os candidatos que se acercam ao ministério sacerdotal "sofrem" como se tivessem de carregar aos ombros todo o peso da história da Igreja e todos os problemas e dificuldades da pastoral. Então, a sua preparação para o ministério da cura de almas é acompanhada por uma atitude impregnada de infelicidade e de falta de motivação; atitude esta agravada por alguns formadores e formadoras, que trabalham nos seminários e nos institutos de Teologia, que apresentam como "problemas da Igreja" as suas contradições do foro pessoal.

Mas uma genuína espiritualidade cristã não exige que assumamos os problemas da Igreja e do mundo, pois, desse modo, estaremos continuamente irritados e perderemos a alegria da nossa fé. É absolutamente evidente que na Igreja, como comunidade de homens e mulheres, também teremos conflitos humanos com os nossos correligionários, com os nossos confrades e com as nossas consorores. A antipatia e a simpatia desempenham, na Igreja, exatamente o mesmo papel que em qualquer outra comunidade ou sociedade humana. Por isso devemos ser capazes de discernir os espíritos, interrogando-nos: O que realmente faz parte da nossa fé e da Igreja de Jesus Cristo, e quais os problemas provocados por algumas pessoas que, ao longo da história e no presente, agiram ou agem em nome da Igreja? Na Igreja podemos nos ferir e desiludir. Por isso é muito mais importante que aprendamos a confiar em Deus, independentemente de todos os pecados da Igreja. Devemos confessar, perante nós e diante dos outros, que só em Cristo é que conseguimos amar alguns dos nossos correligionários.

Só encontraremos alegria se, no presente, amarmos conscientemente a Igreja de Jesus Cristo, com tudo o que hoje faz parte dela: porque na Igreja temos os fiéis que agora existem; não há outros. Com eles poderemos percorrer uma parte do caminho da nossa vida e da nossa fé, animados pela confiança de que Deus caminha conosco, na Igreja de hoje, exatamente como fez no passado e como fará no futuro.

É muito importante para a nossa atitude que aprendamos a conhecer bem e diferenciadamente a história da Igreja. Mas não deveríamos olhar somente para o passado nem unicamente nos concentrarmos no que, nessa história, não foi bom aos olhos dos nossos contemporâneos. O mesmo se diga da nossa vida e do nosso ministério pessoal. Não deveríamos nos fixar no que há de negativo na nossa vida, nem naquilo que não realizamos ou que não conseguimos fazer. Na história da Igreja há muitas coisas belas e também na nossa vida pessoal. Deveríamos reunir estas recordações para, depois, com a ajuda de Deus, tirarmos delas maior proveito. Nem só no nosso tempo há dificuldades; todas as gerações de sacerdotes se encontraram perante a necessidade de transformar o seu tempo. Pensemos no Apóstolo Paulo e nos numerosos santos que, empenhadamente, edificaram com a sua vida a Igreja do seu tempo. A alegria só brota se aprendermos a viver o nosso presente, pois o segredo de uma vida feliz consiste em reconhecer o bem que há no mal: "Viver hoje para a glória de Deus, para a minha salvação e para a salvação dos outros" (Vincenzo Pallotti).

A fé cristã, que devemos pregar, é uma mensagem alegre, uma mensagem de esperança. Somos chamados a crer na luz mesmo durante a noite, a crer no bem mesmo em tempos maus, a crer na alegria mesmo na dor, em crer no perdão mesmo diante da morte, a crer no amor mesmo que os homens estejam cheios de enigmas, a crer no futuro mesmo que todos os caminhos estejam fechados e pareça que já não haja uma saída.

É importante e necessário que cada um de nós pense e sinta com a Igreja, que pense a partir da Igreja e introduza na sua atividade local perspectivas universais. Só pensando e sentindo com a Igreja é que podemos experimentar a sua alegria. Mas isto exige modéstia serena de só querer configurar os campos da vida eclesial, de que também sou responsável. Em muitas coisas a serenidade é um pressuposto fundamental para se poder sentir e viver a alegria. Se levarmos espiritualmente muito a sério o princípio admirável da solidariedade, poderemos também sentir alguma serenidade na nossa vida diária. Podemos aplicar este princípio a todos os assuntos e trabalhos da Igreja, tanto para cima como para baixo. Daqui nasce a possibilidade de uma avaliação realista.

Quando estamos estressados e sentimos dolorosamente o peso do nosso trabalho, poderá nos ajudar o tomar consciência de que muitos dos nossos colaboradores e muitas das nossas colaboradoras estarão trabalhando em condições de trabalho e de vida ainda mais difíceis que as nossas; mas, apesar disso, encontram força e tempo para colaborar ativamente no seio das nossas comunidades. Uma condição fundamental da nossa alegria são as boas relações vividas com Deus, com o próximo, com o nosso ambiente e conosco próprios. Quando essas relações são perturbadas, anda-se aborrecido e descontente; ao contrário, quando elas são fundamentalmente conciliadoras, nós sentimo-las como salutares.

A alegria cristã nascerá onde houver pessoas prontas a amar-se e a ajudar-se mutuamente, apesar de todas as dificuldades. O nosso ministério sacerdotal é um sinal deste amor e desta ajuda. Na vida há situações em que devemos exercer o nosso ministério como um dever, independentemente das nossas condições subjetivas. O "apesar de tudo" é um pressuposto fundamental de uma alegria em crescimento. A vontade firme de sermos, enquanto colaboradores de Deus, servidores da verdade, no amor e na alegria do Espírito, anima toda a vida do sacerdote e constitui, por assim dizer, a sua substância espiritual de base. É este verdadeiramente o sentido que cada sacerdote pode dar à sua vida.

Nunca brotará alegria de um sentimento piegas e torturante diante da carência, tenha ela que motivo tiver. Só poderá ser um sacerdote cheio de alegria quem estiver disposto a superar as lamentações e as dúvidas perante a sua identidade sacerdotal.

A alegria que nasce da certeza da presença de Deus em nós e no nosso ministério suscita em nós aquela serenidade e a alegria interior a que a história da espiritualidade chama *hilaritas mentis*, literalmente, "alegria da mente"[121]. Se duvidarmos e nos angustiarmos nunca será fácil conservar esta atitude de espírito. A preocupação exagerada e a angústia nunca serão boas conselheiras. A angústia impede que o ser humano volte os seus olhos para aquele que disse: "Não se perturbe o vosso coração" (Jo 14,1). A alegria cristã nasce de uma orientação de natureza positiva da vida, quer dizer, de uma grande confiança suscitada pela fé. "Não vos preocupeis, dizendo: 'Que comeremos, que beberemos, ou que vestiremos?' Os pagãos, esses sim, afadigam-se com tais coisas; porém, o vosso Pai celeste bem sabe que tendes necessidade de tudo isso. Procurai primeiro o Reino de Deus e a sua justiça, e tudo o mais se vos dará por acréscimo. Não vos preocupeis, portanto, com o dia de amanhã, pois o dia de amanhã já terá as suas preocupações. Basta a cada dia o seu problema" (Mt 6,31-34).

Com uma atitude humilde animada pela fé, podemos manter aquela "alegria de coração", mesmo no meio das necessidades e das lamentações, e fazer brotar dela a vontade de olhar para o futuro de Deus. O fundamento da alegria cristã é o "ainda" da esperança, a convicção absoluta de que a confiança no amanhã, naquilo que nos acontecerá, terá o seu sentido e não será em vão. A alegria cristã olha para diante e caminha para o futuro que se chama pura e simplesmente "Paraíso". O crente enfrenta e aguenta tudo agora, consciente de que há um "ainda não" do Reino de Deus, mas esperando e confiando no final prometido por Deus. Deste ponto de vista, também a história da espiritualidade fala da *hilaritas*, da *laetitia spiritualis*, como um dos distintivos essenciais de uma vida cristã. Se nós, sacerdotes, não formos testemunhas desta esperança cristã vivida, quem poderá sê-lo?

---

121. A expressão latina pode ser traduzida por "serenidade da alma", "contentamento interior" ou "alegria do coração" [N.T.].

Já a sabedoria bíblica dizia: "O sinal de um coração feliz é um rosto satisfeito" (Sir 13,26). Todos nós sabemos que no fundo do nosso coração está a felicidade. Todo o ser humano tende para ela. Vivemos momentos felizes. No fundo, a felicidade é o efeito da graça de Deus em nós. Podemos ser felizes se agradecermos a Deus tudo o que, com a sua ajuda, pudermos fazer todos os dias na nossa pastoral. Permaneceremos no caminho da felicidade se nos alegrarmos com as pequenas coisas da vida e dermos graças a Deus por elas. É este o início da caminhada para aprendermos a saborear a nossa vida. A possibilidade de sermos felizes depende, em grande parte, das decisões pessoais de cada um. Ninguém pode substituir outro quando este tem de decidir se, agora, quer ou não ser feliz. Esta decisão nos ajuda a formular as finalidades da nossa vida para que possamos ser felizes mesmo em situações difíceis. Quando decido ser feliz, esforço-me por conceber o meu ministério de maneira a encontrar a felicidade no seu desempenho. Então, interrogo-me para descobrir quais as atitudes e as opções interiores que me tornarão feliz.

O último fundamento da alegria cristã é a certeza da presença de Deus. Como sacerdotes, seremos continuamente inundados com essa alegria se celebrarmos conscientemente a presença de Deus na Eucaristia e agirmos em seu nome. Poderemos sentir uma alegria profunda se celebrarmos conscientemente a liturgia como a celebração da presença de Deus e se administrarmos os sacramentos como suas ações salvíficas. Através do seu ministério salvífico o sacerdote experimenta a alegria cristã sobretudo na celebração da Eucaristia.

"Por essência, a alegria cristã é uma participação na alegria insondável, simultaneamente divina e humana, que está no coração de Jesus Cristo glorificado" (PAULO VI. *Gaudete in Domino*, 2).

Esta participação na alegria do Senhor está indissoluvelmente ligada à celebração da Eucaristia. O caráter festivo dessa celebração exprime a alegria que Jesus Cristo comunica mediante o dom do Espírito à sua Igreja (cf. Rm 14,17; Gl 5,22). A santa missa exprime em várias ocasiões a alegria pelo encontro com o Senhor e, nele, com todos os nossos irmãos e as nossas irmãs na comunhão dos santos. As multidões celestes, a que a comunidade eucarística se une quando celebra os santos mistérios, cantam com alegria o louvor do Cordeiro, que foi sacrificado e vive eternamente.

A Eucaristia ensina a nos alegrarmos com os outros e a não conservar somente para nós a alegria que nos foi dada no encontro com o Senhor. Esta alegria deveria ser sempre transmitida. A Eucaristia nos envia ao mundo para sermos cooperadores da alegria.

Manter o céu aberto

O que veem os homens de benéfico no sacerdócio? Uma espiritualidade convicta e convincente, que brota do centro e da profundidade da fé católica, unida a um sentido autêntico de humanidade e a uma modéstia verdadeira; e a um profundo amor aos homens que irradia bondade e alegria.

O pressuposto fundamental para o bom êxito da vida e do ministério sacerdotal é um bom equilíbrio entre a ortodoxia e a ortopraxia/ortoprática. Só podemos estar, autêntica e credivelmente, próximos do ser humano se antes estivermos próximos de Deus. Só poderemos fazer a nossa parte para que não apenas a fé ganhe forma e floresça, mas também a Igreja possa crescer mesmo no nosso tempo se estivermos radicados no amor de Deus e nos fundarmos numa esperança vivida.

Se conseguirmos combinar uma fé substancial autêntica e uma clara identidade com um sentido convincente de humanidade conseguiremos que o nosso ministério dê frutos. Contudo e a propósito, não devemos substituir a substância da fé por rubricas e parágrafos e pela mesquinhez e a imobilidade que lhes estão ligadas. Por outro lado, sem a substância e sem a profundidade da fé, o nosso sentido de humanidade nunca poderá fazer conquistas permanentes e duradouras. É que, ao contrário, as pessoas percebem que lhes é benéfico um sentido de humanidade que nasce de um coração crente que, aliás, é o caminho para o sucesso de toda a pastoral.

Um sentimento de humanidade que brota de um coração crente não significa uma cordialidade superficial nem, portanto, nada facultativo, arbitrário e relativo; mas um interesse profundo pelo ser humano e uma amizade para com ele igual à que era visível em Jesus Cristo. Disto fazem parte uma empatia genuína com a humanidade e o esforço sincero de enfrentar a situação profana e religiosa das pessoas que encontrarmos. A credibilidade, a autenticidade e a confiabilidade são elementos de um sentido convincente de humanidade. O Apóstolo Paulo, aos dons do Espírito Santo, chama distintivos vividos desta benevolência que nasce num coração crente (1Cor 12,8-11).

O sacerdote que gasta a sua vida para a glória de Deus, e que exerce o seu ministério para que as pessoas sejam alegres, faz tudo o que a Igreja quer fazer através do seu ministério sacerdotal no mundo, por mandato de Jesus Cristo. Entretanto, o ministério sacerdotal indica a via que leva a Cristo e ao Evangelho, que contribui para formar uma cultura da vida e do amor. Uma cultura da falta de esperança e da lamúria nunca garantirá um futuro à Igreja; por isso é necessário despertar as energias que, nas condições atuais, possibilitem que haja apóstolos e mensageiros de Jesus

Cristo que, neste mundo em fase de mudança, suscitem as energias que permitirão se deem respostas concretas aos desafios do nosso tempo e se volte a partir continuamente, no sentido bíblico da expressão.

A tarefa atual da Igreja consiste em abrir uma alternativa cheia de esperança a um mundo enredado nos seus problemas. Essa tarefa não consiste numa conformação com o mundo, mas em delinear o que constitui a diversidade, a novidade e a excelência da Igreja. É evidente que isto não fará com que as massas afluam a ela, mas a sua força espiritual de atração servirá para orientar a profunda aspiração da humanidade.

Desde que existe, e enquanto existir, a Igreja vive e viverá da certeza indestrutível de que o seu Senhor está e estará pessoalmente presente no meio dela, de forma pessoal, generosa e salutar, e de que o seu Espírito a guiará para a verdade total. Esta certeza dá a todos nós a serenidade interior que caracteriza a Igreja de Jesus Cristo, na história e no presente. Hoje devemos ter a coragem religiosa de permanecer no verdadeiro centro da fé católica, de lançar nele raízes profundas e de crescer no seu seio. De fato, não somos nós quem pode robustecer a Igreja para o futuro, já que é o Senhor quem lhe dá um futuro.

Devemos ter a coragem religiosa de libertar a figura do ministério sacerdotal do gueto que, em parte, lhe foi criado do lado de fora, mas que também ela criou com as suas próprias mãos. A Igreja não deveria ser reconhecível e reconhecida sobretudo por uma abertura ao mundo no sentido de uma busca sôfrega da modernidade e de uma cada vez maior adaptação aos tempos, mas deveria ser reconhecível e reconhecida, simplesmente e sobremaneira, pela sua capacidade de participar na vida e nos sofrimentos alheios. A força necessária para tudo isso nasce de uma tentativa e de um esforço para obtermos a assistência que nos é dada pela garantia fundamental de que todo o trabalho que realizamos para a Igreja não permanecerá sem sentido e sem aprovação. Por isso, não se trata em primeiro lugar de, uma vez mais, tornar a Igreja "apresentável" e "amiga da sociedade". É bem possível que ela seja sempre criticada e não somente por quem vive fora dela, mas também por aqueles que estão dentro dela. Então, o mais importante será falar – com palavras novas, mais adequadas e tonificantes – da mesma coisa, ou seja, de Deus e da sua vontade salvífica de nos fazer participar na sua vida. A missão e o ministério não são possíveis sem meditação, sem recolhimento e sem concentração.

A Igreja encontrará sempre a forma que lhe for mais adequada, onde e quando houver pessoas que se voltem e se deem completamente a Deus e, por outro lado, com a sua dedicação ao próximo, se tornem testemunhas da presença de Deus. Em todos os nossos esforços, devemos agir sempre com a serenidade que nos advém do fato de nos sabermos beneficiados: "Se o Senhor não edificar a casa, em vão trabalham os construtores. Se o Senhor não guardar a cidade, em vão vigiam as sentinelas" (Sl 127,1).

O ministério sacerdotal é a expressão e a concretização da convicção religiosa dos cristãos de que Nosso Senhor está presente no meio de nós todos os dias até ao fim do mundo para salvar e santificar. Esta sua presença é representada pelo sacerdote de muitas e variadas maneiras, segundo as situações concretas dos fiéis que vivem na Igreja e consoante os dotes e as capacidades do ministro. A riqueza e a multiplicidade da realização do único sacerdócio de Cristo devem ser valorizadas pelos fiéis e na teologia. O ministério sacerdotal assumirá uma nova profundidade espiritual se, hoje, as muitas obrigações e tarefas dos sacerdotes forem hierarquizadas na perspectiva da prioridade da glorificação de Deus. De fato, esta glorificação é o centro unificador da existência cristã, cujo "sacramento" é o sacerdócio ministerial. Estar a serviço de Deus significa estar, também e ao mesmo tempo, a serviço da humanidade.

Só conseguiremos travar a crescente autossecularização da Igreja e a crescente autorrelativização do ministério eclesial se tomarmos consciência da nossa identidade espiritual. É preciso que o "sacral" se torne visível num mundo secularizado, sendo, por isso, decisivamente importante que nos ponhamos a serviço da profundidade e da vitalidade sacramentais da Igreja. A referência a Deus torna único o ministério sacerdotal, porque ele é um sinal luminoso da grandeza divina e do verdadeiro destino do ser humano. A nossa "existência" e a nossa "especificidade" sacerdotais deveriam fazer com que nascesse em todos a curiosidade de conhecer Deus. Para isso é necessário que no ministério sacerdotal se tornem simultaneamente visíveis a transcendência, a transparência e a imanência divinas. Na imanência de Deus funda-se e fundamenta-se a atividade continuamente criadora e sobrenatural do ministério sacerdotal no mundo, enquanto na transcendência de Deus se baseia a diferença da atividade sacerdotal salvífica de cada atividade puramente humana. Por fim, a transparência permite que se reconheça na atividade humana do sacerdote a presença atuante de Deus no mundo.

Chegou o tempo de termos coragem de novamente falar da grandeza e da beleza do ministério sacerdotal existente na Igreja; porque, de fato, o que haverá de mais belo no mundo do que ser instrumento de Deus e poder agir em seu nome? Nos tempos difíceis é reconfortante poder compartilhar com Paulo esta convicção de que não sou eu quem atua, mas é Cristo através de mim (cf. Gl 2,20). Hoje, talvez devêssemos descobrir e mergulhar cada vez mais profundamente no conteúdo espiritual do discurso do *ex opere operato!*

Se nos concebermos como instrumentos de Deus, a nossa preocupação deverá consistir em representar Deus, porque é Ele quem salva em Jesus Cristo, mediante a ação do Espírito, e é Ele quem edifica a Igreja. Por isso é importante que o deixemos transparecer através de nós. Esta abertura a Deus e à sua ação no mundo tem prioridade absoluta. Deus só voltará a ser atraente no nosso mundo se a grandeza teológica e a profundidade espiritual do ministério sacerdotal permanecerem reconhecíveis; porque, hoje, só nós, os sacerdotes, podemos dar luminosidade e capacidade de irradiação à imagem do sacerdote. Se hoje acreditarmos que o nosso ministério é importante e dotado de sentido, também amanhã continuará a haver sacerdotes. A vocação ao ministério sacerdotal não é um modelo em vias de extinção porque temos uma especialização em Deus, somos competentes em Deus e Deus é o nosso bom êxito.

Por isso, no nosso ministério, o divino não deveria ser obscurecido com exterioridades, porque também no mundo atual há fome e sede de transcendência. Por conseguinte, hoje, o sacerdote deve "manter o céu aberto aos homens".

A fonte de energia da vida sacerdotal

A fonte última do ministério sacerdotal é a certeza de que o Senhor ressuscitado, presente e operante através do Espírito, age através de mim. Como enviado do Pai, Ele continua a exercer a sua missão na missão daqueles que enviou: "Quem vos recebe, a mim recebe; e quem me recebe, recebe aquele que me enviou" (Mt 10,40; Lc 9,48).

"Quem vos ouve, é a mim que ouve" (Lc 10,16). A raiz do envio em missão é o envio do Filho feito pelo Pai: "Jesus levantou a voz e disse: 'Quem crê em mim, não é em mim que crê, mas sim naquele que me enviou; e quem me vê a mim, vê aquele que me enviou'" (Jo 12,44).

Quem quiser seguir Jesus Cristo na sua Igreja, participando no seu sacerdócio, deverá ter uma só preocupação: fazer com que, através do seu ministério, as pessoas experimentem algo da "insondável riqueza de Cristo". Todas as tentativas de realizar o sacerdócio de Cristo na sua Igreja permanecerão fragmentares; por isso é importante que tenhamos presente diante dos nossos olhos a riqueza e a plenitude do sacerdócio de Cristo. Porque, em última análise, o mais importante é que eu possa viver e agir de tal maneira animado por uma certeza e uma convicção religiosa íntimas, e por uma humildade absoluta, diante de Deus e de todos, que se torne claro que, quem me vê, vê Jesus Cristo e, nele, o Pai (cf. Jo 14,9).

O ministério do sacerdote torna-se espiritualmente importante e ganha eficácia e capacidade de atrair se se puder ver que o sacerdote com a sua existência e com o seu ministério fala de Deus e por Ele. Na verdade, falar com Deus na oração e falar dele às pessoas é a missão determinante do sacerdote, cujo empenhamento e testemunho vividos serão compensados com gratidão por todo o povo de Deus.

Para que não se instaure em nós um vazio existencial e a eficácia do nosso ministério não diminua será muito importante que tenhamos sempre a consciência do sentido do nosso ministério sacerdotal. Por isso, cada sacerdote deve interrogar-se continuamente: Como concebo a minha existência e o meu ministério sacerdotal? Parto das deslocações de sentido do passado e de caricaturas do ministério sacerdotal ou sou arrastado para um lado e para o outro pela confusão das opiniões teológicas? Temos de distinguir a definição teológica do ministério da sua realização pelos ministros, nas situações históricas concretas da Igreja. Se, à luz da fé, todos nós olharmos para Jesus Cristo, Ele, o eterno Sumo Sacerdote, poderá nos ajudar a ver o nosso estado de alma pessoal e as perturbações ambientais existentes na Igreja, numa perspectiva correta, para podermos discerni-los e superá-los. Isto é importante não somente porque é esta a vontade de Jesus Cristo e a forma fundamental que deu à Igreja, mas também pela necessidade que todos os "colaboradores de Deus", empenhados na Igreja, têm de tomar consciência de si mesmos e de encontrar a sua identidade.

Devemos ter a coragem de descobrir a verdadeira grandeza do ministério sacerdotal, porque só poderemos exercê-lo com alegria se reconhecermos o seu verdadeiro sentido. Se a nossa meditação espiritual sobre a grandeza, o ministério e a felicidade da vida sacerdotal nos tornar, profunda e imensamente, gratos por esta vocação sublime, também obteremos novas energias mesmo no meio das preocupações do dia a dia sacerdotal. Conseguiremos nos comprazer com o nosso sacerdócio se não nos fixarmos nas carências nem nas coisas não realizadas do nosso ministério, mas refletirmos sobre os seus lados bons e positivos e os da Igreja. "Posso comprazer-me com a minha vida e ser motivo de alegria para os outros"[122]. Como o Apóstolo Paulo, também nós podemos testemunhar que Deus nos chamou a pregar Jesus Cristo. É isto que me esforço por fazer no meu ministério sacerdotal. Possa estar agradecido a Deus por tudo o que realizo em seu nome, em união com Jesus Cristo. Não por considerá-lo obra minha, mas porque Cristo o realiza através das minhas palavras e das minhas ações (cf.

---

122. *Gotteslob*, p. 165.

Rm 15,14-21). Esta minha convicção íntima de que vivo para a causa de Deus e de que Ele atua comigo e através de mim pode suscitar em mim novas energias e novas motivações.

O ministério sacerdotal é a expressão e a concretização da convicção religiosa dos cristãos de que Jesus está presente no meio de nós, todos os dias, até ao fim do mundo, para salvar e santificar. Cristo é o centro da vida cristã. O ministério sacerdotal existe para manter viva esta convicção ditada pela fé. A vida sacerdotal orientada para Cristo e a pastoral orientada para a sua ação sempre darão frutos. Quem age por mandato da Igreja deve fazê-lo movido por esta consciência e confiança se quiser que a sua ação seja frutuosa: "Sou colaborador de Deus. Faço o seu trabalho e Ele age através de mim. Ele olha com amor para o que faço e encoraja-me a prosseguir. Porque o Deus vivo está comigo, também a minha vida e o meu ministério serão coroados por um bom êxito". Graças a esta confiança podemos ser pessoas absolutamente naturais que conhecem as suas debilidades e são capazes e estão prontas para ser muito cordiais. A realização daquilo que se espera de nós é obra de Deus e não o resultado da nossa atividade. A fé no cumprimento final nos salvaguarda da ideologia de pretendermos criar a perfeição aqui na Terra. A verdadeira atuação cristã reconhece-se por uma serenidade caracterizada por realismo, empenhada e acompanhada pela confiança na promessa de Deus. "O próprio Deus do Céu é quem nos fará triunfar. Nós somos os seus servos e vamos continuar a obra" (Ne 2,20).

Diante de um futuro incerto, e até perante o nosso tempo na história da Igreja, continuam a ser válidas estas palavras: "Confia no Senhor e faz o bem [...]. Procura no Senhor a tua felicidade, e Ele satisfará os desejos do teu coração. Confia ao Senhor o teu destino, confia nele e Ele há de ajudar-te" (Sl 37,3-5). A esperança que nos sustenta e nos enche de serenidade é esta certeza ditada pela fé: Deus levará ao seu fim o que começou em mim. "Não vos entristeçais, porque a alegria do Senhor é que é a vossa força" (Ne 8,10). Na medida em que descobrirmos que Deus é a alegria que satisfaz todos os nossos desejos e dela haurirmos energia, também conseguiremos ajudar as pessoas a encontrar a sua alegria (cf. 2Cor 1,24).

Oração pelos sacerdotes

Senhor Jesus Cristo, Tu és o próprio amor.

Reanima o coração dos teus sacerdotes com o teu coração!

Incendeia o seu amor com o teu,

para que vivam completamente de ti:

o seu corpo do teu puríssimo corpo,

os seus pensamentos do teu divino conhecimento

e o seu coração do teu coração tão bom e cheio de amor!

Ó Jesus, o mundo precisa muito de amor! Precisa muito de luz!

Dá-lhe esta luz e este amor através dos teus sacerdotes! Vive sempre e cada vez mais neles!

Vive no seu sacerdócio!

Fala, age, pensa e ama nos teus sacerdotes e por meio deles![123]

---

123. Apud PIES, O. (ed.). *Im Herrn* – Gebete im Geist des königlichen Priestertums. Friburgo, 1951, p. 539.

Textos citados do magistério eclesiástico

Textos do Concílio Vaticano II

AA – *Apostolicam Actuositatem*: decreto sobre o apostolado dos leigos (18 de novembro de 1965).

AG – *Ad Gentes*: decreto sobre a atividade missionária da Igreja (7 de dezembro de 1965).

CD – *Christus Dominus*: decreto sobre o múnus pastoral dos bispos na Igreja (28 de outubro de 1965).

DV – *Dei Verbum*: constituição dogmática sobre a divina revelação (18 de novembro de 1965).

GS – *Gaudium et Spes*: constituição pastoral sobre a Igreja no mundo contemporâneo (7 de dezembro de 1965).

PO – *Presbyterorum Ordinis*: decreto sobre o ministério e vida dos presbíteros (7 de dezembro de 1965).

SC – *Sacrosanctum Concilium*: constituição sobre a sagrada liturgia (4 de dezembro de 1963).

UR – *Unitatis Redintegratio*: decreto sobre o ecumenismo (21 de novembro de 1964).

Outros textos do magistério

BENTO XVI, *Deus Caritas Est* – Carta encíclica sobre o amor cristão (2005).

CCEO – *Codex Canonum Ecclesiarum Orientalium* [Código dos cânones das Igrejas orientais] (1990).

CIC – *Catecismo da Igreja Católica* (1997).

DC – *Código de Direito Canônico* [CIC – *Codex Iuris Canonici*] (1983).

JOÃO PAULO II. *Ecclesia de Eucharistia* – Carta encíclica sobre a Eucaristia na sua relação com a Igreja (2003).

______. *Novo Millennio Ineunte* – Carta apostólica no encerramento do Grande Jubileu de 2000 (2001).

______. *Pastores Dabo Vobis* – Exortação apostólica pós-sinodal sobre a formação dos sacerdotes nas circunstâncias atuais (1992).

______. *Christifideles Laici* – Exortação apostólica pós-sinodal sobre a vocação e a missão dos leigos na Igreja e no mundo (1988).

PAULO VI. *Gaudete in Domino* – Exortação apostólica sobre a alegria cristã (1975).

Índice

Sumário, 7

Prefácio, 9

Introdução – É preciso mudar de perspectiva, 13

Vias para uma mudança de perspectiva, 13

Articulação do livro, 20

1 Desafios do nosso tempo, horizonte de nossa resposta, 23

O sacerdote e a questão de Deus, 23

A questão atual da compreensão que o sacerdote tem de si, 23

A necessidade de uma viragem teocêntrica, 27

O sacerdote: testemunha e servo de Deus, 30

O sacerdote e a questão de Cristo, 39

A questão atual do perfil do sacerdote, 39

Jesus Cristo, centro do serviço sacerdotal, 42

O sacerdote: "ícone de Jesus Cristo, 46

O sacerdote e a concepção da Igreja, 50

A crise atual da compreensão católica, 50

Redescobrir a verdadeira figura da Igreja, 55

A caminho de uma visão integrada do serviço sacerdotal, 71

2 A nossa participação na vida de Deus, 75

A importância da participação, 76

Imagens bíblicas da participação, 78

"Uma troca admirável", 81

A "divinização" do homem, 82

Participação em Deus e na Igreja como *communio*, 84

Perspectivas para o serviço sacerdotal, 86

3 A nossa participação no sacerdócio de Cristo, 87

O fundamento do sacerdócio na Igreja, 87

O sacerdócio de Cristo no testemunho dos evangelhos e de Paulo, 91

O sacerdócio de Cristo no testemunho da Carta aos Hebreus, 96

A nova forma do sacerdócio em Cristo, 102

O sacerdócio real comum, 104

O sacerdócio do ministério ordenado, 111

A especificidade do ministério sacerdotal, 113

Sacerdote a serviço da *communio*, 116

Ser sacerdote fiel a Cristo, 120

4 Vocação ao sacerdócio no seguimento de Cristo, 126

O chamamento de Deus e a resposta do homem, 126

Seguimento de Cristo e decisão pessoal fundamental, 129

A existência sacerdotal como vida sacramentalmente fundada, 134

O que devo fazer, Senhor?, 137

Vida sacerdotal como sacramento para o mundo, 138

Para o bom êxito da decisão fundamental, 140

5 Viver da força do Sacramento da Ordem, 143

A liturgia do Sacramento da Ordem, 143

Caráter público, confiabilidade, governo, 145

Serviço da Palavra, pregação, exposição da fé católica, 145

Mistérios de Cristo: sacramentos da Eucaristia e da Reconciliação, 146

A oração alimentada pela Escritura: orar, 146

Estar próximo dos pobres, dos doentes, dos sem-abrigo e dos que sofrem, 147

Dedicação: união crescente com Cristo, o Senhor, 148

Promessas: respeito e obediência, 148

A graça do Sacramento da Ordem, 149

O Sacramento da Ordem como evento do Espírito, 154

Sucessão apostólica: inserção na *communio sanctorum*, 157

A pertença permanente a Cristo (*character indelebilis*), 161

O sacerdote como representante de Cristo, 164

O sacerdote como representante da Igreja, 165

A unidade do ministério, 167

A fraternidade sacramental no presbitério, 171

A vocação ao testemunho sacerdotal, 173

O dom do sacerdócio, 179

6 A Eucaristia, centro do ministério sacerdotal, 184

Liturgia e sacerdócio, 184

Eucaristia e sacerdócio, 194

Eucaristia e Igreja, 197

Eucaristia e espiritualidade, 204

Eucaristia: a salvação na sua plenitude, 204

A presença real de Jesus Cristo, 207

O dom da sua vida feito por Jesus, 209

A nossa dedicação a Deus, 213

A Eucaristia como adoração de Deus, 217

Comunhão eucarística: encontro com Deus, 221

Envio no seguimento de Cristo, 224

A antecipação da consumação celeste, 227

7 Ministério e pastoral sacerdotal, 230

A serviço da salvação dos homens, 230

A serviço da glorificação de Deus, 233

A serviço da evangelização, 236

O bom êxito do testemunho sacerdotal, 239

Pastoral complementar, 243

8 Desafios e auxílios da forma sacerdotal de vida, 250

Modo de se comportar em relação às estruturas pastorais, 251

Modo de se comportar em relação às normas eclesiais, 254
Abertura cultural e profundidade espiritual, 255
Fraqueza humana e santidade da vida, 262
A oração existencial, 264
Na comunhão dos santos, 266
Unidos a Maria, Mãe de Deus, 267
9 Solicitude com o presbitério: sermos sacerdotes juntos, 272
O serviço a prestar ao presbitério, 272
O presbitério como rede de ligação e de ajuda, 274
Solicitude pelo bem-estar dos sacerdotes, 278
Pastoral sacerdotal, 281
Pastoral vocacional, 285
10 Chamados à alegria – Um convite a abraçar o sacerdócio, 290
Entusiasmo por Deus, 290
Alegria no ministério sacerdotal, 293
Manter o céu aberto, 302
A fonte de energia da vida sacerdotal, 307
Oração pelos sacerdotes, 313
Textos citados do magistério eclesiástico, 315
Textos do Concílio Vaticano II, 315
Outros textos do magistério, 316

Eros e Ágape

As duas faces do amor humano e cristão

Raniero Cantalamessa

A presente obra de Ramiero Cantalamessa procura fazer a crucial distinção entre as duas formas de amor, conhecidas tradicionalmente como *eros* e *ágape*, palavras gregas que remetem a duas dimensões aparentemente antagônicas. Não se trata, porém, para o autor, de escolher uma e negar outra, valorizar uma e deixar a outra de lado, pois uma não é mais sublime ou importante que a outra, e sim, em suas diferenças, são ambas complementares para a plenitude e a realização da vida do cristão. Viver *eros* e *ágape* em todas as relações – conosco, com os irmãos e irmãs e também com Deus – foi o ideal dos santos e místicos de ontem e continua sendo a proposta do Evangelho para nós hoje.

Raniero Cantalamessa é franciscano Capuchinho e nasceu em 1934 em Colli Del Tronto (Itália). Foi ordenado sacerdote em 1958 e formou-se em Teologia e Letras Clássicas. Foi membro da Comissão de Teologia Internacional em 1975 a 1981. Deixou a docência em 1979 para dedicar-se ao ministério da Palavra. Convidado como palestrante e conferencista em vários países, é autor de diversas obras de teologia e espiritualidade.

EDITORA
VOZES
Editorial